# TONGUES

## BEYOND THE UPPER ROOM

Kenneth E. Hagin

TONGUES: BEYOND THE UPPER ROOM
by Kenneth E. Hagin

ⓒ 2007 RHEMA Bible Church
AKA Kenneth Hagin Ministries, Inc.
P. O. Box 50126 Tulsa, OK 74150-0126 U.S.A.
All Rights Reserved.

2010 / Korean by Word of Faith Company, Korea.
Translated and published by permission
Printed in Korea.

방언: 오순절 다락방 경험을 넘어

1판 1쇄 발행일 · 2010년 1월 25일
1판 4쇄 발행일 · 2020년 3월 31일

지은이  케네스 해긴
옮긴이  김진호
발행인  최순애
발행처  믿음의말씀사
2000. 8. 14 등록 제 68호
우)16934 경기도 용인시 기흥구 신정로 301번길 59
TEL. 031)8005-5483  FAX. 031)8005-5485
http://faithbook.kr

ISBN 89-90836-84-0  03230
값 16,000원

본 저작물의 한국어판 저작권은 케네스 해긴 목사님을 통해
FAITH LIBRARY와의 독점 협약으로 믿음의말씀사가 소유합니다.
저작권법에 의해 한국 내에서 보호를 받는 저작물이므로 무단 전재와 복제를 금합니다.

# 방언

## 오순절 다락방 경험을 넘어

케네스 해긴 지음 | 김진호 옮김

믿음의말씀사

| 목차 |

역자 서문 _ 6
추천 서문 _ 8
서문 _ 12

1부 **성령과 방언**

    01 방언에 대한 네 가지 일반적인 반대 의견 _ 17
    02 구원과 성령충만 : 두 개의 분리된 경험인가? _ 43
    03 성령충만을 받은 최초의 증거 _ 65
    04 성령을 받기 위해서는 기다려야만 하는가? _ 79
    05 나는 어떻게 성령충만을 받았는가 _ 91
    06 하나님은 갈급한 심령에 찾아오신다 _ 107
    07 성령을 받기 위한 지침 _ 121
    08 최초의 경험 그 이상 _ 147

## 2부 방언을 말하는 것의 가치

09 방언을 특별히 강조했던 바울 _ 169

10 하나님께 말하는 초자연적인 수단 _ 177

11 영적인 세움의 수단 _ 195

12 하나님의 온전하신 뜻대로 기도하기 _ 211

13 방언 기도의 다른 성경적 목적 _ 235

## 3부 방언의 범위

14 방언에 대한 다섯 가지 오해 _ 265

15 방언에 대한 흔히 있는 지나침 _ 299

16 방언 기도의 성경적인 범위 _ 323

17 알지 못하는 일을 기도하도록 도와줌 _ 343

18 기도의 새로운 깊이로 들어가기 _ 369

교회를 위한 케네스 해긴의 기도 _ 409

| 역자 서문 |

케네스 해긴 목사님은 방송과 테이프와 책을 통하여, 미국은 물론 전 세계의 영적인 것을 사모하는 성도와 목회자들에게 교사의 역할을 감당하셨습니다. 그 사역은 결국 "레마 성경 훈련소RHEMA Bible Training Center"를 통하여 30년이 넘는 세월 동안 수많은 사역자를 배출함으로써 발전하였습니다. 중요한 책들이 많이 번역되어 이제는 이 말씀의 계시가 한국 교회에도 상당히 소개되었습니다. 최근에는 미국의 새로운 사역자들에 의해 비슷한 말씀이 새로운 책과 설교로 다양하게 확산되고 있는 것을 볼 수 있습니다.

『왜 섬기는 교회에 세계가 열광하는가?』(도날드 밀러·테쓰나오 야마모리 저, 교회성장연구소, 원제 "Pentecostalism")라는 책에서 미국의 두 사회학자의 연구결과에 따르면, 사회봉사 사역을 가장 효과적으로 대규모로 잘 하는 세계의 교회를 찾아 조사해 보니 85%가 방언기도를 일상화하는 오순절 계통 교회였다고 합니다. 작은 차이 같아 보이지만 방언으로 기도하는 그리스도인들은 20세기 초반부터 오순절 운동이라는 기독교 역사상 가장 영향력 있는 하나님의 역사의 중심에 있었습니다.

방언 기도의 능력은 그리스도인이 영적으로 자신을 세우며, 자신의 영을 활성화하여 적극적인 믿음 생활을 하는 데 도움이 될 뿐만 아니라, 치유와 재정적인 부요함에 대한 믿음을 세우고 실제적으로 복의 근원이 되는 삶을 살 수 있도록 하는 데 중요한 역할을 하고 있음을 알 수 있습니다.

이제 방언기도는 오순절 교파만의 특징도 아니며, 누구든지 예수 믿는 사람들은 다 할 수 있는 "믿는 자에게 따르는 표적"으로 한국 교회에도 확산되고 있습니다. 방언으로 기도하는 능력 있는 교회들이 세상에 하나님의 사랑을 적극적이며 효과적으로 표현하고 많은 영혼을 구원하게 될 것을 기대합니다. 또한 성령의 임재가 표적과 기사를 동반하는 사도행전의 교회를 회복하는 데 하나님의 도구가 될 것을 기대합니다. 왜냐하면 성령충만은 삶을 변화시키고 환경을 다스리는 능력이기 때문입니다.

2010년 1월 12일

김진호 목사
그리스도의 대사들 서울 / 용인교회 담임
예수선교 사관학교장

| 추천 서문 |

저는 저의 아버지, 케네스 E. 해긴 목사님이 이 세대의 가장 위대한 하나님의 사람 중 한 명이었다고 믿습니다. 내가 조금은 편견을 가질 수 있음을 압니다만, 내가 그분의 아들이 아니었더라도 나는 그렇게 믿었을 것입니다. 나는 나와 같은 생각을 가진 수많은 다른 사람들이 있음을 확실히 압니다.

나는 평생 그분이 가진 지혜를 할 수 있는 한 많이 배우고자 애쓰면서 아버지의 말씀을 경청했습니다. 그분이 수십 년 동안 하나님의 말씀으로부터 받은 계시는 언제나 경외스러웠습니다. 이 책에서 아버지는 수많은 기도와 말씀 공부의 결과로 얻은 모든 계시를 말씀하십니다. 개인적으로 나는 이 책에서 언급되는 진리에 사로잡혔습니다.

내 나이 예닐곱 살 때쯤, 아버지께서 순회 사역으로 들어가기 전 마지막 교회에서 목회하시던 모습이 생생하게 기억납니다. 그 작고 오래 된 사택에서 잠자리에 들 때마다, 나는 키가 크고 깡마른 31살의 아버지가 구석의 책상에서 작은 등을 켜 놓고 성경을 공부하시는 모습을 보곤 했습니다.

때때로 한 밤 중에 내가 잠에서 깨거나 뒤척일 때도, 아버지는 여전히 그대로 책상에 앉아 계셨습니다. 다음 날 아침, 어머니께서 학교에 보내기 위해 나를 깨우실 때도, 아버지는 책상과 마루에 책들과 성경을 펴 놓고 여전히 그 자리에 계셨습니다.

아버지는 언제나 나와 내 여동생 팻Pat이 학교에 가기 전에, 함께 아침을 먹기 위해 책상에서 일어나 식탁으로 오셨습니다. 그러나 내가 오후에 학교를 마치고 집에 오면, 아버지는 아침의 그 책들과 펼쳐진 성경 사이에 둘러싸여서 여전히 책상에 앉아 계신 적이 많았습니다.

또한 아침에 일어나면, 밤새 기도하신 아버지를 본 적이 많았습니다. 아버지는 눈도 붙이지 않으신 채, 씻고 단장하신 후 종일 교회 일을 돌보러 나가셨습니다. 아버지는 단지 이렇게 말씀하셨습니다. "성령께서 내게 활력을 주신단다."

만약 거의 70년이 되는 사역 기간 동안 케네스 E. 해긴이 알고 수많은 사람들에게 가르친 것이 대체 어떻게 배운 것인지 궁금했다면, 이것이 답입니다. 그분은 성경과 다른 좋은 책들을 연구하고, 수많은 시간 동안 계속해서 기도함으로써 그런 계시 지식을 받았습니다. 내 아버지의 영적 행보에 도달하기 원하십니까? 그렇다면, 당신은 대가를 치러야만 합니다.

1990년대 들어서는, 이러한 능력의 나타남이 쇠퇴하는 것처럼 보입니다. 그러나 지금 나는 성령의 위대한 움직임의 조짐을 영으로 감지합니다. 방언이 너무나 중요하기 때문에, 우리는 아버지께서 방언에 대해 가르치신 대부분의 내용을 글로 옮겨 오늘날에 걸맞은 종합 연구서로 편집했습니다. 아버지께서는 간명하게 말씀하셨고, 우리는 그분의 말씀이 사람들로 하여금 이 핵심적인 진리들을 이해하도록 도울 것이라 믿습니다.

내가 가진 유산으로 인해 하나님께 감사드리며, 당신에게 방언의 심원한 가치를 탐구하는 이 능력 있는 책을 소개함을 자랑스럽게 생각합니다. 이 책의 각 페이지에는 하나님께서 이 세대에 주신 뛰어난 선지자인 내 아버지, 케네스 E. 해긴의 값지고 영원한 가르침이 담겨 있습니다. 그분은 2003년에 주님이 계신 본향으로 돌아가셨지만, 그리스도의 몸을 위한 그분의 말씀과 기도는 여전히 중요하고 유익하며, 성도들이 보다 높은 기도의 수준으로 올라가고 그리스도 안에서 자신의 유업의 풍성함 가운데 살도록 초청하고 있습니다.

이제 마지막 때가 임했고, 하나님께서는 기도의 값을 기꺼이 치를 사람들을 찾고 계십니다. 우리는 초자연적인 것으로 들어가는 문 앞에서 너무나도 오랫동안 멈춰 서 있었습니다. 내 아버지에게 있어, 그 문은 성령충만을 받음으로 주어진 방언으로 기도하는 것이었습니다. 각자의 삶에서 성령충만함에 대한 다양한 증거가 있겠지만, 중요한 것은 방언을 말하기 시작하였다면 방언이 우리에게 주는 유익에 관하여 성경이 말하고 있는 것보다 못 미치는 데에 머물러서는 안 된다는 것입니다. 내 아버지께서 역설하셨듯이, "사람들은 죽어가고, 끝은 오고 있습니다. 모든 것의 종말이 코앞에 와 있고, 우리는 할 일을 속히 해야만 합니다."

그러므로 나는, 당신이 내 아버지의 가르침으로 당신 존재의 깊은 곳을 휘저어, 전에 없이 성령 안에서 기도하기 시작하라고 강권합니다.

이제 문으로 걸어 들어가, 매일 성령의 능력과 계시 가운데 걷기 시작할 때입니다. 당신이 기도함으로 자신을 하나님께서 쓰실 수 있도록 하면, 그분은 이 땅에서 자신의 목적을 이루기 위해 당신이 상상할 수도 없는 방법으로 당신을 사용하실 것입니다.

케네스 W. 해긴

| 서문 |

수 세기에 걸쳐, 교회 안에는 방언을 하지 않는 사람들은 물론 방언을 하는 사람들 사이에서도 방언에 관해 많은 오해가 있어왔습니다.

우선, 오순절파와 은사주의 밖에는 교파에서 방언을 하지 않는 사람들이 있습니다. 그들은 이 주제에 대해 전혀 모르고 있을뿐더러, 성경 말씀으로 증명될 수 없는 잘못된 생각들을 가지고 있습니다.

또한 오순절파와 은사주의 안에서도 비록 자신들은 방언을 하더라도, 이 주제에 대해 극히 미미하게 알고 있는 사람들이 있습니다. 이러한 그리스도인들은 그 은사를 사용하는 것에서 나오는 가치를 깨닫지 못하며, 방언의 범위, 즉 목적과 사용을 이해하지 못합니다. 그 결과, 그들은 방언을 말씀에서의 합당한 위치에서 빼내버리고, 자신들의 무지로 인해 극단과 비성경적인 행동으로 빠집니다. 그들은 방언에 대해 성경에서 말하는 바를 넘어 너무 멀리 벗어납니다.

두 경우 모두, 방언에 대한 이해 부족이 그리스도를 위한 일에 막대한 손상을 주고, 하나님께서 그들 가운데 목적하신 축복이 나타나지 못하도록 강탈했습니다.

교회 전체를 볼 때, 성령과 방언이라는 주제에 대해 다양한 가르침이 존재합니다. 그러나 우리는 우리가 믿는 바를 우리의 경험이나 특정

교회와 교파의 가르침이 아닌, 하나님의 말씀에 비추어 검토할 필요가 있습니다.

또한 우리는 사도 바울이 고린도전서 12:1에서 한 말을 기억해야 합니다. "형제들아 신령한 것에 대하여 나는 너희가 알지 못하기를 원하지 아니하노니" 하나님께서는 우리가 성령에 대해 무지하기를 원치 않으심에도 불구하고, 방언이라는 주제에 관해서는 여전히 오해가 가득한 채로 남아 있습니다.

그러나 분명히 한 가지는 확실합니다. 방언이 그리스도의 교회 가운데 가볍게 버려지거나 중요하지 않게 치부될 주제가 아니라는 것입니다. 하나님께서는 그분의 책을 덜 중요한 내용으로 채우지 않으셨고, 불필요한 말씀을 하지도 않으셨으며, 그분의 말씀에서 이 주제에 대해 많이 말씀하셨습니다. 이것이 바로 내가 여러분이 방언에 대해 깊은 연구를 하기 바라는 이유입니다.

몇 년 전에 주님은 이런 기도를 경험한 우리가 어떻게든 이 진리들을 현 세대에 전해주지 않는다면 기도와 중보의 몇 가지 분야를 잃어버리게 될 것이라고 말씀하셨습니다. 하나님께서는 이 땅에서 사명을 수행할 더 많은 기도의 사람을 필요로 하십니다. 나는 당신을 그 중 한 사람으로 초청합니다. 방언의 참된 가치와 범위를 배움으로써 시작하십시오.

[이 서문은 방언에 관한 케네스 H. 해긴의 노트에서 발췌하여 편집한 것임.]

제 1 부

# 성령과 방언
THE HOLY SPIRIT
AND TONGUES

# 01

# 방언에 대한 네 가지 일반적인 반대 의견

(FOUR COMMON OBJECTIONS TO SPEAKING IN TONGUES)

방언을 하지 않는 전통 교단의 친구들은 우리에게 종종 이렇게 질문합니다. "당신들은 왜 그렇게 방언을 부각시킵니까?"

대답을 하자면, 우리는 그렇지 않습니다! 그러나 우리가 그런 것처럼 보이는 여러 이유가 있습니다. 하나는 순복음 교단 밖의 사람들이 언제나 우리에게 그 주제에 대해 묻고, 또 억지로 토론을 붙인다는 사실입니다! 그리고 우리가 방언을 부각시키는 것처럼 보이는 몇 가지 다른 이유들이 아래에 있습니다.

1. 어떤 사람이 성령세례를 받을 때는, 언제나 다른 방언으로 말하는 것이 나타납니다. 이는 한 사람의 삶에서 성령충만의 초자연적인 증거입니다. (우리는 이것에 대해 뒤에 자세히 다룰 것입니다.)

2. 방언과 방언 통역이라는 영적 은사는 우리가 사는 이 시대의 특징입니다(고전 12:1-11).

3. 사도 바울은 방언이라는 주제를 강조했습니다. 실제로 고린도 교회에 보낸 첫 번째 편지에서 그는 방언에 대해 꽤 많은 분량을 썼습니다(고린도전서 14장을 보십시오). 왜 바울이 그렇게나 많이 방언을 강조했을까요? 왜냐하면 지금처럼, 당시에도 그 주제가 상당히 잘못 이해되고 있었기 때문입니다.

우리는 하나님의 말씀이 성령충만과 그 증거인 방언에 대해 말하는 바를 탐구하고 두루 살펴 볼 것입니다. 그러나 가장 먼저, 나는 이 방언이라는 주제에 반대하는 사람들이 가지는 몇 가지 일반적인 반대 의견을 다루고 싶습니다.

### 반대 의견 1 : 예수님께서 방언을 하지 않으셨기 때문에, 나도 하지 말아야 한다

실제로 당신은 예수님의 지상 사역에서, 다른 모든 일곱 가지 성령의 은사가 나타난 것은 찾더라도 방언이나 방언 통역을 하는 것은 찾을 수 없을 것입니다. 또한 당신은 구약에서 방언이나 방언 통역이 나타나는 것을 찾을 수 없을 것입니다(이사야 28:11-12에 이러한 은사에 대해 예언된 것은 찾을 수는 있지만 말입니다). 이들 두 성령의 은사는 사도행전 2장에 기록된 오순절 날의 성령 강림과 함께 시작된 성령 시대의 고유한 특징입니다.

예수께서는 하나님께서 새로운 언약 아래 그의 백성에게 주실 이 새로운 은사를 언급하셨습니다. 마가복음 16:17-18에서, 예수님은 믿는 자들에게 다섯 가지 초자연적 표적이 따를 것인데, 그 중 하나가 '새 방언을 말하는' 것이라고(17절) 선언하셨습니다.

어떤 사람들은 이 구절을 이런 식으로 설명하려 애씁니다. "이건 단지 당신이 구원받기 전에는 저주하는 말과 저속한 농담을 했었지만, 이제는 더 이상 그런 말을 하지 않는다는 뜻입니다." 당신이 일단 하나님의 자녀가 되었다면 더 이상 그런 일을 해서는 안 된다는 것은 사실입니다만, 이 구절은 그런 이야기를 하고 있는 것이 **아닙니다**.

마가복음 16:17-18에 열거된 다섯 가지 표적들은 모두 초자연적인 것입니다. 믿는 자들이 병든 자에게 손을 얹으면 초자연적으로 나을 것입니다. 그들은 초자연적인 하나님의 능력으로 귀신을 쫓을 것입니다. 그들은 하나님의 초자연적인 보호로 인해 무슨 독을 마시거나 뱀을 집어 올리더라도 해를 받지 않을 것입니다.

이는 물론, 단지 말씀을 증명하기 위해서 치명적인 뱀을 만져도 된다는 뜻은 아닙니다. 그러나 당신은 바울이 멜리데 섬에서 우연히 나무 묶음과 함께 치명적인 독사를 집었을 때 그랬듯이(행 28:3-5), 초자연적으로 보호받을 수 있습니다. 독사는 바울의 손을 물었지만, 그는 다만 그것을 불 속으로 떨어 버렸고, 독은 그에게 아무런 영향을 미치지 못했습니다.

마가복음 16장에 언급된 다섯 가지 표적 중에서 네 가지가 초자연적인 것인데, 하나님께서 나머지 하나는 자연적인 것으로 만드신다는 것이 이치에 맞을까요? 아닙니다! 게다가, 예수께서는 이렇게 말씀하지 **않으셨습니다**. "**몇몇의** 믿는 자들만 다른 방언으로 말한 것이다." 그분은 분명히 **모든** 믿는 자들이 그렇게 해야 함을 의미하셨습니다.

그렇다면, 대부분의 믿는 자들이 왜 방언을 하지 **않는** 것일까요? 우리는 왜 그러한지에 대한 여러 가지 이유를 확실히 찾을 수 있습니다. 때때로 그 이유는 개인에게 있어 매우 타당합니다. 다시 말해, 어떤 사람들은 방언을 하지 않는 자기만의 개인적인 이유를 갖고 있습니다.

그러나 나는 또한 제일의 이유가 무엇인지도 확실히 압니다. 그 동안 방언의 가치와 범위에 대한 건전하고 논리적이고 성경적인 가르침은 아주 드물었습니다. 그 결과, 많은 사람들이 이 은사가 하나님께서 그들에게 사용하게 하신 것임을 모르고 있습니다. 그들은 정말로 방언의 가치를 깨닫지 못합니다. 만약 알았다면, 그들 모두가 방언하기를 원했을 것입니다!

### 반대 의견 2 : 방언은 마귀의 것이다

젊은 목사 시절, 나는 신유를 믿었기 때문에 오순절파 사람들과 교제했습니다. 나는 하나님의 능력으로 치유 받아서 죽기 직전에 일어났고 이는 치유에 대한 나의 믿음을 강하게 하여 나와 같은 믿음을 가진 사람들과 교제하게 된 것입니다. 그러자 전통 교단 동료들은 나를 매우 걱정하면서 "그런 부류의 오순절파 사람들"에 대해 경고했습니다. 그들은 진정과 진실로 말했지만, 비성경적인 신학 개념으로 인해 혼동된 생각으로 말한 것이었습니다.

나는 전통 교단 신학교를 졸업한 어떤 성경 교사가 했던 말을 특별히 기억합니다. 그는 나에게 이렇게 말했습니다. "나는 순복음 교단 사람들이 가르치고 설교하는 거의 모든 것이 중요하고 옳다는 것을 인정합니다. 그리고 또 나는 그들이 우리 교회 사람들보다 더 나은 삶을 살고 있다는 것도 인정합니다. 그러나 방언이라는 건 마귀의 것입니다!"

나는 그 당시 그 사람에게 제대로 대답하지 못했습니다만, 속으로 이렇게 생각했습니다. '세상에 어떻게 사람이 마귀에게서 자기에게 유익이 되는 걸 받을 수 있지? 난 항상 반대라고 생각하는데! 마귀는 사람에게 나쁜 일을 하게하고, 성령은 옳은 일을 하게 도와주는 분 아닌가?'

그러한 비성경적인 생각은 나로 하여금 한 친구에게 일어난 일을 떠오르게 했습니다. 그는 30대 초반에 구원받기 전까지 거친 삶을 살았던 동부 텍사스 출신 사람이었습니다. 어렸을 때 그는, 구원받지는 않았지만 전통 교단의 교회에 출석했습니다. 그러나 십대가 되자 탈선하고 매일 밤 술집에 가기 시작했습니다.

이 남자는 젊은 시절에 술 마시고 욕하는 것에서부터 시비 걸고 치고받는 것까지 당신이 언급할 수 있는 모든 죄를 다 저질렀습니다. 그에게 덤비는 모든 사람들을 싹 쓸어버리고, 술집 전체를 완전히 정리한 날도 몇 번 있었습니다! 그들은 이 남자를 잡아 감옥에 넣기 위해 두 세대의 순찰차를 불렀습니다. 이 젊은이는 이렇게나 거칠었습니다!

몇 년 후, 순복음 교단 사람들이 그에게 복음을 증거하기 시작하였고, 그는 구원받고 성령세례를 받아서 방언을 했습니다. 어릴 때 출석했던 교회는 그가 방탕하게 살던 20여 년간 그를 혼자 방치해 두었습니다. 목사님은 단 한 번도 그를 방문하지 않았습니다. 그러나 갑자기 내내 그를 무시해왔던 목사님이 매우 걱정하며 그를 찾아오게 되었습니다. 왜냐하면 그가 "뭔가 마귀가 준 것"을 받았기 때문입니다. 정말 이것은 아주 가슴 아픈 이야기가 아니라면 아주 웃기는 이야기입니다.

그 남자는 나에게 개인적으로 그 목사님이 방문했을 때 있었던 일을 말해 주었습니다. 그가 말했습니다. "저는 잠시 목사님께서 말씀하시도록 하다가, 그분께서 '방언하는 것은 마귀의 것입니다!' 라고 하시자 말을 끊고 말했어요. '잠깐만요 목사님, 저는 방언이 마귀의 것이 아니라는 걸 알아요. 왜냐하면 죄인이었을 때 저는 마귀가 저한테 줄 수 있는 모든 것을 받았으니까요. 방언이 마귀의 것이라면, 저는 그걸 진작에 했어야 해요! 하지만 저는 마귀에게서 등을 돌리고 거듭나서 성령으로 충만해지기 전까지 이 은사를 받지 못했어요!'"

목사님은 아무리 애를 써도 그 남자가 방언을 못하도록 설득할 수 없었습니다. 그 남자는 자기가 그 은사를 하나님으로부터 받은 것을 **알았습니다.**

내 경우에도 성령으로 충만해진 순간에 방언을 말하기 시작했습니다.

나는 나에게 방언은 마귀의 것이라고 했던 성경 교사를 찾아 갔습니다. 과거에는 언제나 그 쪽에서 방언에 대해 문제를 제기했지만, 그 때는 그에게 무엇인가 가르침을 주고 싶어서 내가 먼저 말을 꺼냈습니다.

그 성경 교사는 또 다시 나에게 "그런 부류의 오순절파 사람들"에 대해 경고했습니다. 그는 내게 또 말했습니다. "방언은 마귀의 것입니다!"

나는 대답했습니다. "잠시만요, 멈춰 보세요. 당신은 방언이 마귀의 것이라고 하셨지요?"

"맞습니다!"

나는 말했습니다. "방언이 마귀의 것이라면, 우리 교단 전체도 마귀 것이에요!"

그의 눈이 접시만큼 크게 벌어졌습니다. 그는 귀신을 본 것처럼 나를 바라보았습니다! 그가 마침내 흥분하여 내뱉었습니다. "무슨 소리 하는 겁니까?"

나는 말했습니다. "아시다시피 저는 성령으로 충만해져서 방언을 했습니다. 제가 우리 교단에서 알게 된 성령님이나, 제 영을 재창조하시고 제가 하나님의 자녀임을 증거하신 성령님이나, 제가 성령충만해졌을 때 순복음 교회에서 저에게 방언으로 말하게 하신 성령님이나 다 같은 분입니다! 오순절파 사람들은 우리와 다른 성령님을 갖고 있지 않습니다. 그분은 두쌍둥이도 세쌍둥이도 네쌍둥이도 다섯쌍둥이도 아닙니다! 오직 한 분 유일한 성령님만이 계십니다! 동일하게 똑같은 성령님이십니다. 다만 다른 차원인 것뿐입니다."

"오, 아닙니다, 아니에요!" 그는 항의했습니다. "그건 옳지 않습니다."

나는 말했습니다. "당신은 성경학자시지요, 맞습니까?"

"오, 그래요. 나는 신학교 졸업생이고 25년 동안 성경을 가르쳐 왔지요."

"그럼 질문 하나만 하겠습니다." 내가 말했습니다. "당신은 방언을 해본 적이 있으십니까?"

"아니요, 당연히 없지요." 그 남자가 말했습니다.

"그렇다면 당신은 방언의 배후에 어떤 영이 있는지 어떻게 아십니까?" 내가 물었습니다. "당신은 스스로 성경을 안다고 하십니다. 그렇다면 당신은 잠언에서 다 듣기도 전에 대답하는 자는 미련하다고 말하는 것을 아시겠지요(잠 18:13). 그 잠언 말씀에 따르면, 바로 지금 당신이 미련한 자입니다! 지금 대화에서는 오직 유일하게 제가 방언이라는 주제에 대해 말할 수 있는 자격이 있습니다."

나는 계속 말했습니다. "방언을 해 본 적이 없다면, 당신은 그것에 대해 평할 자격이 없습니다. 만약 해 보셨다면, 당신은 어떤 영이 당신에게 그 말을 주었는지 이야기할 수 있겠지요. 그러나 저는 바로 지금 당신에게 그것은 바로 같은 성령님이라고 말할 수 있습니다. 저는 어떤 낯설거나 새로운 영을 받지 않았습니다. 그분은 저와 항상 함께하는 그 영과 동일하게 같은 영입니다. 성령충만을 받았을 때, 저는 엄청난 정도의 성령을 경험했습니다. 그러므로 만약 방언이 마귀의 것이라면, 우리 교단 전체가 마귀의 것입니다!"

그 성경 교사는 내 말에 충격을 받아, 한 동안 입을 벌리고 어떤 할 말도 떠올리지 못했습니다!

물론, 그 교단은 마귀의 것이 아니며, 방언도 마귀의 것이 아닙니다! 이 모든 것은 성령님의 것입니다. 방언은 단지 성령의 보다 깊은 차원을 당신에게 열어 줍니다. 당신이 원하기만 한다면, 당신은 하나님께 더 깊이 들어갈 수 있습니다!

### 당신의 아버지는 당신이 구하는 것을 주실 것입니다

자, 나는 당신에게 계속해서 알려 주고 싶은 것이 있습니다. 당신이 하나님의 자녀이고 그분께 성령충만 받기를 구했다면, 당신은 그것이 아닌 다른 어떤 것을 받지 **않을** 것입니다.

나는 성령충만을 받기 위해서 다른 교회에서 우리 집회에 왔던 어떤 성경 교사를 기억합니다. 그를 위해 기도하기 전에, 그가 나에게 말했습니다. "해긴 형제님, 그 전에 저는 당신에게 정직하고 싶습니다. 저는 성경을 공부해왔고, 방언이 마귀가 주는 것이 아님을 깨닫기 시작했어요. 그런데 여전히 걸리는 것이 있습니다. 저는 그동안 너무 오랫동안 방언을 반대하는 가르침을 전했습니다. 우리가 기도할 때, 제가 잘못된 영을 받지 않으리라는 것을 어떻게 알 수 있는지 말해 주시겠어요?"

이 남자는 성령세례 받기를 기도하고 잘못된 영을 받은 사람들에 대한 온갖 이야기를 들었던 것입니다.

나도 1937년에 전통 교단의 젊은 목사 시절 성령세례를 받기 전에는 그러한 모든 이야기를 들었었습니다. 그러나 그 때 이후로 순복음 교단 사람들에게 설교해 온 65년이 넘는 세월 동안, 나는 성령충만을 구할 때 잘못된 영을 받는 사람을 결코, 단 한 번도 보지 못했습니다.

내 말을 오해하지는 마십시오. 나는 성령충만함을 받았던 사람들이 아주 육신적으로 행동하는 것을 보아왔습니다. 그러나 하나님께서 움직이실 때 어떤 불씨도 없는 것보다는 약간의 문제가 있어도 불길이 있는 편이 낫습니다. 아무런 일도 일어나지 않는 무덤과 같은 질서보다는 약간의 무질서가 있어도 하나님의 역사가 나타나는 편이 낫습니다!

이 남자는 기도할 때 다른 어떤 영이 아니라 성령을 받을 것을 확신하고 싶어 했고, 나는 누가복음 11:11-13을 그에게 읽어 주었습니다.

> 너희 중에 아버지 된 자로서 누가 아들이 생선을 달라 하는데 생선 대신에 뱀을 주며 알을 달라 하는데 전갈을 주겠느냐 너희가 악할지라도 좋은 것을 자식에게 줄 줄 알거든 하물며 너희 하늘 아버지께서 구하는 자에게 성령을 주시지 않겠느냐 하시니라  눅 11:11-13

나는 그 남자에게 물었습니다. "자녀가 있으십니까?" 그가 대답했습니다. "있습니다." 그래서 나는 물었습니다. "만약 당신 아들이 당신에게 생선을 달라고 하는데, 뱀을 주시겠습니까? 아니면 계란을 달라고 하는데, 전갈을 주시겠습니까?"

그 남자는 대답했습니다. "아니요, 당연히 아니죠."

"하나님도 마찬가지입니다." 나는 그에게 말했습니다. "나는 이 단락에서 예수께서 진정 말씀하시는 바를 당신에게 알려주고 싶습니다. 우리는 전 장인 누가복음 10:19에서 답을 찾을 수 있습니다. '내가 너희에게 뱀과 전갈을 밟으며 원수의 모든 능력을 제어할 권능을 주었으니 너희를 해칠 자가 결코 없으리라'"

나는 계속 말했습니다. "보다시피, 여기서 예수께서는 문자 그대로 뱀이나 진짜 전갈을 말하고 계시지 않습니다. 그분은 원수의 능력에 대해서 말하고 계십니다! 그분은 귀신과 악령에 대해서 말씀하시면서 그것들을 뱀과 전갈이라고 부르셨습니다. 예수께서 실제로 말씀하시는 바는 이렇습니다. '아들이 생선을 달라 하는데, 그의 아버지가 뱀(악령)을 주겠느냐? 아니면 계란을 달라 하는데, 그의 아버지가 전갈(악령)을 주겠느냐?'"

나는 그 남자에게 말했습니다. "당신은 하나님의 자녀이고, 이는 곧 하나님께서 당신의 아버지라는 말입니다. 맞지요?"

"예." 그가 말했습니다.

"그렇다면," 나는 말했습니다. "당신이 당신의 자녀에게 절대로 악한 것을 주지 않는데, 당신이 그분의 영을 구할 때, 하늘 아버지께서 자녀인 당신에게 악한 영을 주실 거라고 생각하십니까?"

내가 이렇게 말했을 때 그 친구가 어떻게 한 줄 아십니까? 그는 소리 내어 웃더니, 즉시 방언을 시작했습니다! 일단 그가 자신의 두려움에서 해방되자, 심지어 성령을 받도록 기도할 필요조차 없었습니다!

그가 말했습니다. "해긴 형제님, 당신이 말씀해 주신 것을 알았더라면,

나는 오래 전부터 방언을 할 수 있었을 거에요!"

그 남자는 하나님께서 그에게 주신 축복들을 놓친 채, 자신이 들었던 말에 꽁꽁 묶여 있었습니다. 마귀는 성령충만을 위해 기도하면 잘못된 영을 받을지 모른다는 두려움으로 그의 생각을 폭격하였습니다.

여러분, 이런 일이 결코 당신에게 일어나서는 안 됩니다. 당신은 성령 받는 것을 결코 두려워해서는 안 됩니다. 여기 당신이 반드시, 언제나 명심할 것이 있습니다. 하나님 말씀은 **언제나** 당신을 자유롭게 합니다!

> 진리를 알지니 진리가 너희를 자유롭게 하리라　　　요 8:32

예수께서는 당신을 속박하는 진리를 말하신 것이 아닙니다. 그분은 **당신을 자유롭게 하는** 하나님의 말씀의 진리를 말하셨습니다.

믿는 자가 하나님께 성령으로 채워달라고 구할 때, 잘못된 영을 받을 위험은 정말로 전혀, 결코 없습니다. 솔직히, 나는 더 명확하게 이렇게 말하겠습니다. 만약 누군가 성령을 구하고 잘못된 영을 받았다고 주장한다면, 그 사람은 거짓말을 하는 것입니다!

그리스도인이 성령을 구할 때 잘못된 영을 받을 수 있다고 말하는 것은, 예수 그리스도께서 거짓에 참여한다는 말입니다. 그러나 예수님을 거짓말쟁이라고 하기보다는 그 사람을 거짓말쟁이라고 하는 편이 훨씬 더 나을 것입니다. 로마서 3:4에서 말한 바와 같이, "사람은 다 거짓되되 오직 하나님은 참되십니다!"

예수께서 말씀하셨습니다. "하물며 너희 하늘 아버지께서 구하는 자에게 성령을 주시지 않겠느냐?"(눅 11:13) 다시 말해, 당신이 성령 충만을 구하면 당신은 정확히 그것을 얻게 될 것입니다!

## 반대 의견 3 : 방언은 끝났다

한 번은 어떤 사람이 내게 와서 말했습니다. "어째서 당신은 성경에서 방언이 끝났다고 말하는 것을 모르십니까?"

나는 대답했습니다, "예, 저는 모를뿐더러, 당신도 모릅니다!"

"오, 아닙니다. 나는 성경에서 그 말을 읽었어요!"

"좋습니다." 나는 대답했습니다. "만약 당신이 그 장과 절을 보여준다면, 제가 천 달러의 상금을 드리지요!" 물론, 내게는 천 달러가 없었지만, 나는 겁나지 않았습니다. 나는 그 사람이 성경에서 방언은 끝났다고 말하는 어떤 구절도 찾지 못할 것을 알았기 때문에, 내가 돈을 물어낼 필요가 없음을 알았습니다!

그 남자는 보고 또 보고 그의 입장을 증명할 구절을 찾으려고 애썼습니다. 결국, 그는 찾기를 포기했고, 나는 그를 도와주기로 했습니다. 나는 말했습니다. "당신이 찾는 절은 고린도전서 13:8이지요."

"오, 그러니까 성경에서 정말로 방언은 끝났다고 했다는 내 말이 맞다니까요!"

나는 말했습니다. "오, 아닙니다. 같이 읽어 보고, 이 구절이 정말 말하는 바를 알려 드리지요."

> 사랑은 언제까지나 떨어지지 아니하되 예언도 폐하고 방언도 그치고 지식도 폐하리라
>
> 고전 13:8

"이 장 전체를 읽으면," 나는 그 남자에게 말했습니다. "이 구절에 대해 다른 이해를 하게 될 겁니다. 보다시피 이 구절은 방언이 **그치리라**shall cease고 말하지, **그쳤다**have ceased고 말하지 않습니다. 또한 예언이 **폐할 것**shall fail이고, 지식도 **폐할 것**shall vanish이라고 했습니다. 이 모든 것들은 미래 시제입니다. 그러므로 지식이 폐하지 않은 이상, 방언은 끝나지 않았습니다!"

그리고 나는 그가 바울이 이 단락에서 방언에 대해 정말 말하고자 한 것을 더 배울 수 있도록, 다음 몇 구절을 보여 주었습니다.

> 우리는 부분적으로 알고 부분적으로 예언하니 온전한 것이 올 때에는 부분적으로 하던 것이 폐하리라
>
> 고전 13:9-10

어떤 사람들은 10절을 방언을 금지하기 위해 사용합니다. 그들은 이렇게 잘못 주장합니다. "바울이 '온전한 것이 올 때에는'이라고 할 때, 그는 성경에 대해 말하고 있는 것입니다. 이제 우리는 완전한 형태의 성경을 가지고 있기 때문에, 더 이상 초자연적인 방언의 은사는 필요 없습니다!"

그러나 10절에 대한 이런 해석은 12절과 연결해보면 타당하지 않습니다.

우리가 지금은 거울로 보는 것 같이 희미하나 그 때에는 얼굴과 얼굴을 대하여 볼 것이요 지금은 내가 부분적으로 아나 그 때에는 주께서 나를 아신 것 같이 내가 온전히 알리라					고전 13:12

분명히 우리는 아직 얼굴과 얼굴을 대하여 보지 않으며, 여전히 '거울로 보는 것 같이 희미' 합니다. 그러므로 예언도 폐하지 않았고, 지식도 폐하지 않았으며 방언도 그치지 않은 것이 분명합니다!

이 구절에 근거하여 방언을 금하려는 사람들은 "그런즉 내 형제들아 예언하기를 사모하며 **방언 말하기를 금하지 말라**"라는 고린도전서 14:39도 읽어보는 것이 좋습니다. 사도 바울과 초대 교회 교인들은 결코 사람들이 방언하는 것을 금하지 않았습니다. 사실 바울은 이 장에서, 우리가 나중에 논하게 될, 사람들에게 방언을 **독려하는** 수많은 이유를 제시합니다.

## 반대 의견 4 : 오직 사도만이 성령충만을 받도록 기도해 줄 수 있다

어떤 사람들은 사도행전 8:14-17을 인용하여, 성령세례와 그 증거인 방언은 오직 최초의 사도들이 살아 있었던 초대 교회를 위한 것임을 증명하려 합니다. 이러한 사람들은 오직 사도들만이 사람들에게 성령세례를 주는 사역을 할 수 있다고 잘못 주장합니다.

그러나 사도행전의 이 단락은 그 반대가 진리임을 증명합니다.

> 예루살렘에 있는 사도들이 사마리아도 하나님의 말씀을 받았다 함을 듣고 베드로와 요한을 보내매 그들이 내려가서 그들을 위하여 성령 받기를 기도하니 이는 아직 한 사람에게도 성령 내리신 일이 없고 오직 주 예수의 이름으로 세례만 받을 뿐이더라 이에 두 사도가 그들에게 안수하매 성령을 받는지라  행 8:14-17

마지막 사도들과 함께 방언이 끝났다는 주장을 고수하는 사람들은 말합니다. "오순절 날에 사도들은 성령을 받았고, 그들은 다른 사람들에게 그 성령을 전달할 수 있었습니다. 그러나 사도들에게 성령을 받았던 다음 사람들은 이어서 다른 사람들에게 성령을 전달해주지 못했습니다."

이 사람들은 주장합니다. "그것이 바로 빌립이 구원받은 사마리아인들에게 성령을 전해주려고 시도하지 않은 이유입니다. 빌립은 최초의 사도가 아니었기 때문에, 성령세례를 주는 사역을 할 수 없었습니다. 그러므로 베드로와 요한이 사마리아에 와서 새 신자들이 성령을 받도록 손을 얹은 것입니다. 하지만 최초의 사도 중 마지막 사람이 죽은 이후로, 성령세례 사역을 하는 능력도 끝났습니다!"

그러나 이러한 주장은 말씀에 부합하지 않습니다. 우리는 사도행전에서 사람들이 성령충만 받는 것을 기록한 다섯 사례에 대해 나중에 충분히 이야기할 것입니다. 그러나 나는 여기에서 특별히 강조하고 싶습니다. 신자들이 성령을 받는 다섯 개의 사례 중 두 개에서, 그들은 안수 없이 성령을 받았습니다. 그리고 나머지 세 개의 경우 중 한 개는 심지어 사도가 아닌 사람이 성령세례 사역을 했습니다! 나는 다메섹에 있던 아나니아라고 하는 제자가 다소의 (곧 바울이라 불리게 될) 사울에게 가서 그가 성령으로 충만할 수 있도록 안수했던 것에 대해 말하고 있는 것입니다.

어떤 집회에서 설교한 후, 나는 강대상의 의자에 앉아 치유와 성령을 받기 위해 줄을 선 사람들에게 안수하기 시작했습니다.

내가 각 사람에게 기도 받으러 나온 이유를 묻는데, 줄을 서있던 어떤 남자가 소리치며 물었습니다. "당신은 사도가 되게 해달라고 구하십니까?" 모든 사람이 마이크를 통해 그의 질문을 들을 수 있었습니다.

"아니요, 나는 사도가 아닙니다." 나는 대답했습니다. "그리고 나는 사도가 되게 해달라고 구하지 않습니다. 나는 확실히 그런 자격을 갖지 않았습니다."

"그렇다면, 당신이 사람들이 성령을 받게 하려고 안수하는 건 뭡니까?" 그 남자는 나에게 물었습니다.

물론, 그 남자가 나에게 그렇게 말한 순간, 나는 그 사람의 수준을 파악했습니다. 그래서 나는 말했습니다.

"오, 내가 보니 당신은 정말 당신의 신약성경을 잘 알고 있군요."

"오, 그래요! 우리는 신약 성경에서 말하는 것을 말하고, 신약 성경이 침묵하는 것은 침묵합니다."

"좋습니다." 나는 말했습니다. "그러니까, 당신은 신약에서 최초의 사도 외에 누구도 성령충만 사역을 할 수 없다고 가르치고 있다는 말이지요? 다시 말해서 당신은 오순절 날에 120명이 아니라, 오직 열 두 사도만이 성령을 받았다고 믿는 것이지요?"

"예!" 그 남자는 대답했습니다.

"그리고 당신은 또 이 사도들만이 안수를 통해 성령 사역의 능력을 전해주는 권능을 가졌고, 마지막 사도가 죽었을 때 그 모든 능력도 끝났다고 믿는 것이지요?"

"예, 맞습니다."

"자," 나는 말했습니다. "당신과 나 사이의 유일한 차이점, 당신은 신약이 말하는 것을 말하고 신약이 침묵하는 것은 침묵하라고 주장하지만, 그것은 사실이 아닙니다. 반면, 나는 신약이 말하는 것을 말하고, 신약이 침묵하는 것은 침묵하고 있습니다."

"무슨 뜻입니까?" 그가 물었습니다.

내가 물었습니다. "사도행전 9장의 아나니아를 볼까요? 아나니아는 사도가 아니었습니다."

이 남자가 말했습니다. "나는 당신이 말하는 것을 확실히 모르겠습니다."

나는 성경의 사도행전 9장을 펴고 아래의 구절을 읽었습니다.

그 때에 다메섹에 아나니아라 하는 **제자**가 있더니 주께서 환상 중에 불러 이르시되 아나니아야 하시거늘 대답하되 주여 내가 여기 있나이다 하니 주께서 이르시되 일어나 직가라 하는 거리로 가서 유다의 집에서 다소 사람 사울이라 하는 사람을 찾으라 그가 기도하는 중이니라 그가 아나니아라 하는 사람이 들어와서 **자기에게 안수하여** 다시 보게 하는 것을 보았느니라 하시거늘 … 아나니아가 떠나 그 집에

> 들어가서 **그에게 안수하여** 이르되 형제 사울아 주 곧 네가 오는 길에서 나타나셨던 예수께서 나를 보내어 너로 다시 보게 하시고 **성령으로 충만하게** 하신다 하니
> 
> 행 9:10-12, 17

"이제 대답해 보십시오." 나는 그 남자에게 말했습니다. "아나니아가 사도였습니까?"

"저는 여기 이런 게 있는지 몰랐습니다." 그 남자가 대답했습니다.

"당신이 신약에서 말하는 것을 말한다고 할 때는 주의하는 것이 좋을 겁니다. 성경 어디에도 오직 사도만이 성령세례 사역을 할 수 있다고 말하는 곳은 없습니다."

그 남자가 자리를 뜨려 하자, 나는 말했습니다. "잠시만요! 가기 전에, 당신은 내가 사도인지 아닌지 묻고, 사도가 **아니므로** 내게는 사람들에게 안수하여 성령을 받게 할 권리가 없다는 것을 증명하려고 했지요. 그러나 사도가 아닌 사람들도 다른 사람이 성령을 받도록 안수할 수 있다는 것을 말씀에서 증명했습니다."

나는 이어서 말했습니다. "당신이 내가 어떤 권세로 안수하는 사역을 하는지 알고 싶어 했으니, 말해주고 싶습니다. 나는 다메섹의 어떤 제자, 아나니아가 다소의 사울에게 안수했던 것과 같은 권세로 사람들이 성령을 받도록 안수합니다. 10절에서 이렇게 말합니다. '…주께서 환상 중에 [아나니아를] 불러 이르시되…' '제자' 라는 단어는 다만 '주를 따르는 자' 를 뜻합니다. 이 사람 아나니아는 사도가 아니었습니다. 그는 예언자가 아니었습니다. 복음전도자도 아니었습

니다. 목사도 아니었습니다. 말씀 교사도 아니었습니다. 그는 단지 당신과 내가 '평신도'라고 부르는 사람이었는데, 교회의 머리되시는 주 예수로부터 사울에게 안수하여 성령을 받게 하라는 지시를 직접 받았습니다."

나는 어떤 사람들이 오직 사도만이 성령세례 사역을 할 수 있고, 마지막 사도가 죽었을 때 모든 것이 다 끝났다는 주장을 할 것을 아시고, 하나님께서 이 이야기를 성경에 실으셨다고 믿습니다. 이런 식으로 논쟁하는 사람들은 신약에서 실제로 말하고 있는 바를 발견하고 나면 말문이 막혀 떠납니다.

그래서 나는 그 남자에게 말했습니다. "다메섹의 아나니아에게 나타나셨던 그 예수께서 나에게, '나는 네가 가서 믿는 자들이 성령을 받도록 안수하기 원한다.'라고 말씀하셨기 때문에 사람들이 성령을 받도록 안수하는 것입니다. 교회의 머리 되시는 예수 그리스도, 그분이 바로 내가 안수 사역을 하게 하는 권세입니다! 나에게 안수하라고 말씀하신 바로 그 분이 예수님이시므로, 만약 당신이 논쟁이나 언쟁을 하고 싶다면, 예수님과 논쟁하고 싸울 것을 권합니다."

이렇게 말하면서 나는 그를 보냈습니다.

나는 예수께서 내게 성령충만하게 하는 안수 사역을 주셨다고 말씀하셨을 때 있었던 일을 하나 더 말하고 싶습니다.

나는 그 소식을 듣고 꼭 그렇게 행복하지는 않았습니다. 나는 예수님께 말했습니다. "사랑하는 주님, 나는 우리 교회의 성령충만을 받은 사람들한테서도 충분히 비난받고 있습니다. 내가 사람들이 성령충만 받도록 안수하면, 마찬가지로 분명히, 아니 심지어 더 비난받게 될 겁니다! 주님, 저는 그런 사역을 별로 원하지 않으니 그냥 이 사역을 다른 누군가에게 주시면 좋겠습니다."

그랬더니, 주님께서 이 말에 대해 내게 즉시 분명히 해 주셨습니다! 그분은 내게 물으셨습니다. "누가 너를 불렀느냐? 내가 불렀느냐, 사람들이 불렀느냐?"

"물론, 주님이 부르셨지요!" 나는 말했습니다.

그러고 나서 그분은 내게 물었습니다. "너는 네 사역에 대해 누구 앞에서 회계account할 것이냐? 나냐, 사람들에게냐?"

"그야, 주님 당신이시지요!" 나는 말했습니다.

주님은 말씀하셨습니다. "성경에는 모든 사람이 반드시 그리스도의 심판대 앞에 서서 그 몸으로 행한 것에 대해 회계해야 한다고 쓰여 있다(고후 5:10). 그 날에, 너는 내 앞에 서서 나에게 회계해야 한다! 그리고 너의 사역을 비난한 사람들 또한 그들이 한 말에 대해 나에게 회계해야 한다. 결국, 그것은 **나의** 사역이고, 사람들이 너의 안수 사역을 비난한다면, 그들은 나를 비난하고 있는 것이다."

예수께서 계속하셨습니다. "그러니까 그런 사람들은 나에게 맡겨라. 그들은 자신이 말한 바에 대해 내 앞에서 회계해야만 할 것이다. 그리고 나는 너에게 이 사역을 맡겼고, 너는 내가 맡긴 이 사역을 완수했는지 아닌지에 대해 내 앞에서 회계해야만 할 것이다."

"그렇다면, 주님, 저는 그 일을 하는 게 낫겠네요."

"그래, 틀림없이 해야만 한다." 예수께서 대답하셨습니다.

"그렇지만, 사람들한테 뭐라고 말하지요?" 나는 물었습니다.

예수께서는 사도행전에서 사람들이 안수를 통해 성령을 받는 세 가지 사례를 내게 제시하셨습니다. 그리고 이렇게 말씀하셨습니다. "사람들에게 이 구절들을 보여 주어라."

이렇게 해서 이것이 정확하게 내가 해 온 일이 되었습니다! 그분의 말씀으로 인하여 하나님께 감사드립니다! 그것은 너무나 명확하고 간결하고 분명합니다.

## 오순절파 관례에 빠지지 말라

예수께서 나에게 안수 사역을 주시기 이전에도, 그분은 사람들이 성령으로 충만하게 하는데 나를 사용하셨습니다.

1939년에 나는 당시 설교할 줄 아는 유일한 메시지였던 구원에 대한 메시지를 설교하면서, 다른 목사님의 교회에서 사역하고 있었습니다. 한창 메시지를 전하고 있을 때, 나는 갑자기 다른 방언으로 말하기 시작했습니다. 내가 공중 모임에서 방언으로 메시지를 전한 것은 이 때가 겨우 두세 번째였던 것 같습니다. 나는 연속해서 세 번 방언으로 말하고 통역했습니다.

통역된 모든 내용은 내가 설교하던 것과는 완전히 다른 주제인 성령 충만에 대한 것이었습니다. 하나님께서는 예배를 다른 방향으로 돌리려고 하셨습니다. (우리 사역자들은 예배에서 성령께서 가고자 하는 방향을 감지하고, 그대로 그분과 함께 흘러갈 필요가 있습니다!)

나는 내가 성령에 감화되어 이전에 한 번도 해본 적 없는 일을 하고 있음을 발견했습니다. 나는 단지 이렇게 말했습니다. "성령충만을 받은 적은 없지만 충만하기 원하는 모든 분들, 일어서십시오."

즉시 다섯 명이 벌떡 일어났습니다.

나는 강단에 서서 그 다섯 명에게 말했습니다. (그리고 이렇게 말하면서 나는 깜짝 놀랐습니다!) "성령을 받으십시오!" 한 명을 제외하고 모두 즉시 방언을 하기 시작했습니다. 한 여성은 방언을 하기 시작하자, 너무 흥분하여 좌석 사이에서 나와 통로에서 춤을 추기 시작했습니다!

담임 목사님은 깜짝 놀라 나를 보고 이렇게 말했습니다. "세, 세, 세상에! 이 사람들 중 몇 명은 수년간 성령세례를 구해왔습니다! 그들은 몇 시간 동안 내내 기다리기도 했어요! 우리는 그들이 성령을 받게 하려고 애썼지만 결국 포기하고 말았어요. 특히나 이 여성 말입니다! 우리는 이 사람은 성령을 받을 수 없는 사람이라고 포기했지요. 더 이상 누구도 그녀와 함께 기도하지 않았어요."

사실 이 여성이 통로에서 춤을 추는 것은 놀랄 일이 아니었습니다! 사람들은 이 여성을 성령세례로 끌어넣기 위해 수년간 당기고, 잡아끌고, 치고, 때리고, 울부짖고, 고함쳐왔습니다. 그런데 하나님은 순식간에 그녀를 충만하게 하셨습니다!

예배 후에, 그 교회 목사님은 그 곳에서 일주일간 부흥회를 해달라고 하셨습니다. 그러나 부흥회는 한 달 동안 계속되었습니다! 하나님께서는 그 교회의 주일 학교와 교회 성도가 두 배로 늘고, 재정은 세 배로 늘어날 정도로 능력 있는 부흥회를 주셨습니다! 나는 아무 것도 하지 않았습니다. 오직 하나님께서 하신 일이었습니다. 나는 다만 성령께서 운행하시도록 했을 뿐입니다.

나는 그 부흥회 중에서 특별히 어떤 밤을 기억합니다. 사람들은 매일 밤 성령충만을 받았는데, 그 날 밤에는 12명이 성령을 받기 위해 앞으로 나왔습니다. 나는 이 12명을 그들이 갇혀 있는 영적인 관례에서 빠져 나오게 하고 싶었으므로, 심지어 그들에게 강단에서 무릎을 꿇게도 하지 않았습니다.

우리 모두는 심지어 기도하기 위해 무릎을 꿇는 것과 같은 영적인 행동에 있어서도, 어떤 영적인 관례들에 갇혀 있습니다. 무릎 꿇고 기도하는 것이 좋지 않다는 뜻이 아닙니다. 바울은 에베소서 3:14에서 "내가 우리 주 예수 그리스도의 아버지께 무릎을 꿇고 비노니…"라고 말했고, 나 자신도 기도할 때 무릎 꿇는 것을 좋아합니다. 그러나 우리가 특정한 방법으로만 하나님께 구한다면, 관례에 갇혀 결국 더 이상 어떤 영적인 진보도 하지 못하는 것을 발견할 수 있습니다.

이것이 바로 오순절파와 은사주의 계통에 속한 수많은 사람들에게 일어나는 일입니다. 사람들은 하나님께 성령을 받도록 구할 때, 흔히 강단 위에서 무릎 꿇고 기도하는 것과 같이 "우리 교회에서 늘 해오던 방식대로" 하곤 합니다. 그리고 너무나 자주 그들은 자신의 심령으로부터 하나님을 찬양하기보다, 남들이 말하는 것을 들은 대로 따라하면서 자신의 머리로부터 하나님을 찬양하기 시작합니다. 그러면 이것이 그들이 얻는 것의 전부입니다. 나는 이것을 "오순절파 관례Pentecostal rut"라고 부릅니다. 이는 많은 사람들이 **빠져** 나오는데 매우 어려움을 겪고 있는 관례입니다!

그래서 나는 성령을 받으러 강단 앞으로 나온 이 12명에게 무릎을 꿇지 말라고 지시한 것입니다. 그러고 나서 나는 그들에게 "성령을 받으십시오!"라고 말했고, 그들 모두가 동시에 방언을 하기 시작했습니다! 순식간의 일이었습니다. 그들은 모두 성령을 받았습니다. 나는 전혀 그들을 건드리거나 안수하지 않았습니다.

1940년대 내내, 이것은 성령세례 사역을 할 때 성령께서 나를 사용하시는 주된 방법이었습니다. (그리고 나의 사역 시간 동안에도 그분은 때때로 그 방법으로 역사하셨습니다.)

사람들에게 안수하지 않는 대부분의 시간에 나는 단지 그들을 나오게 하여 강단 앞에 세웠습니다. 그리고 그들에게 성령을 받으라고 말했고, 그들은 받았습니다.

그러므로 당신은 누군가를 성령세례로 인도하기 위해 당신이 최초의 사도 중의 하나이어야만 성령세례를 인도할 수 있는 것이 아님을 성경적으로나 영적으로나 이해할 수 있을 것입니다. 사역자만이 할 수 있는 것도 아닙니다. 오래 전에 아나니아라는 제자가 그랬듯이, 오늘날 전 세계의 신자들은 사람들이 성령을 받도록 돕고 있습니다!

여기 성경에서 방언에 대해 말하는 바를 모르는 사람들이 방언을 반대하기 위해 사용하는 가장 일반적인 네 가지 반대 의견이 있습니다. 방언이라는 주제에 대한 논의를 계속하면서, 우리는 일반적으로 제기되는 다른 질문과 오해들을 다루게 될 것입니다. 그러나 방언이나 다른 어떤 영적인 분야를 연구하더라도, 우리가 기억해야 할 핵심은 이것입니다. **하나님의 말씀에 더 가까이 머물수록, 무엇이든 우리가 하는 일에 대해 더 정확해 질 것입니다.**

# 02

## 구원과 성령충만:
## 두 개의 분리된 경험인가?
### (SALVATION AND THE INFILLING: TWO SEPARATE EXPERIENCE?)

전통 교단의 젊은 목사 시절, 나는 구원받았었고, 새로운 탄생에서 있었던 성령의 일하심을 통해 성령에 대해서는 알고 있지만, 아직 오순절파 사람들이 "성령 받음receiving the Holy Ghost"이라고 부르는 것을 경험하지는 못했음을 말씀을 통해 깨닫기 시작했습니다. 내가 신약을 연구할 때, 이 주제에 대한 단락을 이해하도록 하나님의 영이 나를 도우셨습니다.

나는 만약 내가 오순절파 사람들이 받은 것과 동일한 성령을 받았다면, 최초의 영적인 표적, 즉 방언의 증거를 가졌을 것이라고 성경을 통하여 확신하게 되었습니다. 나는 그 이하의 어떤 것으로도 만족하지 못했을 것입니다!

그 당시 나는 구원받은 지 4년이 되었고, 죽음의 침상에서 일어나 완전히 치유 받은 지는 3년이 되었습니다. 나는 내게 설교하기 위한 성령의 기름부음이 있는 것을 알고 있었습니다. 또한 나는 내가 사람들을 위해 기도할 때 성령께서 그들을 치유하신다는 것도 알고 있었습니다. 그러나 마침내 나는 구원받는 것과는 별개의 경험으로서 성령을 받아야 함을 매우 명확하게 깨닫게 되었습니다.

그러나 많은 사람들은 이 진리를 이해하지 못합니다. 사실, 교회의 대다수는 거듭날 때 성령께서 역사하시는 것과 성령충만 사이의 차이를 명확하게 보지 못합니다. 그러나 성경은 이들을 전적으로 분리된 두 개의 경험으로 정의합니다.

예수께서 요한복음 14장에서 성령에 대해 하신 말씀은 새로운 탄생의 경험을 말합니다.

> …너희는 그를 아나니 그는 너희와 함께 거하심이요 또 너희 **속에** 계시겠음이라      요 14:17

그리고 나서 예수께서는 사도행전 1:5, 8에서 성령에 대해 다시 말씀하시는데, 이 말씀은 명백하게 다른 경험을 가리킵니다.

> 요한은 물로 세례를 베풀었으나 너희는 몇 날이 못 되어 성령으로 세례를 받으리라 하셨느니라 … 오직 성령이 너희에게 **임하시면 너희가 권능을 받고**…      행 1:5, 8

그러므로 당신은 예수께서 이들 두 개의 다른 구절에서 두 개의 다른 경험, 즉 '당신 **안에**in 거하시는 성령님'과 '당신에게 능력으로 **임하시는**upon 성령님'을 말하고 계심을 쉽게 알 수 있습니다.

## '나는 이미 내가 가질 수 있는 성령님을 다 가졌습니다'

내가 젊은 목사로서 속해 있던 전통 교단의 교회는, 만약 당신이 거듭났다면 당신은 가져야 할 성령을 다 가졌고 그것으로 끝이라고 가르쳤습니다. 거기에는 새로운 탄생 이상의 다른 어떤 경험도 없었습니다.

그러나 그 가르침은 부분적으로는 옳더라도, 상당 부분 틀린 것입니다. 성령님은 우리 영에 영원한 생명을 전이하시는 분이기 때문에 첫 번째 부분은 맞습니다. 성령님은 그리스도 예수 안에서 말씀을 통하여 인간의 영을 새로운 피조물로 만드시는 분입니다.

문제는, 사람들이 "나는 그리스도인이므로, 이미 내가 가질 수 있는 성령님을 다 가졌습니다."라고 말할 때 실상 옳다기보다는 잘못된 점이 더 많다는 것입니다. 이러한 부분적인 진리는 거짓보다 더 큰 피해를 줄 수 있습니다.

알다시피, 성령님은 새로운 탄생에서, 당신이 하나님의 자녀임을 당신의 영에 증거하십니다(롬 8:14, 16). 성경은 이러한 새로운 탄생의 경험을 "그리스도를 영접함"(요 1:12), "영생을 받음"(요일 5:11), 또는 "죄 사함을 받음"(행 26:18)이라고 부릅니다.

반면, 당신은 사도행전을 읽을 때, 사람들이 성령을 "받았다", 성령으로 "충만해졌다", 성령의 "세례를 받았다", 또는 성령의 "은사를 받았다"라고 말하는 것을 볼 수 있을 것입니다. 사도행전의 이 모든 네 가지 표현들은 동일한 경험에 대해 사용되며, 각 경험은 모두 거듭난 **이후에** 나타납니다.

### 예수님과 베드로 사도의 증거

사도행전 8장을 봅시다. 나는 다른 성경의 어떤 본문보다도 이 장이 구원과 성령세례는 두 개의 분리된 경험이라는 진리를 이해하는 데 많은 도움을 주었다고 믿습니다.

빌립이 하나님 나라와 및 **예수 그리스도의 이름에 관하여** 전도함을 **그들이 믿고** 남녀가 다 세례를 받으니 시몬도 믿고 세례를 받은 후에 전심으로 빌립을 따라다니며 그 나타나는 표적과 큰 능력을 보고 놀라니라 예루살렘에 있는 사도들이 사마리아도 **하나님의 말씀을 받았다** 함을 듣고 베드로와 요한을 보내매 그들이 내려가서 그들을 위하여 **성령 받기를** 기도하니 이는 아직 한 사람에게도 성령 내리신 일이 없고 오직 주 예수의 이름으로 세례만 받을 뿐이더라 이에 두 사도가 그들에게 안수하매 **성령을 받는지라**               행 8:12-17

전에 말한 바와 같이, 내가 젊은 목사로서 속해 있던 전통 교단의 교회에서는, 구원받은 사람은 모든 성령을 이미 가졌다고 배웠습니다. 한 예로, 그 교단의 이름이 잘 알려져 있는 한 목사는 이렇게 말했습니다. "당신이 거듭날 때, 당신은 성령님으로부터 납니다. 당신이 그리스도를 구원자로 받아들이고 그분을 주인으로 고백하면, 당신은 성령을 갖게 됩니다. 그게 다입니다. 끝입니다!"

이 목사님이 한 말의 앞부분은 맞는 말입니다. 당신이 거듭나면, 당신은 성령으로 납니다(요 3:3-8). 그러나 그가 한 말의 나머지 부분은 사실이 아닙니다! 구원받았을 때, 당신은 성령에 관한 **모든 것을 받은 것은 아닙니다**. 이것이 사람들에게 문제가 되는 부분입니다.

사람들이 의견을 제시할 때, 그들은 자신의 최근 영적 성장 상태를 드러내는 경우가 많습니다. 이것이 사람의 말이 최종 권위가 아님을 알아야 하는 이유입니다. 그 사람들은 훌륭한 사람이고 뛰어난 그리스도인일 수 있지만, 특정한 주제에 대해서는 여전히 잘못되어 있을 수 있습니다. 하나님의 말씀만이 언제나 최종 권위입니다!

나는 그리스도인으로서 초기에 이 교훈을 배웠음에도 불구하고, 잠시 동안 이 목사님과 교단의 다른 지도자들이 성령세례와 방언에 대해 가르친 것에 걸려 있었습니다. 결국 나는 오직 말씀으로 돌아가서 **하나님께서** 나를 바로 잡게 하기로 결단했습니다.

사도행전 8:12-17을 읽으면서, 나는 이 목사님의 가르침이 성경에 맞지 않는다는 것을 깨달았습니다. 사마리아인들은 빌립이 그리스도를 전했을 때 구원받았지만, 베드로와 요한 사도는 새로운 회심자들이 모두 성령을 받을 수 있을만큼 최대로 성령을 받았다고 생각하지 않았습니다!

나는 혼잣말로 말했습니다. '신약 성경이 틀렸든지, 그 목사님이 틀렸어. 둘 중 하나는 틀렸어!'

나는 사도행전 8:12를 다시 읽었습니다. 빌립은 사마리아에 가서 사람들에게 그리스도를 전했습니다. 사마리아인들은 모두 빌립이 하나님의 나라와 예수 그리스도의 이름에 대해 전한 것을 **믿고, 침례를 받았습니다.**

즉시 나는 이 사람들이 구원받지 못했다고 주장하는 사역자는 우리 교단 전체에 한 명도 없다는 것을 깨달았습니다! 그들이 구원받지 못했다고 주장하는 것은 모든 것 위의 최고 권위이신 주 예수 그리스도를 거짓말쟁이라고 부르는 것입니다! 예수님은 마가복음 16:15-16에서 말씀하셨습니다. "너희는 온 천하에 다니며 만민에게 복음을 전파하라 **믿고 세례(침례)를 받는 사람**은 구원을 얻을 것이요 믿지 않는 사람은 정죄를 받으리라"

사마리아인들은 예수를 믿었고 침례를 받았습니다. 그렇다면 그들은 구원받았습니까? 주 예수에 따르면, 그렇습니다! 그러나 이는 베드로와 요한 사도가 사마리아인들이 성령을 받도록 손을 얹고 기도하러 오기 전입니다.

그래서 나는 베드로 사도에게 물어보기로 했습니다. "베드로 사도님, 이 사마리아인들은 구원받았었나요? 당신과 요한 사도가 그 곳에 와서 성령을 받도록 안수하기 전에도 이들은 구원받았었나요?" 다른 사도가 아닌 베드로가 실제로 사마리아로 보내졌는데, 그보다 더 나은 증인이 누가 있겠습니까?

베드로는 내 질문에 대한 응답으로 편지를 써주었습니다. 그리고 그는 당신에게도 썼습니다! 베드로와 요한이 와서 사마리아인들이 성령을 받도록 손을 얹기 전에도 그들은 거듭났을까요? 베드로는 이 질문에 대해 베드로전서 1장에서 답했습니다.

너희가 **거듭난 것은** 썩어질 씨로 된 것이 아니요 썩지 아니할 씨로 된 것이니 살아 있고 항상 있는 **하나님의 말씀으로 되었느니라**

벧전 1:23

베드로의 말과 사도행전 8:14의 이 말을 비교해 보십시오. "예루살렘에 있는 사도들이 **사마리아도 하나님의 말씀을 받았다** 함을 듣고 베드로와 요한을 보내매"

요한복음 1장에서, 예수님은 "하나님의 말씀"이라고 불렸습니다.

태초에 말씀이 계시니라 이 말씀이 하나님과 함께 계셨으니 이 말씀은 곧 하나님이시니라 … 영접하는 자 곧 그 이름을 믿는 자들에게는 하나님의 자녀가 되는 권세를 주셨으니 … 말씀이 육신이 되어 우리 가운데 거하시매 우리가 그의 영광을 보니 아버지의 독생자의 영광이요 은혜와 진리가 충만하더라

요 1:1, 12, 14

사마리아인들은 하나님의 말씀을 받았고, 이는 살아 있는 말씀인 예수를 받아들였다는 의미입니다. 그러므로 베드로의 말에 따르면, 사마리아의 사람들은 썩어질 씨가 아니라 썩지 아니할 씨인 하나님의 말씀으로 **거듭났습니다!**

그러므로 예수님과 베드로 사도 모두에 따르면, 사마리아인들은 베드로와 요한이 사마리아에 보내지기 이전부터 구원받았습니다. 베드로와 요한은 와서, 사마리아인들이 구원받거나 거듭나도록 기도한 것이 아니라 **그들이 성령으로 충만해지도록** 기도한 것입니다.

### 초대 교회의 증거

사도행전 8장으로 돌아가 전체 맥락을 읽으면, 또한 당신은 이것을 알게 될 것입니다. 베드로와 요한이 사마리아인들에게 보내지기 전까지는, 이 장에서 성령이 언급조차 되지 않습니다. 그리스도는 언급되었습니다. 물 침례도 언급되었습니다. 믿는 것도 언급되었습니다. 기적도 언급되었습니다. 치유도 언급되었습니다. 성 안의 큰 기쁨도 언급되었습니다. 그러나 성령의 이름은 없습니다! 그러나 비록 성령이 언급되지 않았더라도, 우리는 이 장 전체를 통해 그분의 역사를 볼 수 있습니다.

사도행전 8장 5절에서 빌립이 사마리아에 가서 그들에게 그리스도를 전했다고 말합니다. 우리는 사도행전 6:3-5에서, 빌립이 전할 때 성령이 임재하셨음을 알 수 있습니다. 이 단락에서는 빌립이 성도들의 실제적인 필요를 섬기는 일을 돕기 위해 선택된 일곱 사람 중 한 명이라고 말합니다. 이들 일곱 사람은 "성령과 지혜가 충만하여 칭찬 받는 사람"(행 6:3)이었습니다. 그 후에 빌립이 전도자로 부름 받았을 때, 우리는 그가 사마리아 사람들에게 그리스도를 전하도록 기름부음 받음으로 성령이 역사하시는 것을 다시 보게 됩니다(행 8:4-13).

사람들이 죄를 깨닫고 그리스도께 나아오도록 한 것은 말씀 가운데 역사하신 성령님이었습니다. 그들의 영을 재창조하고 그들에게 영생을 주신 이도 말씀 가운데 일하신 성령님이었습니다. 그들의 영과 더불어 그들이 하나님의 자녀임을 증언하신 이도 성령님이었습니다. 사람들을 치유하고, 기적을 일으키고, 귀신을 쫓아내는 성령의 은사를 통해 빌립의 사역을 움직이신 이도 성령님이었습니다.

그러므로 비록 이 구절에서 성령이 언급되어 있지 않더라도, 그분은 사마리아인들의 새로운 탄생의 경험을 주관하신 분이셨습니다. 이제 성령이 **언급되는** 사도행전 8:14-15을 봅시다.

> 예루살렘에 있는 사도들이 사마리아도 하나님의 말씀을 받았다 함을 듣고 베드로와 요한을 보내매 그들이 내려가서 **그들을 위하여 성령 받기를** 기도하니
> 행 8:14-15

베드로와 요한은 사마리아인들이 구원받기를 기도했습니까? 아닙니다. 그들은 사마리아인들이 그리스도를 받아들이기를 기도했습니까?

아닙니다. 베드로와 요한은 그들이 거듭나기를 기도했습니까? 아닙니다. 그들은 사마리아인들이 영생을 받기를 기도했습니까? 아닙니다.

사마리아인들은 이미 믿는 자였지만, 베드로와 요한은 그들을 위하여 그들이 성령 받기를 기도했습니다. 분명히 사도들과 초대 교회는 성령으로 충만해지는 것이 새로운 탄생과 분리된 경험이라는 것을 알았습니다!

### 다소 사람 사울의 증거

한 때 다소 사람 사울이라 불린 사도 바울의 간증 또한, 구원과 성령 세례는 두 개의 분리된 경험이라는 진리를 증거하고 있습니다.

사울은 다메섹의 길 위에서 예수께서 눈을 멀게 하는 빛으로 그에게 나타나셨을 때 회심했습니다(행 9:1-9를 보십시오). 사울은 6절에서 예수께 묻습니다. "주여, 내가 어떻게 하기를 원하시나이까?what wilt thou have me to do?"[1] 이에 예수께서 이르십니다. "너는 일어나 시내로 들어가라 네가 행할 것을 네게 이를 자가 있느니라"

몇 년 후, 바울은 로마의 성도들에게 편지를 쓰고, 그 편지에서 말합니다. "네가 만일 네 입으로 예수를 주로 시인하며 또 하나님께서 그를

---

1) 킹제임스 성경에는 행 9:6에 이 질문이 추가되어 있으나, 다른 번역본에는 삭제되어 있다.(역자 주)

죽은 자 가운데서 살리신 것을 네 마음에 믿으면 구원을 받으리라" (롬 10:9) 나는 바울이 이 구절을 쓸 때, 예수께서 다메섹의 길에서 아직 다소 사람 사울이었던 그에게 환상으로 나타나심으로, 그가 하나님께서 예수를 죽은 자 가운데서 살리신 것을 믿게 되었던 순간을 돌아보았으리라고 확신합니다. 사실, 이것은 예수께서 그 환상 가운데 말씀하셨던 것이었습니다!

사울이 "주여, 내가 어떻게 하기를 원하시나이까?"라고 물었을 때, 그가 예수를 자신의 주님이라고 고백한 것에 주목하십시오. 다시 말해, 그는 예수께서 자신의 삶의 주인이 되심을 고백하면서, 자신을 예수님의 손 안에 두었습니다.

이 환상 이후로 눈을 볼 수 없었던 사울은, 주님의 지시에 순종하여 다메섹 성 안으로 들어가 사흘 동안 보지 못하는 채로 기도하며 주님을 기다렸습니다. 그리고서 주님은 아나니아라는 제자에게 나타나셔서 그에게 사울에게 가서 안수하라고 지시하셨습니다. 아나니아가 사울을 처음 만났을 때 한 말에 주목하십시오.

> 아나니아가 떠나 그 집에 들어가서 그에게 안수하여 이르되 **형제 사울아** 주 곧 네가 오는 길에서 나타나셨던 예수께서 나를 보내어 너로 다시 보게 하시고 **성령으로 충만하게 하신다** 하니    행 9:17

아나니아는 사울에게 말했습니다. "네가 다메섹으로 오는 길에 나타나셨던 그 예수님께서 나에게도 나타나셨다." 이는 사울이 예수님을 알고 있음을 나타냅니다. 그는 그 성으로 오는 길에 예수님을 만났습니다. 그뿐 아니라, 아나니아는 사울을 "형제"라고 불렀는데, 거듭나지 않은 살인자를 "형제"라고 부르고 다니지는 않습니다!

아나니아는 본질적으로 이렇게 말한 것입니다. "사울, 다메섹으로 오는 길에서 생긴 그 일로 인해서 당신은 나의 형제입니다. 그리고 당신이 길에서 만난 그 예수님께서 나를 당신에게 보내셨습니다!"

"아나니아, 예수님께서 당신을 내게 왜 보내셨습니까?"

"첫째는 당신의 시력을 되찾아주기 위해서입니다."

"그게 그분이 당신을 보낸 유일한 이유입니까?"

"아닙니다. 예수께서는 또한 내가 당신에게 와서 안수하여 성령으로 충만하게 하기를 원하셨습니다!"

아나니아가 "예수께서는 안수하여 당신을 구원받게 하라고 나를 여기 보내셨습니다."라고 말하지 **않았음을** 주목하십시오. 결국, 사울은 다메섹으로 가는 길에서 예수를 보았을 때 이미 구원받았던 것입니다. 그리고 기억하십시오. 아나니아는 "형제 사울"이라고 하면서 이미 그를 그리스도인으로 불렀습니다!

이 모든 것은 다소 사람 사울이 다메섹으로 가는 길에서 거듭 났으며, 후에 아나니아가 그에게 안수했을 때 성령으로 충만해졌다는 사실의 결정적인 증거입니다. 그러므로 사울은 구원과 성령세례가 두 개의 분리된 경험인 것을 확증하기 위해 자신의 간증을 덧붙인 것입니다.

### 하나님의 자녀에게 주시는 그분의 선물

잠시 사도행전 8장으로 돌아가 봅시다. 거기에 내가 지적하고 싶은 부분이 있습니다. 5절에서, 빌립이 사마리아로 가서 사마리아인들에게 **그리스도**를 전한 것에 주목합시다. 그는 그들에게 **성령**을 전하지 않았습니다.

보다시피, 당신은 세상을 향해 성령을 전하지 않습니다. 당신은 그들이 구원받을 수 있도록 세상에 그리스도를 전합니다. **그리스도인들**에게만 성령을 **전할 수 있습니다.** 예수께서는 누가복음 11장에서 이를 확증하셨습니다.

> 너희가 악할지라도 좋은 것을 자식에게 줄 줄 알거든 하물며 **너희 하늘 아버지께서 구하는 자에게 성령을 주시지 않겠느냐** 하시니라
>
> 눅 11:13

예수께서는 우리에게 성령이 하나님께서 그의 자녀들에게 주시는 선물임을 말하고 계십니다. 죄인에게 주는 것이 아닙니다!

반면, 우리는 성경을 통해 세상이 그리스도를 영접하고 **구원받을 수 있다는 것**을 압니다.

> 하나님이 세상을 이처럼 사랑하사 독생자를 주셨으니 이는 **그를 믿는 자**마다 멸망하지 않고 영생을 얻게 하려 하심이라      요 3:16

그러므로 예수님은 세상을 향한 하나님의 선물이며, 성령은 그분의 자녀를 향한 하나님의 선물입니다.

오늘날 당신은 사람의 형제됨과 하나님의 우주적인 아버지되심에 대해 많이 듣습니다. 다 좋은 말이지만, 모든 사람이 하나님의 자녀는 **아니며**, 비록 하나님이 만물의 **창조자**이실지라도 그분은 만물의 **아버지** 는 아니십니다. 그분은 오직 거듭난 자의 아버지이십니다. 그리고 성령 은 오직 그분의 자녀를 향한 하나님의 선물입니다.

## '진리의 영이라, 세상은 능히 그를 받지 못하나니'

요한복음 14장은 우리에게 성령세례 또는 성령충만이 죄인들을 위한 것이 아님을 말해주는 또 다른 성경 본문입니다. 한 사람이 성령충만 을 받을 수 있으려면, 그는 먼저 새로운 피조물이 되어야 합니다.

> 내가 아버지께 구하겠으니 그가 또 다른 보혜사를 너희에게 주사 영원토록 너희와 함께 있게 하리니 **그는 진리의 영이라 세상은 능히 그를 받지 못하나니**　　　　　　　　　　　요 14:16-17

예수께서 무슨 말씀을 하시는 것입니까? 그분은 세상이 진리의 영 을 받지 못한다고 말씀하십니다. "세상"은 죄인들, 즉 그리스도 밖에 있는 사람들을 가리킵니다. 우리는 방금 세상이 새로운 탄생을 받을 수 있다고 말하는 요한복음 3:16을 보았습니다. "하나님이 세상을 이처럼 사랑하사 독생자를 주셨으니…" 예수께서는 세상을 구하기 위해 보내지셨습니다!

그러므로 우리는 세상이 구원을 **받을 수 있으며**, 성령은 새로운 탄생 안에서 사람의 영을 재창조하시는 분이라는 것을 압니다. 이는 예수께서 이 구절에서 말씀하신 성령 안에서의 체험, 즉 "진리의 영을 받는 것"이 구원과는 다른 것임을 뜻합니다. 다시 말해, 한 사람이 거듭날 때 그가 가질 수 있는 모든 성령을 가졌다면, 구원 이상의 경험은 없는 것이며, 당신은 예수께서 틀린 말씀을 하셨다고 결론 내려야만 합니다.

그러나 예수께서는 요한복음 14:17에서 틀린 말씀을 **하지 않으셨습니다**. 세상은 진리의 영, 즉 충만하신 성령을 **받을 수 없습니다**. 사실, 죄인들은 성령 안에서 세례를 받을 수 없다고 하신 마가복음 2:22에서도 예수님은 같은 논지를 펴고 있습니다. 예수께서는 말씀하셨습니다. "새 포도주를 낡은 가죽 부대에 넣는 자가 없나니 만일 그렇게 하면 새 포도주가 부대를 터뜨려 포도주와 부대를 버리게 되리라 오직 새 포도주는 새 부대에 넣느니라"

이 구절에서, 포도주는 성령을 상징합니다. 성경 시대에는, 포도주를 가죽 부대에 담았습니다. 만약 새 포도주를 낡은 가죽 부대에 넣으면, 가죽 부대가 포도주가 팽창하는 만큼 늘어나지 못하므로 곧 터지고 말 것입니다.

이러한 면에서, 예수께서는 만약 죄인이 성령의 영광과 능력으로 충만해지면, 그가 터져버리고 말 것이라고 말씀하신 것입니다. 그렇습니다, 죄인들은 **우선** 그리스도 안에서 새로운 피조물이 되어야 합니다 (고후 5:17).

이것이 하나님께서 새로운 탄생을 통하여 우리 인간의 영을 재창조하시는 이유입니다. 이로 인해 그분은 우리를 성령의 새 포도주로 채우실 수 있습니다!

## 세례들의 교리를 이해하기

수년 동안, 수많은 교단의 사역자들로 하여금 성령으로 충만해지도록 한 것은 나의 기쁨이자 특권이었습니다. 사역자들과 새로운 탄생과 성령세례가 두 개의 분리된 경험인지 아닌지를 말할 때, 나는 많은 사람들이 "세례baptism"라는 단어를 혼동하는 것을 발견했습니다. 그들은 믿는 자들에게 오직 단 한 번의 침례만이 가능하다고 생각하여, 성령세례the baptism with the Holy Spirit(행 1:5)와 성령으로 세례를 받아being baptized by the Holy Spirit 그리스도의 몸이 되는 것(고전 12:13)을 혼동합니다.

요한은 물로 세례를 베풀었으나 너희는 몇 날이 못되어 **성령으로 세례를 받으리라**be baptized with Holy Ghost 하셨느니라　　행 1:5

우리가 유대인이나 헬라인이나 종이나 자유인이나 다 한 성령으로 **세례를 받아** [그리스도 안에서] **한 몸이 되었고**baptized into one body 또 다 한 성령을 마시게 하셨느니라                     고전 12:13

오직 단 한 번의 세례를 믿는 사람들은 에베소서 4:4-5에서 바울이 "몸이 하나요 성령도 한 분이시니 이와 같이 너희가 부르심의 한 소망 안에서 부르심을 받았느니라 주도 한 분이시요 믿음도 하나요 **세례도 하나요**"라고 말한 것을 인용합니다.

그러나 문맥상, 바울은 한 사람을 구원하는 한 번의 세례, 즉 새로운 탄생 안에서 그리스도 안에 들어가는 세례에 대해 말하고 있습니다. 이것이 고린도전서 12:13, "우리가 다 [그리스도 안에서] 세례를 받아 한 몸이 되었고"에서 방금 읽은 것과 같이 그리스도 안으로 들어가는 세례입니다.

그러나 성경은 히브리서 6장에서 복수인 '세례들'에 대해 말합니다.

그러므로 우리가 그리스도의 도의 초보를 버리고 죽은 행실을 회개함과 하나님께 대한 신앙과 **세례들**과 안수와 죽은 자의 부활과 영원한 심판에 관한 교훈의 터를 다시 닦지 말고⋯        히 6:1-2

이 단락에서 히브리서 기자는 신약에서 가능해진 모든 세례들에 대해 이야기하고 있습니다. 우선 구원하는 세례가 있습니다. 다시 말해, 한 사람이 거듭날 때, 그는 성령으로 '**들어가서**put into', '**세례**

받아서baptize', 또는 '담겨서immerse' 그리스도의 몸이 되었습니다. 그런 후에 물 세례와 성령세례가 있습니다.

## '샘물' 대 '생수의 강들'

사람들은 이 "세례들"의 문제에 대해 어리둥절해 합니다. 그래서 나는 한 번 이상의 세례가 있다는 것을 보여 주기 위해 그들을 사도행전으로 데려가서 물의 예를 듭니다.

나는 그들에게 말합니다. "좋습니다. 당신은 성령으로 났고, 그러므로 당신은 성령을 가졌습니다. 말하자면, 당신은 물을 마신 거지요. 하지만 당신은 물로 **가득 차** 있습니까? 당신의 심령은 굶주려 있습니까? 당신은 **가득 채워지기를** 원하시나요?" 이러한 질문이 상대방의 심령으로 하여금 하나님에 대한 갈망이 더하도록 자극하지 않은 적은 한 번도 없었습니다!

물은 성경에서 성령의 상징입니다. 성경에는 예수께서, 새로운 탄생에서의 성령의 내주하심과 성령충만을 물로 비유하여 훌륭하게 묘사하신 곳이 두 군데 있습니다. 이들 본문은 내가 '세례들'이라는 주제에 대한 하나님의 관점을 알기 위해 성경을 연구할 때 즉각적인 도움을 주었습니다.

먼저, 사마리아 우물가에서 예수님과 사마리아 여인이 대화하는 요한복음 4장 장면입니다.

예수께서 대답하여 이르시되 네가 만일 하나님의 선물과 또 네게 물 좀 달라 하는 이가 누구인 줄 알았더라면 네가 그에게 구하였을 것이요 그가 **생수**를 네게 주었으리라 … 이 물을 마시는 자마다 다시 목마르려니와 내가 주는 물을 마시는 자는 영원히 목마르지 아니하리니 내가 주는 물은 그 속에서 영생하도록 솟아나는 **샘물**이 되리라
요 4:10, 13-14

예수께서는 여기에서 영생을 받는 것에 대해 말씀하고 계시는데, 이는 요한복음 3:16에서 니고데모에게 말씀하셨던 것과 같은 내용입니다. 예수께서 우리 **안에서** 솟아나는 샘물이라고 하신 경험은 새로운 탄생에서 영생하도록 솟아나는 성령의 역사를 말합니다. 구원의 샘은 우리 각자를 위한 것입니다.

그 후에 요한복음 7장에서, 예수께서 성령 안에서의 또 다른 경험에 대해 말씀하십니다.

명절 끝날 곧 큰 날에 예수께서 서서 외쳐 이르시되 누구든지 목마르거든 내게로 와서 마시라 나를 믿는 자는 성경에 이름과 같이 그 배에서 **생수의 강**rivers of living water이 흘러나오리라 하시니 이는 그를 믿는 자들이 받을 성령을 가리켜 말씀하신 것이라 (예수께서 아직 영광을 받지 않으셨으므로 성령이 아직 그들에게 계시지 아니하시더라)
요 7:37-39

예수께서는 "그 배에서 생수의 강(들)이 흘러나오리라"라고 하셨습니다. 그분이 단지 '하나의 강a river'이라고 하지 않고, '강들rivers'이라고 하신 것에 주목하십시오!

샘 안에는 물이 있고, 강 속에도 물이 있습니다. 본질적으로 물은 같은 것이지만, 샘 안의 물에는 나름의 목적이 있고, 강 속의 물은 또 다른 목적을 위한 것입니다.

**이들 단락의 두 물은 모두 성령을 나타내는 것이므로, 예수께서는 우리에게 성령 안에서 두 가지 경험이 있음을 말하고 계신 것입니다.**

성령 안에서의 한 경험은 영생을 받는 것으로, 성령이 당신의 영에 영생을 전이하시고 당신의 영과 더불어 당신이 하나님의 자녀임을 증언하시는 것입니다(롬 8:16).

그 후에 또 다른 경험이 있는데, 이는 당신의 가장 깊은 존재로부터 생수의 **강들**이 흘러나오는 것입니다. 첫 번째 경험, 즉 새로운 탄생은 무엇보다 당신 개인의 이익과 축복을 위한 것입니다. 그러나 다음 경험, 즉 성령세례는 하나님의 능력이 당신에게서 흘러나가 **다른 사람들**을 축복할 수 있게 합니다.

누가복음 24장의 후반부에서, 예수께서는 이 두 번째 경험을 **위로부터 능력으로 입혀짐**이라고 부르셨습니다.

> 볼지어다 내가 내 아버지께서 약속하신 것을 너희에게 보내리니 너희는 위로부터 능력으로 입혀질 때까지 이 성에 머물라 하시니라
> 
> 눅 24:49

예수께서 "네가 **회심하거나 구원받을** 때까지 예수살렘에 머물러라."라고 말씀하지 않으신 것에 주목하십시오. 그렇습니다. 이것은 다른 경험, 즉 성령세례입니다. 사실 이것은, 요한복음 7장에서 예수님이 그를 믿는 자들의 가장 깊은 존재에서부터 생수의 강이 흘러나오리라고 하셨을 때 말씀하신 것과 같은 경험입니다. 그리고 오순절 날에 예수께서 요한복음 7장에서 하신 말씀이 성취되었습니다.

홀연히 하늘로부터 급하고 강한 바람 같은 소리가 있어 그들이 앉은 온 집에 가득하며 마치 불의 혀처럼 갈라지는 것들이 그들에게 보여 각 사람 위에 하나씩 임하여 있더니 **그들이 다 성령의 충만함을 받고** 성령이 말하게 하심을 따라 다른 언어들로 말하기를 시작하니라

행 2:2-4

이 때, 생수의 강들이 거듭난 믿는 자들을 통하여 흘러나오기 시작하여, 이들이 다른 사람을 축복할 수 있게 되었습니다. 이것이 성령의 충만함이며, 이것은 하나님의 **모든** 자녀를 향한 아버지의 선물입니다.

# 03

# 성령충만을 받은 최초의 증거
(THE INITIAL EVIDENCE OF BEING FILLED WITH THE HOLY SPIRIT)

만약 사도행전을 연구한다면, 당신은 사람들이 성령으로 충만해질 때 방언을 하기 시작한 것을 발견할 것입니다. 이로부터 우리는 방언이 성령세례의 최초의 증거임을 짐작할 수 있습니다. 물론, 따르는 다른 증거들도 있습니다. 그러나 방언은 누군가가 성령충만을 받았다는 **최초의** 증거 또는 표적입니다.

## 최초의 부어짐

사도행전을 전체를 보면서 사람들이 성령세례 받을 때를 기록한 다섯 가지 사례를 연구해 봅시다. 우리는 다음 질문에 대한 대답을 하게 될 것입니다.

"방언이 성령충만의 최초의 증거라는 것을 몇 번이나 찾을 수 있나?" 교회에 성령이 처음으로 부어진 오순절 날에서부터 시작합시다.

오순절 날이 이미 이르매 그들이 다같이 한 곳에 모였더니 홀연히 하늘로부터 급하고 강한 바람 같은 소리가 있어 그들이 앉은 온 집에 가득하며 마치 불의 혀처럼 갈라지는 것들이 그들에게 보여 각 사람 위에 하나씩 임하여 있더니 그들이 다 **성령의 충만함을 받고** 성령이 말하게 하심을 따라 **다른 언어들로 말하기를 시작하니라**   행 2:1-4

그들 모두가 성령으로 충만해진 바로 그 순간에 무슨 일이 일어났는지 주목하십시오. "성령이 말하게 하심을 따라 다른 언어들로 말하기를 시작하니라"(4절) 자, 만약 이런 일이 단 한 번만 일어났다면, 우리는 "글쎄, 그건 그냥 교회에 성령이 처음 부어졌을 때, 그냥 맨 처음이니까 일어난 기현상일 뿐이야!"라고 생각할지도 모릅니다. 그러나 앞으로 보게 되겠지만, 이러한 현상은 단지 오순절 날에만 일어난 것이 **아니었습니다.**

### 빌립이 사마리아인들에게 그리스도를 전한 후

사도행전 8장으로 가서 전도자 빌립이 사마리아 사람들에게 사역한 후 어떤 일이 일어났는지 살펴봅시다.

빌립이 사마리아 성에 내려가 **그리스도를 백성에게 전파하니** 무리가 빌립의 말도 듣고 행하는 표적도 보고 한마음으로 그가 하는 말을 따르더라 많은 사람에게 붙었던 더러운 귀신들이 크게 소리를 지르며 나가고 또 많은 중풍병자와 못 걷는 사람이 나으니 그 성에 큰 기쁨이 있더라 … 빌립이 하나님 나라와 및 **예수 그리스도의 이름에 관하여 전도함을 그들이 믿고** 남녀가 다 세례를 받으니 … 예루살렘에 있는 사도들이 사마리아도 하나님의 말씀을 받았다 함을 듣고 베드로와 요한을 보내매 그들이 내려가서 **그들을 위하여 성령 받기를 기도하니** 이는 아직 한 사람에게도 성령 내리신 일이 없고 오직 주 예수의 이름으로 세례만 받을 뿐이더라 이에 **두 사도가 그들에게 안수하매 성령을 받는지라**    행 8:5-8, 12, 14-17

누군가는 이렇게 말할지 모릅니다. "이 단락에서는 사마리아인들이 방언을 했다고 말하지 않으니까, 사람들은 방언을 말하지 않고도 성령을 충만하게 받을 수 있습니다."

그러나 이런 말을 하는 사람들은 성경이나 교회사를 면밀히 연구해 보지 않은 것입니다.

첫째, 교회사를 배운 학생은 초대 교회의 교부敎父들이 사마리아의 신도들이 방언한 것을 인정했음을 알고 있습니다. 둘째, 만약 당신이 8장을 계속 읽어본다면, 시몬이라는 사람에 대해 매우 중요한 점을 알게 될 것입니다.

"마술사 시몬"이라고 불린 이 사람은 아마도 사마리아에서 빌립의 사역을 통해 예수를 믿게 되었고, 물 세례를 받은 것 같습니다. 그 다음에 무슨 일이 일어났는지 함께 봅시다.

> 시몬이 사도들의 안수로 **성령 받는 것을 보고** 돈을 드려 이르되 이 권능을 내게도 주어 누구든지 내가 안수하는 사람은 **성령을 받게** 하여 주소서 하니
> 행 8:18-19

만약 방언이 성령세례와 함께 일어나지 않았다면, 시몬은 어떻게 사마리아인들이 성령을 받을 것을 알 수 있었을까요? 그렇습니다. **시몬은 무언가를 보았습니다.** 18절은 "시몬이 사도들의 안수로 성령 받는 것을 **보고**…"라고 말합니다. 사람들이 성령충만한 것을 시몬이 알기 위해서는 그의 육체적인 감각에 감지되는 어떤 외적인 증거가 있어야만 합니다.

시몬은 물론 성령을 보지 않았습니다. 성령은 육체의 눈으로는 볼 수 없는 영적 존재입니다. 만약 그곳에 시몬의 시각으로 감지되는 어떤 초자연적인 나타남이 없었다면, 그는 사마리아인들이 성령을 받았음을 **볼** 수 없었을 것입니다.

한 사역자가 나에게 말했습니다. "아마도 사마리아인들은 그저 기쁨으로 충만했던 것입니다. 아마 시몬은 그걸 본 것이겠지요."

그러나 시몬은 사마리아인들이 처음 구원받았을 때 이미 기쁨이 나타난 것을 보았기 때문에, 그것은 답이 될 수 없습니다. 기억하십시오. 8절은 말합니다. "그 성에 큰 기쁨이 있더라"

그러므로 이 상황에서 어떤 일이 일어났다고 생각하십니까? 가장 논리적인 결론은 시몬이 사도행전 2장에서 120명이 성령으로 충만하여 방언을 했을 때 일어난 것과 같은 일을 보았다는 것입니다.

사도행전 2장 6절은 말합니다. "이 [120명의 신도들이 방언하는] 소리가 나매 큰 무리가 모여…" 후에 베드로가 서서 그들에게 말씀을 전하며 말하였습니다. "…그[예수님]가 약속하신 성령을 아버지께 받아서 너희가 **보고 듣는 이것을** 부어 주셨느니라" '보고 듣는'이라는 말에 주목하십시오!

오순절 날 모인 사람들은 이제 막 성령충만 받은 120명의 신도들이 방언하는 것을 들었습니다. 그리고 시몬은 확실히 같은 것을 보았습니다!

초대 교회 교부敎父들은 사마리아인들이 방언했다는 것을 인정합니다. 그리고 신약의 다른 곳에서도, 성경은 믿는 자들이 성령으로 충만해질 때 방언을 한다고 말합니다. 이 모든 증거로 보아, 시몬으로 하여금 사마리아인들이 성령 받은 것을 확신하게 한 **표적**은 방언이었습니다.

시몬이 이 현상을 보자마자 한 일에 주목 하십시오. 그는 사람들에게 성령 사역을 하는 그 권능을 받고 싶어서, **베드로와 요한에게 돈을 주었습니다!**

어떤 사람들은 말합니다. "시몬은 성령을 사려고 한 것입니다." 아닙니다. 그는 그러지 않았습니다. 그는 사람들이 성령을 받도록 안수하는 **권능** 또는 **권세**를 사려고 했습니다.

만약 마술사 시몬이 사람들이 뭔가를 받았는지 못 받았는지 분간할 수 없었다면, 그가 사람들에게 무언가를 주는 그 능력을 사려고 했을까요? 만약 이와 관련된 어떤 초자연적인 나타남도 없었다면, 그가 무언가를 사려고 했을까요? 지각 있는 사람이라면 정답은 '**아니다**' 라고 결론지을 것입니다.

그러므로 시몬은 실제로, 이렇게 말하면서 베드로와 요한에게 돈을 준 것입니다. "내가 사람들에게 손을 얹으면 그들이 성령을 받도록 나에게 그 능력을 주시오."

> 베드로가 이르되 네가 하나님의 선물을 돈 주고 살 줄로 생각하였으니 네 은과 네가 함께 망할지어다 하나님 앞에서 네 마음이 바르지 못하니 **이 도에는** in this matter 네가 관계도 없고 분깃 될 것도 없느니라
>
> 행 8:20-21

어떤 그리스인 학자는 21절에서 "도 matter"라고 번역된 단어의 어원이 사도행전 2:4에서 "그들이 다 성령의 충만함을 받고 성령이 **말**하게 하심을 따라 다른 언어들로 말하기를 시작하니라"라고 할 때, '말 utterance"이라고 번역된 단어와 어원이 같다고 지적합니다.

그러므로 베드로가 "이 도에는 네가 관계도 없도 분깃될 것도 없느니라"라고 할 때, 그는 문자적으로 "**이 초자연적인 말에 대한 일**, 즉 이 방언에 대한 일에서는 네가 관계도 없고 분깃될 것도 없느니라"라고 말하고 있는 것입니다. 이는 결론적으로 사마리아인들이 성령으로 충만해졌을 때 방언을 했다는 것을 입증합니다.

### 다소 사람 사울

  곧 바울이라 불리게 될 다소 사람 사울이 구원을 받고 또 그 이후의 분리된 경험으로 성령을 받을 때 어떤 일이 일어났는지 사도행전 9장을 봅시다.
  사울은 그리스도인이라 불리는 사람을 감옥에 넣는 권세를 자기에게 부여하는 편지를 가지고 다메섹 성으로 가고 있었습니다. 갑자기 한낮의 태양보다 더 밝은 빛이 그를 둘러싸 비추었고, 그는 그 빛으로 인해 눈이 멀어 땅에 쓰러졌습니다.

> 그가 땅에 엎드려 그에게 말하는 음성을 들으니 "사울아, 사울아, 네가 왜 나를 박해하느냐?"고 하시더라. 그러자 그가 말하기를 "**주여**, 당신은 누구시니이까?"라고 하니 주께서 말씀하시기를 "나는 네가 박해하는 예수라. 가시채를 걷어차는 것이 네게 고통이라."고 하시더라. 그가 떨며 놀라며 말하기를 "**주여**, 내가 어떻게 하기를 원하시나이까?"라고 하니 주께서 그에게 말씀하시기를 "일어나서 성읍으로 들어가라. 그러면 네가 행해야 할 일을 네게 일러 주리라."고 하시더라.
>
> 행 9:4-6 (한글킹제임스)

  우리가 앞서 이야기한 바와 같이, 사울은 환상으로 예수를 본 즉시 변화하여 그분을 주님으로 불렀습니다. 후에 사도 바울은 로마서의 다음 부분을 쓸 때, 이 개인적인 경험을 생각했을지 모르겠습니다. "네가 만일 네 입으로 예수를 주로 시인하며 또 하나님께서 그를 죽은 자 가운데서 살리신 것을 네 마음에 믿으면 구원을 받으리라"(롬 10:9)

그러므로 우리는 다메섹으로 가는 길 위에서, 다소 사람 사울이 거듭났다는 것을 알 수 있습니다. 그는 그의 입으로 예수를 주로 시인했고, 하나님께서 예수를 죽은 자 가운데서 살리신 것을 확실히 믿었습니다. 결국 사울은 다메섹으로 가는 길 위에서 부활하신 예수 그리스도께 말하고 있었던 것입니다!

그 후에 6절에서 사울은 물었습니다. "주여, 내가 어떻게 하기를 원하시나이까?"

예수께서 대답하셨습니다. "일어나서 성읍으로 들어가라. 그러면 네가 행해야 할 일을 네게 일러 주리라."

이제 예수께서 환상 중에 아나니아에게 사울에게 가서 그가 시력을 회복하고 성령으로 충만해지도록 안수하라고 말씀하신 후에, 어떤 일이 일어났는지 더 읽어 봅시다.

그 때에 다메섹에 아나니아라 하는 제자가 있더니 주께서 환상 중에 불러 이르시되 아나니아야 하시거늘 대답하되 주여 내가 여기 있나이다 하니 주께서 이르시되 일어나 직가라 하는 거리로 가서 유다의 집에서 다소 사람 사울이라 하는 사람을 찾으라 그가 기도하는 중이니라 그가 아나니아라 하는 사람이 들어와서 자기에게 안수하여 다시 보게 하는 것을 보았느니라 하시거늘 … 아나니아가 떠나 그 집에 들어가서 그에게 안수하여 이르되 형제 사울아 주 곧 네가 오는 길에서

나타나셨던 예수께서 나를 보내어 너로 다시 보게 하시고 성령으로
충만하게 하신다 하니 즉시 사울의 눈에서 비늘 같은 것이 벗어져
다시 보게 된지라 일어나 세례를 받고　　　　　행 9:10-12, 17-18

이 단락에서 바울이 방언하는 것에 대해 언급하지 않는다는 것에 주목하십시오. 그러나 뒤에 우리는 바울이 "내가 너희 모든 사람보다 방언을 더 말하므로 하나님께 감사하노라"(고전 14:18)라고 말하는 것을 읽게 됩니다.

당신은 바울이 언제 방언을 시작했다고 생각하십니까? 가장 논리적인 결론은, 120명의 신도들이 오순절 날 그랬던 것처럼, 바울도 성령으로 충만해졌을 때 방언을 하기 시작했다는 것입니다.

## 고넬료와 그의 집안

오순절로부터 10년 후, 신실한 로마 백부장 고넬료의 집안이 구원받고, 성령으로 충만해졌습니다.

어느 날 고넬료가 기도하는데 천사가 나타나 그에게 말하기를, 욥바에 사람을 보내어 무두장이 시몬의 집에 있는 베드로라는 사람을 청해오라고 했습니다. 그러는 동안 욥바에서 베드로는 기도하려고 지붕에 올라갔습니다. 기도하는 동안, 베드로는 무아지경trance에 빠져 환상을 보았습니다. (무아지경에 빠지는 것은 환상의 한 종류로서,

그 사람이 하나님으로부터 계시를 받을 때 그의 육체적인 감각이 정지됩니다.)

베드로는 환상 중에 네 귀퉁이가 매어진 커다란 보자기가 하늘에서 내려오는 것을 보았습니다. 그 보자기 안에는 정결하거나 정결하지 않은 온갖 짐승들이 함께 있었습니다.

또 소리가 있으되 베드로야 일어나 잡아 먹어라 하거늘 베드로가 이르되 주여 그럴 수 없나이다 속되고 깨끗하지 아니한 것을 내가 결코 먹지 아니하였나이다 한대 또 두 번째 소리가 있으되 하나님께서 깨끗하게 하신 것을 네가 속되다 하지 말라 하더라         행 10:13-15

유대인은 이방인을 정결하지 않은 존재로 보았으므로, 그들과 아무것도 함께 하려고 하지 않았습니다. 그러나 하나님께서는 베드로가 곧 보게 될 것, 즉 복음이 이방인에게 전파되는 것을 위해 베드로를 준비시키셨습니다. 이것이 주님께서 환상 가운데 하신 말씀에서 의미하는 것이었습니다. "하나님께서 깨끗하게 하신 것을 네가 속되다 하지 말라"

베드로가 환상의 의미에 대해 깊이 생각하고 있는 동안, 성령께서는 세 사람이 그를 찾으면 그들과 함께 가야만 한다고 말씀하셨습니다. 그리하여 베드로는 세 사람과 유대인 형제들 몇 명과 함께 고넬료의 집으로 갔습니다. 그곳에 도착하자, 베드로는 고넬료와 그의 모든 집안에 복음을 전했습니다.

베드로가 이 말을 할 때에 **성령이 말씀 듣는 모든 사람에게 내려오시니** 베드로와 함께 온 할례 받은 신자들이 이방인들에게도 성령 부어 주심으로 말미암아 놀라니 이는 방언을 말하며 하나님 높임을 들음이러라
행 10:44-46

유대인 신자들은 성령이 이방인에게 부어진 것으로 인해 놀랐습니다. 그 때까지 이것은 엄격하게 유대인 교회에서만 있어온 일이었습니다. 이들 유대인 신자들은 **유대인 외에는** 어떤 사람도 이러한 새 언약 가운데 들어올 수 있다고 생각하지 않았습니다.

그렇다면 무엇이 현장에 있던 유대인 형제들로 하여금 이방인을 향한 구원의 문이 열렸음을 확신하게 했을까요? 그들은 이 사람들이 성령을 받았다는 것을 어떻게 알았을까요? 46절이 말해줍니다. "이는 방언을 말하며 하나님 높임을 들음이러라" 유대인 형제들은 이방인들의 방언을 듣고, 고넬료와 그의 집안이 자신들처럼 성령을 받았음을 확신하게 되었습니다.

### 에베소의 제자들

사람들이 성령을 받는 것에 대해 기록된 마지막 사례는 사도행전 19장에서 찾을 수 있습니다. 이 사건은 오순절로부터 20년 후에 에베소 성에서 일어났습니다.

아볼로가 고린도에 있을 때에 바울이 윗지방으로 다녀 에베소에 와서 어떤 제자들을 만나 이르되 너희가 믿을 때에 성령을 받았느냐 이르되 아니라 우리는 성령이 계심도 듣지 못하였노라

행 19:1-2

이들은 자신이 알고 있는 수준에서 사는 신자들이었습니다. 이들은 바울을 만나기 전에는 성령이 계시다는 것조차 듣지 못했습니다.

바울이 이르되 그러면 너희가 무슨 세례를 받았느냐 대답하되 요한의 세례니라 바울이 이르되 요한이 회개의 세례를 베풀며 백성에게 말하되 내 뒤에 오시는 이를 믿으라 하였으니 이는 곧 예수라 하거늘

행 19:3-4

세례 요한은 사람들에게 자신 뒤에 오실 분을 믿으라고 가르치며 물에서 세례를 주었습니다. 그러나 이들 유대인 신자들은 소아시아에 위치한 에베소에 살고 있어서, 이스라엘 땅에서 이전에 일어난 일을 전혀 알지 못했습니다.

그들이 듣고 **주 예수의 이름으로** 세례를 받으니 바울이 그들에게 안수하매 **성령이 그들에게 임하시므로 방언도 하고** 예언도 하니

행 19:5-6

성령이 이 신자들에게 임하신 순간 어떤 일이 일어났습니까? "방언도 하고 예언도 하니"

사도행전 2장에서의 성령충만은 강한 바람과 불의 혀와 함께 일어났습니다. 신자들이 성령세례를 받은 다른 어떤 사례에서도, 우리는 이 두 나타남(강한 바람과 불의 혀) 중 어느 하나도 나타난 경우를 볼 수 없습니다. 예를 들어, 사도행전 10장에서 신자들은 성령을 받은 후 하나님을 높였고, 그들이 예언한 것은 19장에서 보았습니다.

때때로 사람들은 성령으로 충만할 때, 방언 외의 다른 무언가를 받기도 합니다만, 기억하십시오. 언제나 방언이 먼저 옵니다. 성경은 그들이 예언하고 방언했다고 말하지 않습니다. 성경은 그들이 **방언을 하고 그리고 예언했다**고 했습니다!

우리는 처음 성령을 받을 때 하나님의 말씀이 가르치는 것 이상으로 기대해서는 안 됩니다. 다른 영적 은사가 더해지는 것은 좋지만, 그러한 다른 현상들은 성령세례에 따르는 것일 수도 있고 아닐 수도 있습니다.

반면, 성경은 사도행전에 기록되어 있는 성령을 받는 다섯 사례 중 세 가지에서 신자들이 다른 방언을 말했다고 확실히 언급합니다. 이들 세 가지 사례는 오순절에서(행 2장) 에베소 성도들과 바울의 만남(행 19장)까지 20년의 기간 동안 일어났습니다. 대부분의 증거는 방언이 이러한 경험의 최초의 증거임을 지지합니다. 다른 두 가지 사례에서는, 우리가 이미 논한 바와 같이 신자들이 방언을 말했음을 암시합니다.

그러므로 결론적으로 성령충만을 받은 신자들은 그 최초의 증거로 방언을 경험했음을 사도행전에 기록된 다섯 가지 사례를 통해 다섯 번 입증했다고 할 수 있습니다. 우리는 이로 인해 오늘날 누구든지 성령충만 받기를 열망하는 사람들은 다른 방언으로 말할 것을 믿습니다!

# 04

# 성령을 받기 위해서는 기다려야만 하는가?

(DO YOU HAVE TO TARRY
TO RECEIVE THE HOLY SPIRIT?)

지금까지 우리가 살펴 본 모든 성경적인 증거에서, 초대 교회 사람들이 성령으로 충만해지기 위해서는 기다려야 한다고 배웠다는 암시는 전혀 없습니다. 그리고 만약 우리가 철저하게 신약에 속하기 원한다면, 성령세례를 받기 위해서는 기다려야 한다고 가르쳐서는 절대 안 됩니다.

당신은 이렇게 물어볼지 모릅니다. "하지만 오순절은 뭔가요? 120명의 신도들이 위로부터 능력이 입혀질 때까지 예루살렘의 다락방에서 기다리지 않았나요?"(눅 24:49, 행 1-2장을 보십시오.)

이것이 사도행전에서 사람들이 기다린 후에 성령세례를 받은 유일한 사례인 것은 사실입니다. 그러나 이들 120 신도들은 성령께서 **처음으로 부어지는 것**을 기다리며 머물렀던 것입니다. 예수께서는 그들에게 명하셨습니다. "**너희는** 위로부터 능력으로 입혀질 때까지 이 성에 **머물라**"(눅 24:49) 성령께서 이 땅에서 예수의 사역을 수행하기 위하여 아직 부어지지 않으셨기 때문에, 그들은 머물러야만 했습니다!

그 후 오순절 날에, 성령께서는 예수의 사역을 수행하기 위해 급하고 강한 바람처럼 이 땅에 오셨고, 그 이후로 지금까지 늘 이곳에 계십니다. 그 날 이후, 그것은 그분이 오시기를 **기다리는** 문제가 아니라, 그분을 **받아들이는** 문제입니다.

## 성령이 처음 부어지기를 기다림

사도행전에서 사람들이 성령으로 충만해지는 다섯 가지 사례를 다시 읽어 보면, 성령이 처음 부어진 후로 사람들이 다시는 성령세례를 받기 위해 기다리지 않았음을 알게 될 것입니다. 그들은 단 한 번도 기다리지 않았습니다! 그들이 왜 기다려야만 합니까? 성령이 이미 거기 계신데 말입니다!

요한복음 14장에서 예수께서 제자들에게 말씀하신 곳으로 가 봅시다.

> 내가 아버지께 구하겠으니 그가 또 다른 보혜사를 너희에게 주사 영원토록 너희와 함께 있게 하리니 그는 진리의 영이라 세상은 능히 그를 받지 못하나니…
>
> 요 14:16-17

우리가 앞에서 이 성경 본문에 대해서 논했던 것을 기억해 보십시오. 우리는 세상이 새로운 탄생 안에서만 성령의 일을 받을 수 있다는 것을 압니다. 이는 곧 여기에서는 예수님이 구원의 경험에 대해 말하는 것이 아니라는 뜻입니다. 그분은 세상은 진리의 영의 **충만함**, 즉 성령 세례를 받지 못한다고 말하고 계십니다. 왜냐하면 이는 믿는 자를 위해 예비 된 선물이기 때문입니다.

예수께서는 뒤에 요한복음 16:13에서 계속 말씀하십니다. "그러나 진리의 성령이 오시면 그가 너희를 모든 진리 가운데로 인도하시리니 그가 스스로 말하지 않고 오직 들은 것을 말하며 장래 일을 너희에게 알리시리라"

이 말에 주목하십시오. "…진리의 성령이 오시면…" 예수님께서 여기에서 말씀하신 바로는, 성령님께서 아직 그의 충만함으로 나타나지 않으신 것입니다.

이 구절에서의 예수님의 말씀은 성령께서 오순절 날에 급하고 강한 바람처럼 이 땅에 오셔서 다락방의 120 신도들이 갑자기 성령세례를 받고 다른 방언을 하기 시작했을 때 실현되었습니다.

우리는 성령이 역사하실 때 무언가 바람처럼 보이는 초자연적인 나타남을 경험할 지도 모릅니다. 그러나 우리는 결코 이천여 년 전 최초의 오순절 날에 이들 120 신도들이 경험한 것 같은 성령의 강력한 부어짐을 경험하지는 않습니다.

### 사도행전의 다른 네 가지 사례는 어떠한가?

사도행전 8장에 가 보면, 당신은 사마리아 사람들이 성령을 기다리도록 가르침 받았다는 암시조차 찾지 못할 것입니다. 이 사람들은 예수를 믿었고 구원받았으며 침례 받았습니다. 그 후에 예루살렘에 있던 사도들은 사마리아인들이 하나님의 말씀을 받아들였다는 것을 듣고, 그들에게 베드로와 요한을 보냈습니다. 베드로와 요한이 사마리아에 도착했을 때, 이들은 사람들에게 손을 얹고 그들을 위해 기도했고, 사마리아인들은 성령을 받았습니다. 사마리아 신도들이 값없는 성령의 은사를 받기 위해 기다렸다는 말은 어떤 식으로도 전혀 언급되지 않습니다.

후에 사도 바울이 된 다소 사람 사울도 마찬가지입니다. 사울이 성령으로 충만해졌을 때 무슨 일이 일어났는지 우리는 이미 보았습니다. 그러나 사도행전 9:17로 돌아가 봅시다. 사울이 다메섹으로 가는 길에 회심한 후 삼일 동안 머물며 기도하던 집에 아나니아가 도착한 장면입니다.

> 아나니아가 떠나 그 집에 들어가서 그에게 안수하여 이르되 형제 사울아 주 곧 네가 오는 길에서 나타나셨던 예수께서 나를 보내어 너로 다시 보게 하시고 **성령으로 충만하게 하신다** 하니　　행 9:17

아나니아는 주께서 환상 가운데 자신에게 말씀하셨기 때문에(행 9:11) 사울이 기도하고 있었다는 것은 알았지만, 그 외에는 그의 영적 상태에 대해 전혀 알지 못했습니다. 그러나 아나니아의 마음에는 자기가 손을 얹은 순간 사울이 성령을 받을 것에 대해 전혀 의심이 없어 보입니다. 아마도 아나니아가 와서 손을 얹기 전까지 사울은 성령에 대해 아는 것이 아무 것도 없었을 것임에도 불구하고, 그가 성령으로 충만해지기 위해서 기다리거나 머물러야만 했다는 암시는 전혀 없습니다.

우리는 그 후에 사도행전 10장에서, 고넬료와 그의 집안이 성령으로 충만해지기 위해 전혀 기다릴 필요가 없었음을 봅니다.

> 베드로가 이 말을 할 때에 **성령이 말씀 듣는 모든 사람에게 내려오시니** 베드로와 함께 온 할례 받은 신자들이 이방인들에게도 **성령 부어 주심으로** 말미암아 놀라니 이는 **방언을 말하며** 하나님 높임을 들음이러라
> 
> 행 10:44-46

고넬료의 집안에 있던 사람들은 모두 이방인이었습니다. 그들은 베드로가 와서 그들에게 말씀을 전하기 전까지는 구원받지 않았습니다.

> 그[고넬료]가 우리[베드로와 그의 유대인 동료들]에게 말하기를 천사가 내 집에 서서 말하되 네가 사람을 욥바에 보내어 베드로라 하는 시몬을 청하라 그가 **너와 네 온 집이 구원 받을** 말씀을 네게 이르리라 함을 보았다 하거늘
> 
> 행 11:13-14

베드로가 그들에게 말씀을 **전하자마자**, 고넬료와 그의 집안이 구원

받았습니다. 이는 그들이 구원을 받고 거의 동시에 성령세례를 받았다는 뜻입니다! 사람들이 처음 구원받는 순간은 대게 그들이 성령충만을 받기에 가장 적절하고 쉬운 때입니다.

누구도 고넬료의 집안사람들에게 손을 얹지 않았지만, 그들은 모두 거의 동시에 성령을 받았습니다. 그 방에 있던 그 누구도 성령 받는 데에 실패하지 않았습니다.

우리가 앞에서 본 바와 같이, 바울의 유대인 동료들은 이들 유대인 신자들이 다른 방언을 말하는 것을 보고 그들이 성령을 받았음을 완전히 확신했습니다. 유대인 형제들은 이방인들에게 성령이 부어진 것에 놀랐습니다. 그러나 다시 한 번 강조하겠습니다. 이들 이방인들이 즉시 방언하기 시작하고 하나님을 높였다는 사실은, 이 사람들이 성령으로 충만해지기 위해 단 한 순간도 기다리거나 머물지 않았음을 가리킵니다!

마지막으로, 사도행전 19장으로 가서 바울이 에베소에서 만난 신자들이 성령을 기다려야만 했는지 봅시다.

---

아볼로가 고린도에 있을 때에 바울이 윗지방으로 다녀 에베소에 와서 어떤 제자들을 만나 이르되 너희가 믿을 때에 성령을 받았느냐 이르되 아니라 우리는 성령이 계심도 듣지 못하였노라 바울이 이르되 그러면 너희가 무슨 세례를 받았느냐 대답하되 요한의 세례니라 바울이 이르되 요한이 회개의 세례를 베풀며 백성에게 말하되 내 뒤에 오시는 이를 믿으라 하였으니 이는 곧 예수라 하거늘 그들이 듣고 주 예수의

이름으로 세례를 받으니 **바울이 그들에게 안수하매** 성령이 그들에게 임하시므로 방언도 하고 예언도 하니  행 19:1-6

우리가 앞서 본 바와 같이, 이들 이방인 신자들은 자신들이 아는 약간의 영적인 계시를 따라 살고 있었습니다. 그러다 바울이 주 예수의 이름으로 그들에게 침례를 주었습니다. 그러나 바울은 거기서 멈추지 않았습니다! 그는 또한 그들에게 성령충만함을 주었습니다.

이것이 내가 이 논의에서 당신이 깨닫기 원하는 지점입니다. 바울이 이 새로운 회심자들에게 손을 얹은 순간, 그들은 방언을 하고 예언을 했습니다. 그들은 일말의 기다림의 징후도 없이 모두 예외 없이 성령을 받았습니다.

### 기다리지 않고 성령을 받은 오늘날의 예

나는 어떤 집회에서 믿음에 대해 가르치고 난 후, 나와서 성령을 받도록 사람들을 초청했고 세 사람이 앞으로 나왔습니다. 세 사람은 모두 성령세례와 방언을 믿지 않는 교단의 교회에 소속되어 있었습니다.

나는 그 세 사람에게 말했습니다. "내가 안수하는 순간, 여러분은 즉시 성령을 받을 것입니다."

그리고 나서 나는 그들에게 안수했고, 그들은 모두 즉시 성령으로 충만해져서 방언을 하기 시작했습니다.

예배 후에, 최근에 성령충만을 받은 한 전통 교단 사역자가 나에게 와서 말했습니다. "해긴 형제님, 정말 놀랐습니다! 나는 바로 거기서 당신이 그 세 사람에게 성령으로 충만해질 것이라고 말하는 것을 들었는데, 순식간에 그렇게 되더군요! 그런데 해긴 형제님, 묻고 싶은 것이 하나 있습니다. 당신은 그들이 성령을 받게 될 것을 어떻게 **아셨지요?**"

"글쎄요," 내가 말했습니다. "사실 저는 그들이 성령을 받게 될 것은 알지 못했습니다만, 그들이 성령을 **받을 수 있고, 받아야만 한다는 데** 대해서는 제 마음에 어떤 의심도 없었습니다! 그래서 저는 그들이 성령을 받기 원하는 갈망을 가지고 앞으로 나왔기 때문에, 성령을 **받을 것이라고** 믿었습니다!"

나는 계속했습니다. "제가 이렇게 확실히 말할 수 있는 이유는 예전에 주님께서 환상 중에 제게 나타나셔서 '가서 믿는 자들이 성령을 받도록 그들에게 안수하라!'라고 말씀하셨기 때문입니다. 믿는 자들이 성령을 받도록 안수하라고 저를 보내신 분이 예수님이시기 때문에, 저는 그들이 성령 받을 것을 **기대합니다.** 그리고 하나님께 감사하게도, 대부분은 그렇게 되었습니다!"

물론 종종 어떤 사람들은 성령을 받지 않습니다. 때때로 사람들이 그들의 생각을 하나님의 말씀으로 새롭게 하기 위해서는 잠시 시간이 필요합니다. 만약 그들이 다른 생각들, 이를테면 방언의 증거가 함께 하는 성령을 받기 위해서는 기다려야만 한다는 가르침으로 혼란을 느끼는 경우에는 확실히 그렇습니다.

이러한 사람들을 재교육하고 그들의 생각을 바로잡기 위해서는 시간이 좀 걸립니다. 모든 그리스도인들이 거듭난 바로 직후부터, 성령과 방언에 대해 오직 신약이 말하는 것만 배운다면 얼마나 좋을까요! 그러면 그들은 이러한 고생을 하지 않아도 될 것입니다!

나는 어떤 곳에서 삼 주간 열렸던 집회를 기억합니다. 그 삼 주 동안, 우리는 82명이 성령을 받게 했습니다. 실제로, 성령을 받으려고 앞으로 나온 사람들은 모두 성령충만을 받았습니다. 누구도 성령을 받는데 실패하지 않았습니다.

그들 82명 중 대다수는 즉시 성령을 받았습니다. 극소수만이 성령충만을 받기 전에 그들의 생각을 말씀으로 새롭게 하기 위해 두세 번씩 나와야 했습니다. 그러나 세 번이 넘도록 성령을 받지 못한 사람은 누구도 없었습니다. 그리고 우리가 삼 주간의 집회 동안 더 많은 사람에게 성령세례를 주지 못한 이유는, 단지 사람들이 다 성령을 받아버렸기 때문입니다!

## 성령충만은 거저 주시는 선물입니다

하워드 카터는 19년간 영국 하나님의 성회의 감독이었습니다. 그는 또한 세계에서 가장 오래 된 오순절 성경 학교의 설립자이며 세계 하나님의 성회 총회장이었습니다. 카터는 "성령으로 충만해지기 위해서는 기다려야 한다고 가르치는 것은 단지 종교적 행위와 불신앙의 결합에 지나지 않는다."라고 말했습니다. 어찌나 맞는 말인지요!

나는 약 70년의 사역을 통해, 사람들이 믿음으로 성령을 받으러 나올 때 그들이 하나님과 협력하기만 한다면 성령을 **받게 된다**는 것을 깨달았습니다. 오래 전에 전통 교단의 젊은 목사였을 때 말씀이 말하는 바를 배웠기 때문에, 나는 성령세례 사역을 할 때 그것에 대해 전혀 의심이 없습니다.

내가 성령세례라는 문제에 대해 기도하며 동네 거리를 걷고 있었습니다. 그 문제에 대해 믿어야 할 바를 이해하려고 노력하는 중에, 계시가 왔습니다. 갑자기 주님께서 나의 심령에 사도행전 2:39에 뭐라고 쓰여있는지 물으셨습니다. 나는 그 구절을 그분께 아뢰었습니다. "이 약속은 너희와 너희 자녀와 모든 먼 데 사람 곧 주 우리 하나님이 얼마든지 부르시는 자들에게 하신 것이라 하고"

그러나 주님께서 내게 물으셨습니다. "무슨 약속이냐?"

내가 말했습니다. "38절 후반부에서는 '그리하면 성령의 **선물**을 받으리니'라고 했습니다." 나는 즉시 성령이 **선물**인 것을 깨달았습니다. 그리고 하나님께서 내게 값없이 주신 선물을 받기 위해서 기다릴 아무런 이유가 없음을 깨닫고, 즉시 그것을 받기로 결심했습니다!

나는 이렇게 생각했습니다. '그래, 나는 내가 순복음 목사님의 집에 찾아 가서 바로 성령을 받게 될 것을 믿는다! 내가 목사님 댁에 도착하자, 그분이 가장 먼저 하신 말씀은 이것이었습니다. "해긴 형제, 자네 오늘 밤 예배가 끝날 때까지 기다렸다가 강단에서 성령을 구하는 게 어떤가?"

나는 담대하게 말했습니다. "오, 제가 성령을 받는 데 그렇게 오래 걸리지 않을 것입니다." 그리고 나는 8분 안에 방언을 말했습니다! 왜 제가 성령을 받기 위해 기다리지 않았습니까? **왜냐하면 우리는 하나님께서 모든 믿는 자들에게 값없이 주신 선물을 받기 위해 기다릴 필요가 전혀 없기 때문입니다!**

# 05

# 나는 어떻게 성령충만을 받았는가
(HOW I WAS FILLED WITH THE HOLY SPIRIT)

하나님께서 성령세례와 방언에 대해 말씀 하신 바를 내가 개인적으로 어떻게 이해하게 되었는지 더 자세히 말씀드리겠습니다. 나는 나의 이야기가 당신 또는 주변의 누군가 이 문제로 분투하고 있는 분에게 도움이 될 것을 믿습니다.

이전에 언급한 바와 같이, 내가 전통 교단의 젊은 목사였을 때, 순복음 교단 사람들은 신유에 대해 설교하였고 치유에 대한 내 믿음을 강하게 해주었기 때문에, 나는 그들과 교제를 가졌습니다. 내가 처음 설교하기 시작했을 때, 나는 나 외에 신유를 믿는 사람을 한 사람도 아는 사람이 없었습니다. 나는 내가 성경에서 아무도 모르는 것을 찾아냈다고 생각했습니다! 확실히 **우리 교회**에서는 신유에 대해 아는 사람이 아무도 없었습니다!

## "방언하는 문제"를 어떻게 할 것인가?

그런데 1935년에, 누군가 우리 동네에 와서 천막을 치고 순복음 부흥회를 열었습니다. 우리 할머니는 그 집회에 가셨고, 나에게 말씀하셨습니다. "애야, 너는 그 순복음 부흥회에 꼭 가야만 한다."

"왜 꼭 가야 되지요?" 내가 물었습니다.

"그 오순절파 사람은 네가 믿는 것들을 설교하더라. 아니면 네가 그 사람이 설교하는 걸 믿는 것이든지, 둘 중 하나겠지. 나는 평생 누가 그렇게 너랑 똑같은 말을 하는 건 처음 들어봤다!"

그래서 마침내 어느 날 밤에 나는 설교가 시작될 때 집회에 들렀습니다. 천막 밖에 서서 설교를 듣는데 매순간 너무 좋았습니다. 나는 그 사람이 설교하는 것이 마음에 들었습니다. 왜냐하면 그는 내가 믿는 것들을 설교했기 때문입니다! 내가 믿음 안에서 강하게 서기 위해서는, 나와 교제할 그런 사람들이 필요했습니다.

그러나 나는 또한 이들 오순절파 사람들이 구원과 신유와 성령의 두 번째 오심the Second Coming을 단순히 내가 믿는 것처럼 믿지 않는다는 것도 발견했습니다. 그들은 성령으로 세례 받는 것과 하나님의 영이 주시는 말을 따라 방언을 하는 것도 믿었습니다. 솔직히 말해서, 나는 그 부분에 대해서는 내 귀를 닫았습니다. 나는 그 주제에 대해서는 우리 교단이 맞고 오순절파는 틀렸다고 생각했기 때문에, 그들의 말을 한 귀로 듣고 한 귀로 흘렸습니다.

나는 생각했습니다. '나는 물론 성령을 믿고, 내가 지금보다 더 성령으로 충만해질 수 있다는 것도 확신해. 하지만 나는 이 방언하는 것을 믿지 않아! 다만 치유를 믿는 이 사람들과 교제하기 위해서 그 문제는 참고 넘어가야겠어.'

그러는 동안에도 하나님께서는 나의 사역에 아끼지 않고 축복을 주셨습니다. 당시에 나는 내가 가진 진리에 비추어 행했고, 사람들에게 안수하여 그들은 치유를 받았습니다. 예를 들어, 대수술을 앞둔 한 주일 학교 교사에게 내가 기름을 바르며 안수하고 기도하자 즉시 침대에서 일어나는 것도 보았습니다.

그러나 아무리 애를 써도, 나는 "그 방언 문제"로부터 벗어날 수 없을 것 같았습니다!

### 나는 '성령은 선물' 이라는 계시를 받았습니다

나는 결코 내가 성령충만을 받던 그 날을 잊을 수 없습니다. 그 날은 1927년 4월 8일 목요일이었습니다. 그 날 동네의 길을 걸으며 심령 중에 주님께 말을 걸다가 일어났던 일에 대해서는 이미 말했습니다. 그러나 지금 나는 그 날 일어난 일에 대해 좀 더 자세히 나누고 싶습니다.

만약 당신이 나와 함께 길을 걸어본 적이 있다면, 내가 주님께 말하는 것을 거의 못 들었을 것입니다. 왜냐하면 나는 속삭이듯 기도하기 때문입니다. 당시 나는 불과 몇 주 후에 전통 교단 신학교에 등록하려고 했고, 이 성령세례와 방언에 대한 문제를 단번에 완전히 해결하고 싶었습니다.

그래서 나는 말했습니다. "주님, 이 성령 문제에 대해 누가 맞는 것입니까? 우리 교단의 어떤 지도자는 사람이 거듭났다면, 그는 받을 성령을 다 받은 것이라고 하셨습니다. 그리고 우리 교단의 다른 유명한 목사님은 또 '구원 뒤에는 성령세례라는 경험이 따라오지만, 우리 교단의 어떤 친구들이 방언을 꼭 해야만 한다고 말하는 것은 틀린 것입니다. 사도행전 2:4가 아니라 1:8이 우리의 모범이며, 사도행전 1:8에는 방언에 대한 언급이 없습니다.' 라고 말씀하셨습니다."

> 오직 성령이 너희에게 임하시면 너희가 권능을 받고 예루살렘과 온 유대와 사마리아와 땅 끝까지 이르러 내 증인이 되리라 하시니라
>
> 행 1:8

"주님," 나는 계속했습니다. "이 유명한 목사님은 또 '성령세례라고 하는 구원 이후의 경험에는 어떤 나타남이나 증거도 필요치 않습니다. 단지 믿음으로 구하십시오. 그러면 단 하나의 결과가 나타나는데, 그것은 당신이 가서 증인이 되는 것입니다!' 라고 하셨습니다."

"주님," 나는 계속했습니다. "그 두 목사님은 모두 우리 교단에서 유명한 분들이신데, 방언에 대해서 다르게 말씀하고 계십니다. 그리고 우리 신학교의 한 유명한 원로 교수님은 졸업생들에게 '성령세례라고 하는 구원 이후의 경험이 있습니다. 그것은 위로부터 능력이 입혀지는

것입니다. 이것도 없이 나가서 복음을 전한다는 것은 당치 않은 일입니다!"라고 말씀하셨습니다. 그러나 이 교수님이 이 주제에 말씀하신 것은 이게 다입니다!"

"주님, 마지막으로 오순절파 사람들은 '그들이 다 성령의 충만함을 받고 성령이 말하게 하심을 따라 다른 언어들로 말하기를 시작하니라' 라는 사도행전 2:4이 성령충만에 대한 영적 모범이라고 주장합니다."

"그렇다면 이 문제에 대해 누가 맞는 것입니까, 주님?" 나는 물었습니다. "저는 우리 교단에서 배운 방식으로 가기 쉽습니다. 사실 저는 9월에 우리 교단 신학교에 가려고 하고, 곧 이번 달에 등록을 해야 합니다."

나는 다른 모든 설교자들이 한 말을 주님께 말씀드렸습니다. 그리고 내가 생각하는 바도 말씀드렸습니다. 나는 결국은 어느 방향으로 갈지 마음을 정해야 한다고 생각했습니다.

전에 말한 바와 같이, 그리고 나서 주님께서 갑자기 내 안에 계신 그분의 영을 통해 너무나 선명하게 말씀하시는 것을 들었습니다. 그분은 나에게 물으셨습니다. "사도행전 2:39에서 뭐라고 하느냐?"

사실, 성령님은 내가 사도행전 2:39 말씀을 안다는 것을 아셨습니다. 그렇지 않다면 내게 묻지 않으셨을 것입니다. 나는 여전히 길을 걸으면서 즉시 대답했습니다. "'이 약속은 너희와 너희 자녀와 모든 먼 데 사람 곧 주 우리 하나님이 얼마든지 부르시는 자들에게 하신 것이라' 라고 하십니다."

"무슨 약속이냐?" 내면의 음성이 나에게 물으셨습니다.

나는 38절을 생각했습니다. 그것은 내가 말씀을 전할 때 너무나 많이 사용한 구절이었습니다. "회개하고 세례를 받으라" 그러자 내면의 음성이 말씀하셨습니다. "38절의 후반부는 뭐라고 말하느냐?"

나는 대답했습니다. "'그리하면 성령의 선물을 받으리니'라고 하십니다. 그러나 주님, 저는 성령을 믿고, 제가 성령으로 난 것도 믿습니다. 제가 성령충만 받았다고 말하지는 않지만, 최소한 성령은 압니다. 결국 지금 저한테 말씀하시는 분도 성령님이시지 않습니까. 제가 모르는 건 이 방언에 대한 것이라니까요, 주님!"

그러나 너무나도 분명하게 내면의 음성이 말씀하셨습니다. "사도행전 2:4이 뭐라고 하느냐?"

나는 사도행전 2:4을 알았으므로, 말할 수 있었습니다. 그러나 나는 성령께서 내가 한 번도 깨닫지 못한 방법으로 그 구절을 열어주시려 한다는 것을 알아차리지 못했습니다!

나는 대답했습니다. "사도행전 2:4은 '그들이 다 성령의 충만함을 받고 성령이 말하게 하심을 따라 다른 언어들로 말하기를 시작하니라'라고 하십니다. 오, 오, 오, 알겠어요!" 나는 소리쳤습니다. "이것이 성령의 선물이었군요! 믿는 자들이 다 **성령의 충만함**을 받았을 때, 그들은 **말하기** 시작했어요. 그러니까 내가 나를 거듭나게 하신 그 성령님의 충만함을 받는다면, 사도행전의 이들처럼 **말하기** 시작하는 거군요! 그럼 저는 지금 당장 오순절파 목사님의 집에 가서 성령충만을 받겠습니다!"

## '제가 성령을 받는데 그렇게 오래 걸리지 않을 것입니다'

그래서 나는 '순복음 장막 교회'의 목사님 댁에 가서 문을 두드렸습니다. 목사님과 그 댁에 방문 중인 복음전도자가 함께 맞아주셨습니다. 나는 목사님께 성령충만을 받고 싶다고 말했습니다. 그분이 대답하셨습니다. "해긴 형제, 우리는 지금 이 복음전도자님과 부흥회를 하고 있네. 오늘 밤 예배가 끝날 때까지 기다렸다가 강단에서 성령을 구하는 게 어떤가?"

그 때는 벌써 저녁 6시였고, 부흥회는 7:30에 시작되었습니다. 그러나 나는 대답했습니다. "제가 성령을 받는 데 그렇게 오래 걸리지 않을 것입니다."

그 목사님께서 말씀하셨습니다. "좋아, 그럼 들어오게."

나는 거실로 들어가서 큰 의자 옆에 무릎을 꿇었습니다. 목사님과 복음전도자는 나에게 그렇게 하라고 말하지 않으셨지만, 내 안에는 그렇게 해야 한다는 강한 충동이 있었습니다. 나는 두 분의 목소리는 들을 수 있었지만, 그들이 하는 말은 한 마디도 알아듣지 못했습니다. 나는 외부의 모든 소음으로부터 귀를 닫았습니다. 그리고 나는 내가 치유 받았을 때를 기억하며, 손을 높이 올렸습니다. 그리고 눈을 감고, 손을 높이 들고, 기도하기 시작했습니다.

나는 말했습니다. "주님, 저는 성령을 받기 위해 여기 나왔습니다." 나는 전통 교단 목사님이 하신 말과 오순절파 사람들이 한 말과 마지막으로 성경이 사도행전 2장에서 하신 말씀을 주님께 다시 기도하며 말했습니다. 그리고 나는 말했습니다. "나는 믿음으로 거듭났고, 믿음으로 치유를 받았습니다. 이제 나는 믿음으로 성령을 받습니다!"

"하늘에 계신 아버지, 내가 지금 성령으로 충만한 것으로 인하여 감사드립니다. 그리고 나는 지금 성령의 말하게 하심을 따라 방언을 말할 것을 **기대하며**, 그렇게 되기 전에는 만족하지 않을 것입니다! 나는 오순절 날 믿는 자들이 그랬던 것처럼, 그리고 사도행전에서 그랬던 것처럼 방언을 말할 것을 기대합니다." 그리고 나는 그분께 방언에 대한 성경의 모든 증거를 인용했습니다.

나는 계속했습니다. "하나님 찬양합니다. 성령이 나에게 말을 주셔서, 제가 방언을 말할 것으로 인해 감사드립니다!" 그리고 나는 8번인가 10번 "할렐루야"라고 말했습니다. 내 평생 그렇게 건조하고 아무 느낌 없던 때는 없었습니다. 사실, 나는 거의 "할렐루야" 소리를 쥐어짜내고 있는 것 같았습니다. 내가 자란 교회에서는 그 단어를 잘 쓰지 않았습니다. 그러나 나는 아무것도 느껴지지 않는다고 해서 멈추지는 않았습니다.

솔직히 말하자면, 나는 "아무것도 느껴지지 않는 걸 보니 그건 저에게 역사하지 않는 것 같아요."라고 말하는 사람들을 참을 수 없습니다. 느낌이 무슨 상관입니까!

누군가 당신에게 백만 달러짜리 자기앞 수표를 주었다면 어떨까요? "아니에요, 아니에요, 저는 수표를 받은 것 같은 느낌이 아니에요. 제가 그걸 쓰려고 하면, 계산이 될 것 같은 느낌이 아니에요."라고 말하시겠습니까? 당신의 느낌은 그 자기앞 수표의 효력과는 아무 상관이 없습니다. 중요한 것은 그 자기앞 수표를 발행한 사람의 권위입니다.

당신은 "우리는 느낌으로 산다"라는 말을 성경에서 읽어 본 적이 있습니까? 아닙니다, 내가 장담하건대 당신은 절대 읽어 본 적이 없습니다. 그러나 당신은 "우리가 믿음으로 행하고 보는 것으로 행하지 아니함이로라"(고후 5:7)라는 말 **볼 수** 있습니다. 이것은 우리가 하나님께서 그의 말씀에서 하신 말씀을 믿는 믿음으로 산다는 뜻입니다!

그러므로 내가 "할렐루야"라고 말할 때 전혀 아무것도 느껴지지 않고 내 생애 최고로 건조한 느낌이 들었더라도, 나는 하나님께 성령과 방언을 주신 것에 대해 계속 감사드렸습니다.

모든 사람들은 성령을 받는 것에 대한 각자의 경험을 가지고 있습니다. 많은 사람들이 아무런 초자연적인 나타남도 없이 단지 방언을 말하는 평범한 경험만을 합니다.

나는 그들이 강단에서 눈을 감고 기도할 때, 교회 지붕이 열리고 거대한 성령의 불이 내려와 그들의 머리에 떨어져서 자기들이 방언을 하기 시작했다는 이야기를 여러 설교자에게서 들었습니다. 심지어는 한 줄기 빛이 천정을 통해 내려와 그의 눈에 비추었고, 그 순간 방언을 하기 시작했다는 말도 들었습니다.

나는 한 줄기 빛이나 성령의 불은 전혀 보지 못했지만, 무슨 일이 일어났었는지는 말할 수 있습니다. 나는 눈을 감고 있었는데, 갑자기 누군가 타오르는 횃불을 내 안에 세워 놓은 것 같았습니다. 나는 어떤 것을 기대해야 할지 몰라서, 기도했습니다. "주님, 이 불타는 것이 멈추지 않으면, 저는 기도를 그만둬야겠습니다!"

그러자 마치 내 안에서 이상한 말들이 끓어오르는 것 같았습니다. 내가 그것들을 말하기 시작하면 그 말들이 뭔지 알게 될 것 같았습니다. 그래서 나는 말하기 시작했고, 방언이 내 안에서부터 흘러나왔습니다!

나는 눈을 뜨고 시계를 보았습니다. 6시 8분이었습니다. 나는 순복음 목사님의 댁에서 단 8분 동안 무릎을 꿇고 있었던 것입니다! 그러나 나는 한 시간 동안 계속 방언을 말했고, 30분 동안 방언 찬양을 세 곡 했습니다. 오, 내가 원하면 그만할 수 있었지만, 나는 멈추고 싶지 않았습니다!

당신이 하나님을 그분의 말씀에서 취하면, 성령을 받는 데는 오랜 시간이 걸리지 않습니다!

### 우리는 방언 외에 다른 영적 은사들을 기대해야 할까요?

나는 성경에서 말하는 것을 보고 그것을 믿고 난 후, 성령으로 충만해졌습니다. 나는 하나님의 말씀을 면밀히 조사하기 시작했고, 사도행전에서 믿는 자들이 성령으로 충만해질 때마다 방언을 말하는 것을 보았습니다.

저는 너무나 많은 사람들이, 심지어 직접 보고 난 후에도 성경에서 말하는 바에 대해 그렇게 적게 신뢰하는 것에 너무나 놀랐습니다. 거기에는 그리스도인 사역자와 설교자들도 자주 포함됩니다!

때로는 사람들이 나에게 묻습니다. "그렇다면 우리는 방언을 구해야 하나요?"

나는 말합니다. "아닙니다, 성경은 우리가 방언을 구해야 한다고 말하지 않습니다. 우리는 방언을 주시는 분인 성령님을 구해야 합니다! 방언은 그의 충만 가운데 성령을 받았다는 성경적인 증거이기 때문에, 제 경우에는 방언을 **구하지 않고**, 방언을 말할 것을 **기대했습니다!**"

그러나 비록 방언을 통해서 성령을 받은 것을 알았지만, 정말 솔직히 말해서 나는 그 때 약간 실망했습니다. 나는 순복음 목사님 댁에서 나와서 길을 걸으면서 혼잣말을 했습니다. "그래, 난 그냥 방언으로 말을 한 것 뿐이야. 내가 옛날 교단에서 열심히 기도했을 때 받았던 것보다 좀 더 큰 축복을 받은 것뿐이야." 어떤 순복음파 사람들이 정말 극적으로 성령을 받은 경험을 간증하는 것을 들었기 때문에, 나는 뭔가 굉장하고 감정적으로 흥분되는 경험을 기대했습니다.

나는 우리가 성령을 받기 전이나 받는 중이나 받은 후에 육적으로 감정적으로 영향을 미치는 축복을 받을 수도 있지만, 성령세례는 그런 류의 축복보다 훨씬 좋은 것임을 배워야 했습니다. 그러나 나는 성경 말씀을 몰랐기 때문에, 길을 걸으면서 또 혼잣말을 했습니다. "나는 내가 뭘 느끼거나 못 느끼거나 신경 쓰지 않아. 방언을 했기 때문에, 나는 내가 성령충만 받은 것을 알아. 나는 성경적인 증거를 가졌어!"

그리고 나는 그의 영으로 나를 채워 주신 것에 대해 주님께 계속 감사하고 주님을 찬양했고, 사흘인가 나흘 후에는 다른 실망의 감정은 갖지 않았습니다.

사실 나는, 내가 성령을 받고 방언을 했던 그 때에 다른 성령의 은사인 지식의 말씀도 받았다는 것을 나중에 알게 되었습니다. 그리고 그 영적인 은사가 몇 주, 몇 달이 지나자 점점 나타나기 시작했습니다.

때로 사람들은 성령으로 충만해질 때, 방언 외에 다른 영적 은사도 받습니다. 예를 들어, 우리는 앞서 사도행전 19장에서 에베소의 제자들이 성령을 받았을 때, 그들이 방언을 했을 뿐 아니라 분명히 일부는 예언도 한 것을 보았습니다.

그리고 다른 영적 은사들은 많은 경우에 사람들이 지속적으로 하나님과 동행하고 성령 안에서 행하는 법을 배우면서 나중에 더해집니다. 기억해야 할 요점은 **방언은 언제나 가장 먼저 온다는 것입니다**. 이는 우리가 믿음으로 성령을 구할 때 마땅히 기대해야 하는 성경적 증거입니다.

### 성령을 '기다리는' 사람들에게 지혜롭게 행하기

성령으로 충만해진 뒤, 나는 나의 교단에서 발을 빼서 오순절파에 들어갔습니다. 나는 내가 그 교단에 들어가자마자 사람들을 바로 잡을 처지가 아니라는 것 정도는 충분히 잘 알고 있었습니다. 그렇게 행동하는 것은 바보 같은 사람이고, 나는 바보가 아닙니다!

그래서 나는 작은 순복음 교회의 목사가 되었고, 2년 동안 이들 오순절파 사람들이 강단에 나와 성령충만 받기를 기다리며 기도하는 것을 지켜보았습니다. 나는 중보기도자altar workers들을 강단에 나오도록 해서, 충만을 받으러 앞에 나온 사람들과 함께 기도하게 했습니다.

중보기도자들은 성령세례를 구하는 사람들과 기도하고 기다리기를 계속했고, 결국 한 두 명은 충만을 받았습니다. 그러나 나는 그 순간에 무슨 말을 하는 것보다 더 나은 방법을 알고 있었기 때문에, 당분간은 입을 닫은 채로 지냈습니다. 어쨌거나 사람들은 기도할 필요가 있었기 때문에, 나는 그들을 내버려 두는 것이 문제가 되지 않으리라는 것을 알았습니다.

사람들은 "이곳에 임하소서, 주님, 임하소서."라고 노래하곤 합니다. 그러나 성경에 따르면, 성령은 이미 이곳에 계십니다! 우리는 그분께 와달라고 애원하지 않아도 됩니다. 또 그들은 "오, 주님, 지금 능력을 주시고 세례를 베풀어 주세요."라고 노래하곤 합니다. 그러나 주님은 이미 능력을 주셨습니다. 성령님이 이미 이곳에 계십니다! 성령님은 하나님의 능력의 근원입니다. 비가 내리기 전에 이미 구름 속에 들어 있는 것처럼, 그분은 이미 임재하고 계십니다. 비는 갑자기 어디서 불쑥 나오지 않습니다. 그것은 이미 구름 속에 있습니다!

나는 1940년 어느 날 밤, 예배 때 회중들이 부르곤 하는 이 노래들에 대해 생각하기 시작했던 것을 기억합니다. 당시 우리 교회에서는 초청된 복음전도자가 부흥회를 열고 있었습니다. 나의 아내 오레사Oretha와 나는 잠자리에 누웠고, 아내는 벌써 잠들어 있었습니다. 그러나 나는 이 모든 것의 모순에 대해 생각하면서 웃기 시작했고, 그 소리에 아내가 깼습니다.

아내가 나에게 물었습니다. "왜 웃는 거에요?"

나는 대답했습니다. "나는 우리 교회의 모든 사람들 때문에 웃고 있어! 아까 밤에 부흥회 기간 동안 성령세례를 받은 사람들에게 간증을 청했지. 그래서 사람들이 간증하면서 말하기를, '성령께서 여기 계십니다.' 라고 하는 거야. 그들이 우리 예배 가운데의 성령의 임재에 대해 말하고 나니까, 설교자도 같은 걸 설교하는 거야. 그리고 메시지가 끝나고, 그는 강단에 나와서 성령충만을 받으라고 사람들을 초청했어. 그래서 한 시간 반 동안, 사람들은 성령의 능력과 임재에 대해 간증하고 선포했지. 바로 그 곳은 하나님의 능력으로 충만해졌어! 거기서 그분의 임재를 못 느끼는 사람은 죽은 사람일거야!"

"그런데 우리가 성령 받기 원하는 사람들을 강단으로 부른 그 때였어." 나는 계속했습니다. "갑자기 성도들의 태도가 싹 바뀌었어! 그러더니 성도들이 '아니에요, 그분이 아직 여기 안 계세요.' 라고 하는 거야. 그리고 노래를 하기 시작하는 거야. '오, 주님, 지금 능력을 보내주세요.'"

나는 아내에게 말했습니다. "우리는 그 사람들을 선의로 속였지! 그들을 강단에 나오게 하고 말했어. '그렇습니다, 성령님은 이곳에 안 계십니다. 우리는 하나님께서 우리에게 그의 능력과 성령을 보내주시도록 기도하고 찬양해야 합니다, 성령이 아직 여기 안 오셨으니까요!'"

그러나 이것은 사실이 아닙니다! 성령님은 언제나 우리와 함께 계시고, 우리가 해야 할 일은 단지 와서 그분을 받아들이는 것입니다!

그럼에도 불구하고 나는 그 오순절파 사람들에게 성령을 받기 위해서 그 모든 것들을 할 필요는 없다는 것을 말하지 않았습니다. 만약 내가 말했다면, 그들은 일어나서 나를 쫓아버렸을 것입니다! 나는 그들이 쌓아 둔 모래성을 무너뜨릴 수도 있었지만, 우리는 이런 일을 하는 데 좀 더 조심해야 합니다.

그래서 나는 계속 입을 닫고, 중보기도자들로 하여금 성령 받기 원하는 사람들과 함께 기도하게 했습니다. 때로 강단의 모습은 마치 거의 서커스 같았습니다. 누구는 어떤 사람의 한 쪽에서 등을 때리면서 "버티십시오, 형제님, 계속 하십시오!"라고 외치고, 또 누구는 그 사람 앞에서 "하나님께서 당신의 기도를 듣도록 손을 더 높이 드십시오!"라고 외쳤습니다. 그가 뭐라고 외칠 때마다, 기도 받던 그 불쌍한 사람은 침으로 목욕을 했습니다!

이 모든 것에도 불구하고, – 이것 '덕분'이 아니라, '불구하고' 입니다 – 그 불쌍한 영혼 중 몇 사람은 실제로 성령충만을 받았습니다! 하나님께서는 그들의 신실함을 보시고, 그들의 기도와 그들이 행하는 믿음의 행위를 보시고 인정해 주셨습니다.

그러나 성령을 받기 원하는 사람들은 그렇게 해야만 하는 것이 아니며, 당시 저도 그것을 알고 있었습니다. 그러나 그들 처음 2년 동안, 나는 그냥 입을 닫고 지냈습니다. 대체 누가 22살 먹은 애송이 목사의 말을 들으려고 하겠습니까? 이들 오순절파 사람들 중 일부는 내가 아주 어렸을 때 이미 성령충만을 받았습니다.

그러면 이런 상황에서 어떻게 해야 할까요? 그는 구약 시대에 아론과 모세가 했던 일을 하고 있습니다. 하나님께서 아론과 모세에게 이스라엘 백성을 이집트에서 이끌어내라고 말씀하셨을 때 어떤 일이 일어났는지 기억하십니까? 아론이 자신의 지팡이를 던지자, 그것은 뱀으로 변했습니다. 그러자 이집트 주술사들도 자신의 지팡이를 던졌고, 그것 또한 뱀으로 변했습니다. 그러나 결국, 아론의 뱀이 주술사들의 뱀을 다 삼켜버렸습니다(출 7:8-12)!

그래서 나는 그들에게 성경의 증거를 가르치고 나의 경험을 간증하였고, 그것이 점차적으로 성령을 받기 위해 기다리는 것에 대한 모든 논쟁을 삼켜버렸습니다. 나는 어떤 것도 나를 가로막도록 허락하지 않았고, 결국 이들 오순절파 사람들 대부분이 성령을 받는 성경적 방법을 이해하게 했습니다!

# 06

# 하나님은 갈급한 심령에 찾아오신다
(GOD WILL VISIT HUNGRY HEARTS)

성령충만을 받고 방언을 말하지 않는다면, 당신은 결코 당신이 영적으로 성장해야 하는 지점까지 성장하지 못할 것입니다. 이것은 절대적으로 진리입니다.

나는 모든 거듭난 사람들의 심령에는 방언을 증거로 하는 성령충만함이 아니고는 채워지지 않는 갈급함이 있다는 것을 개인적인 경험을 통해 알고 있습니다.

나 같은 경우 나는 성령을 받기 4년 전부터 이미 설교를 하고 있었습니다. 나는 내 영 가운데 내가 하나님의 자녀임을 알았습니다. 나는 내가 구원받았다는 성령의 증거가 있었습니다. 나는 복음을 전하고 사람들이 구원받는 것을 보았습니다. 나는 아픈 자들을 위해 기도하고 그들이 낫는 것을 보았습니다. 그럼에도 불구하고, 성령을 받고 방언을 말하기 전에 내 영에는 결코 채워지지 않는 공허함이 있었습니다.

### '나는 더 받아야만 한다'

이 점을 입증하는 어떤 특별한 간증을 들은 것이 기억납니다. 그것은 전통 교단의 목사님이 순복음 실업인 오찬에서 나누었던 것이었습니다. 오찬 며칠 전에, 이 목사님은 자기 교회 예배당에서 성령을 받았습니다. 우리 모두 함께 앉아서 식사를 하는 중에, 나는 그 사역자를 보게 되었습니다. 나의 시선은 그에게 끌렸는데, 그의 얼굴 전체는 어둠 속의 네온사인처럼 빛나고 있었습니다!

나중에 그가 일어나서 간증을 나누었습니다. 그가 말했습니다. "오늘 이 자리에 있게 되어 너무나 기쁩니다. 저는 과거에 여기 오순절파 분들에 대해 많은 부정적인 소문을 들었고, 죄송하지만 그 말들을 믿었습니다. 하지만 저의 심령은 늘 갈급하고, 어떤 것도 그 갈급함을 채울 수 없는 것 같았습니다. 저는 수년 간 설교 해왔고 우리 교회는 새 건물도 지었지만, 제 안에는 공허함과 결핍이 있었습니다. 신약 성경을 읽을수록, 저는 제가 사람들의 영적인 필요를 충족하는 무언가를 갖지 못했다는 것을 영 가운데 확신하게 되었습니다."

그리고 그 목사님은 며칠 전 자기가 교회 예배당의 통로를 왔다갔다 하면서 기도할 때 일어난 일을 이야기했습니다. 그는 이렇게 기도했습니다. "주님, 신약에서 읽어 보니, 초대 교회의 제자들은 나에게 없는 무언가를 받았습니다. 당신은 위로부터 능력을 입기 전까지는 예루살렘을 떠나지 말고 기다리라고 제자들에게 말씀하셨습니다. 거기에는 뭔가 저도 받을 수 있는 능력의 부여가 있었습니다.

저는 제가 구원받은 것을 알지만, 제가 사역을 계속해야 한다면, **저는 뭔가 더 받아야만 합니다.** 저는 너무나 부족감을 느낍니다. 당신이 주기 원하신다고 제가 믿고 있는 '그 무언가'를 받지 않는다면, 저는 정말 더는 설교하러 강단에 올라갈 수 없습니다. 이런 공허함을 느끼면서 성도들을 마주할 수는 없습니다!"

그리고 그 목사님은 주님께 이렇게 말했습니다. "저는 오순절파 사람들과 방언에 대해서 많이 들어봤지만, 그것을 어떻게 생각해야 할지 모르겠습니다. 그러나 저는 알고 싶습니다. 만약 방언이 지금 제가 구하는 '그 무언가'와 연관이 있다면, 저는 방언을 받고 싶습니다!"

그 목사님은 예배당 통로를 계속 왔다갔다하면서 주님께 아뢰었습니다. 갑자기 그는 손을 들고 절박하게 부르짖었습니다. "오, 하나님, 제 말을 들어주세요! 제게 당신의 영을 채워 주세요!" 성령이 그대로 그에게 임했고, 그는 방언을 말하기 시작했습니다!

이 전통 교단 사역자는 그 후에 한 일을 말했습니다. "저는 '이건 확실히 오순절파 사람들이 항상 말하던 그거야!'라고 생각했습니다. 저는 당장 같은 경험을 한 누군가와 교제를 하고 싶었습니다. 저는 언젠가 어떤 순복음 목사님과 낚시를 하러 갔던 것이 생각났습니다. 사실 그 목사님은 여행 동안 성령과 방언에 대해서는 한 마디도 안 하셨습니다. 우리의 대화는 우리 둘 다 이의를 제기할 수 없는 성경 주제에 집중되었습니다.

그래서 저는 사무실로 달려가서, 그 목사님의 전화번호를 찾아 전화했습니다. 그분이 전화를 받자, 저는 낚시 여행 이야기를 했고 그분은 저를 기억하셨습니다."

그리고 이 목사님은 그 오순절 목사에게 불쑥 말했습니다. "저도 당신들이 가진 걸 받은 것 같아요!"

"무슨 말인가요?" 그 순복음 목사님이 물었습니다.

"성령세례요!" 전통 교단 목사님이 대답했습니다. 그리고 그는 전화로 방언에 대해 말하기 시작했습니다.

오순절파 목사님이 외쳤습니다. "그겁니다! 당신은 성령세례를 받았군요! 주님을 찬양합니다!" 그리고 두 사람은 함께 기뻐했습니다.

이 목사님의 간증은 내가 수년간 들어온 다른 간증들과 같습니다. 이 간증을 통해, 말씀을 통해, 그리고 나의 개인적인 경험을 통해, 나는 그 사람이 어디에 있든지 하나님께서는 **갈급한 심령에 찾아오신다**는 사실을 압니다.

## 갈급한 심령을 가진 사람들의 강

나는 또한 내가 1962년에 성령 안에서 체험했던, 우리가 지금 나누고 있는 것에 적용되는 특별한 경험에 대해 이야기하고 싶습니다. 왜냐하면 나는 그 경험을 통해 하나님께서 그의 백성들이 성령충만하기 원하신다는 것을 확신하게 되었기 때문입니다. 나는 텍사스에서 집회를 하는 중에, 몇 년 전에 주님께서 주신 특별한 환상에 대해 회중들에게 한창 말하고 있었습니다. 그런데 갑자기 내가 그 환상의 일부를 잘못

해석했다는 것을 깨달았습니다. 나는 그 때까지 그 환상에 대한 완전한 해석을 받지 못했었습니다. 이 새로운 계시로 인해, 나는 즉시 설교를 중단하고 강단 뒤에서 무릎을 꿇고 기도하기 시작했습니다. 회중도 같이 기도하기 시작했습니다.

그 기도 시간의 끝 무렵, 나는 무아지경에 빠졌고, 나의 육체적 감각은 잠시 마비되었습니다. 무아지경 중에, 나는 갑자기 다른 장소에 있는 것 같았습니다. 나는 활짝 핀 꽃들로 가득 찬 정원으로 걸어가고 있었습니다. 그 정원은 주변에는 하얀 울타리가 있었고, 안에는 수많은 작은 길이 나 있었습니다. 정원의 한 가운데는 덩굴과 꽃이 흐드러지게 피어 있었고, 양 쪽에는 대리석 벤치가 있는 작은 정자 나무였습니다.

나는 동쪽 문을 통해 정원 안으로 걸어 들어갔고, 그 입구 옆에 예수님께서 서 계셨습니다. 나는 그분께 다가갔지만, 우리는 서로 한 마디도 하지 않았습니다. 그분은 단지 손을 뻗어 내 오른손을 잡으셨습니다. 그리고 예수님은 왼손으로 문을 여시고는, 나를 안쪽으로 당기시고, 문을 닫으셨습니다.

예수님은 내 오른손을 잡고 나를 정원 가운데의 작은 나무로 향하는 길로 이끄셨습니다. 그분은 대리석 벤치 위에 앉으시고, 나를 옆에 앉히셨습니다.

그리고 내가 서쪽을 보니 정원의 서쪽으로 강물이 흘러들어왔습니다. 정원을 통해 흘러들어온 강은 매우 좁았습니다. 그러나 그 강이 내 앞에까지 흘러 온 것을 보니, 그 넓이가 점점 넓어져서 거의 50마일(≒80km)은 되는 것 같았습니다!

갑자기 그 강은 더 이상 물이 흐르는 강이 아니라, 수많은 사람들이 행진하는 강이었습니다. 나는 그들이 강한 군사와 같이, 사람들이 걷거나 행진할 수 있는 것보다 빠르게 우리 앞에 흘러오는 것을 보았습니다.

나는 예수님께 여쭤보았습니다. "주님, 제가 보고 있는 이 강이 무엇입니까? 이 사람들은 누구입니까?"

예수께서 말씀하셨습니다. "이 정원으로 흘러들어온 강은 다른 교단과 다른 교회들에서 성령세례와 오순절 메시지의 충만함으로 들어온 사람들이다."

예수께서 계속 말씀하셨습니다. "이제 나는 그들이 심지어 많은 사람들이 내가 찾지 않을 것이라고 생각하는 어떤 종교적인 사람들까지, 모든 갈급한 심령들에게 찾아가고 있고 또 앞으로도 찾아갈 것이다. 그 심령이 열려 있고 갈급하기 때문에, 내가 그들을 찾아 갈 것이다. 그리고 네가 지금 보고 있는 이 정원으로 들어오고 있는 물은 앞으로 올 사람들이란다."

하나님께 감사드립니다, 아주 오래 전에 이 환상을 본 이후로, 우리는 갈급한 심령을 가진 셀 수 없는 무리들이 성령의 충만함 가운데 들어가는 것을 보아왔습니다. 그리고 그 강물에는 아직도 끝이 없습니다!

환상 가운데 내가 물었습니다. "주님, 이 꽃들과 이 경이롭고 향기로운 향취는 다 무엇을 나타내나요?"

예수께서 대답하셨습니다. "이 꽃들의 아름다운 향기는 나의 영의 충만함 가운데 들어갈 사람들이 분향하여 내 보좌로 올라가는 찬양이다."

주님은 내게 말씀하셨습니다. "너는 여기에서 너의 역할을 해야만 한다. 너는 다양한 교단에 속한 사람들과 함께 동역할 것이다. 너는 순복음 사람들이 나의 재림을 예비할 수 있도록 돕는 사역을 할 것이다. 내가 너에게 무엇을 어떻게 해야 하는지 보여줄 것이다."

## 좀 더 깊고 멀리

1960년대에 전통 교단의 교회들 안에서 우리가 은사주의 운동이라고 부르는 하나님의 움직임이 있었을 때, 이 진리가 내게 확증되었습니다. 나는 어떤 집회에서 패터슨 형제라는 성공회 사제와 함께 강사로 초청되었습니다. 패터슨 형제는 성령세례에 대해 가르치면서 집회 중에 있었던 한 사건을 이야기했습니다. 그가 가르치는 중에 한 남자가 청중 뒤에서 일어나 그에게 도전했던 일이었습니다.

모든 청중이 그 남자의 말을 들을 수는 없었기 때문에, 친절하고 말투가 상냥한 패터슨 형제는 이렇게 말했습니다. "형제님, 하실 말씀이 있으시다면, 모든 사람이 들을 수 있는 이곳에 오셔서 말해 주세요."

보기에도 화가 나 보이는 그 남자는 앞 쪽으로 나왔고, 패터슨 형제는 그에게 마이크를 넘겨주었습니다. 그 남자가 말했습니다. "나는 목사이고, [그리고 그는 자신이 속한 교단도 말했습니다.] 방언을 하지 않습니다. 그러나 나는 당신이나 여러분들만큼 성령충만합니다! 나는 방언을 하지 않고, 방언을 할 **필요도** 없습니다!"

패터슨 형제가 마이크를 받아서 말했습니다. "친애하는 형제님, 만약 당신이 가진 것으로 만족하신다면, 저희도 기쁘고 감사합니다. 만약 당신이 하나님으로부터 무언가를 더 원하지 않으신다거나, 필요한 만큼 다 하나님으로부터 받으셨다면…"

"오, 아닙니다!" 그 목사가 끼어들었습니다. "나는 내가 하나님으로부터 더 이상 원하지 않는다고 말하지 않았습니다."

"그렇다면," 패터슨 형제가 말했습니다. "당신이 말씀대로라면, 원하시는 만큼 하나님께 다 받으신 것 같은데요."

"오, 아니, 아니, 아니, 아니에요." 그 남자가 말했습니다. "나는 아직도 갈급해요. 나는…"

이 형제가 더 말하기 전에, 패터슨 형제가 그에게 손을 얹고 말했습니다. "주님, 이 사람은 갈급합니다. 그에게 더 부어 주세요." 그리고 그 목사는 성령충만을 받고 바로 그 때 그 자리에서 방언을 하기 시작했습니다!

이 일은 그 남자가 갈급했기 때문에 일어난 것입니다. 그는 하나님께서 하실 일에 열려 있었습니다. 그는 단지 하나님을 더 원하는 것이 방언과 관련이 있다는 것을 깨닫지 못했을 뿐입니다! 이 목사님은 이미 새로운 탄생 가운데 성령님을 경험했지만, 그 날, 그는 하나님과 동행하는 삶의 새로운 차원으로 이전보다 더 깊고 멀리 들어갔습니다.

## 갈급한 심령을 위한 선물

나는 2차 세계 대전이 끝난 직후 또 다른 간증을 읽었습니다. 그것은 아프리카에 파송된 전통 교단 선교사님의 이야기였습니다. 이 여성은 아프리카의 오지에서 37년간 쉬지 않고 사역하다가 1946년에 처음으로 미국으로 돌아왔습니다. 그녀는 뉴욕에 도착하자, 소음과 교통체증과 인파에 질려버렸습니다.

그녀는 말했습니다. "저는 호텔방에 틀어박혀서, 5일 동안 모든 것들로부터 단절되어 그곳에 있었습니다. 그런데 라디오를 듣는 중에 뉴욕에 있는 '기쁜 소식 장막 교회'에서 내보내는 방송을 들었습니다. 저는 호텔 데스크에 연락해서, 그 교회가 제가 머무는 호텔에서 두 블록 내에 있다는 것을 알아냈습니다. 저는 생각했습니다. '그래, 주일 밤에 나가서 그 교회에 꼭 가자. 난 꼭 갈 수 있을 거야. 그 때가 되면 이 도시에 머문 지 7일이 되고, 그러면 군중 속에 나갈 수 있을 만큼 도시 생활에 적응되어 있을 거야.'"

"그래서 저는 주일 저녁 예배에 갔습니다. 설교가 끝나고, 목사님은 강단 앞으로 사람들을 초청하셨고, 앞에 나온 사람들을 아래층의 기도실로 보내셨습니다. 그리고 예배가 끝난 후, 저는 목사님의 사모님께 제 소개를 했습니다. 저는 그분께 제가 속한 교단과 제가 아프리카에서 37년간 선교 사역을 한 것을 말했습니다. 사모님과 목사님은 저를 환영해 주셨고, 교회를 구경시켜 주셨습니다."

그 목사님과 사모님은 선교사님을 아래층의 넓은 기도실로 데리고 가셨고, 그 곳에서는 중보기도자들이 강단 초청에 응답한 사람들과 함께 기도하고 있었습니다. 누군가는 구원받기 위해 기도하고, 다른 누군가는 성령충만을 위해 기도했습니다. 선교사님이 살펴보는 중에, 기도실의 몇몇 신도들은 갑자기 방언을 터트렸습니다.

사모님이 선교사님께 설명했습니다. "저 사람들은 성령충만을 받았어요."

선교사님이 대답했습니다. "오순절파 사람들과 가까이 지낸 적이 전혀 없지만, 그들에 대해서 말하는 것은 들어 봤어요. 저분들이 지금 말하는 저 낯선 언어를 여러분 같은 오순절파 사람들은 성령세례라고 부르나요?"

"예, 선교사님은 지금 저분들이 방언하는 걸 듣고 계세요. 방언은 성령충만의 **증거**이지요." 사모님이 말했습니다.

"저도 지난 37년 간 저걸 해 왔어요!" 그 선교사님은 큰 소리로 말했습니다. "저는 하나님께서 저를 축복하셨다는 건 알지만, 그걸 뭐라고 불러야 하는지는 몰랐어요!"

선교사님은 목사님께 설명했습니다. "수년 전에 제가 젊은 미혼 여선교사로 아프리카에 처음 도착했을 때, 저는 선교사가 된다는 것에 대해 온갖 환상적인 생각을 갖고 있었지요. 그런데 그곳에 도착해보니, 그건 힘든 일이었어요!"

"몇 달이 지나고, 저는 저의 작은 초가집에서 무릎을 꿇고 기도했어요. '주님, 저는 당신께서 저를 선교사로 부르신 것을 믿습니다. 하나님의 손이 제 삶 위에 있는 것을 믿습니다. 하지만 저는 선교사가 되는 데 어떤 노력이 요구되는지도 모릅니다. 주님! 저는 주님이 필요합니다!

"저는 시간 날 때마다 그렇게 기도했습니다. 그러나 어느 날, 저는 절박감을 느꼈고 부르짖으며 기도했습니다. '주님, 저는 더는 못 해요! 당신이 저를 보내신 것은 알지만, 저를 후원하시는 분들을 실망시키기는 너무나 싫습니다. 하지만, 주님께서 뭔가 더 주시지 않으면, 저는 포기하고 집에 갈 수밖에 없습니다!"

선교사님은 계속 말했습니다. "저는 갑자기 여기 계신 분들이 하는 것 같이 이상한 소리의 말을 하기 시작했고, 그 후에는 같은 이상한 말로 노래를 하기 시작했어요. 저는 그렇게 하는 게 너무 기쁘고 행복해서 '하나님께서 나를 도우시려고 뭔가 주셨어!' 라고 생각했어요. 저는 그것이 모든 사람을 위한 선물인 것을 몰랐지요. 그러나 그 때 이후로 37년 동안, 저는 매일 주님과 일대일로 함께 하였으며, 그 이상한 언어를 통해 교통을 해왔어요. 그리고 저는 종종 노래도 했어요! 그것이 저를 세워주고 너무나 축복해 주었지요!"

이 여선교사님의 간증은 그 사람이 성령세례와 방언의 명칭을 알든 모르든 그것은 크게 중요하지 않다는 것을 보여줍니다. 중요한 것은 이 초자연적인 축복을 받는 것입니다!

또 이런 간증을 들은 것이 기억나는데, 이번에는 순복음 선교사님의 간증입니다. 그분은 자기가 아프리카의 어떤 나라의 수도에 있는 전통 교단 교회에 설교자로 초청받았을 때의 일을 이야기해주었습니다. 그 교회의 원로 목사님은 35년간 고향에 돌아가지 않고 그곳에서 사역하신 미국인이었습니다. 그 선교사는 오순절파 사람으로서, 논쟁을 일으킬 수 있는 성령에 관한 주제 같은 것 대신 구원에 대해 설교하기로 마음먹었습니다.

교회의 예배당 앞 쪽에는 사람들이 기도하기 위해 모이는 곳인 오래된 "애통하여 우는 자들을 위한 의자mourner's bench"가 하나 있었습니다. 선교사님의 메시지가 끝나고, 일곱 명이 영접 기도를 하기 위해 강단으로 나왔습니다.

이 오순절파 선교사님은 내게 말했습니다. "나는 그 일곱 명에게 심지어 개인적으로 기도해주지도 않았습니다. 그 교회의 중보기도자들이 그들을 둘러쌌고, 목사님은 모든 믿는 자들도 같이 나와서 기도하자고 초청했습니다. 그런데 구원받으러 나온 일곱 명 중 세 명이 갑자기 방언을 하기 시작했습니다!"

"나는 이렇게 생각했습니다. '경애하는 주님, 제가 여기를 엉망으로 만들었습니다!' 그래서 저는 목사님께 달려가서 사과하려고 했습니다. 나는 이렇게 말했습니다. '형제님, 저는 어떤 문제도 만들고 싶지 않았습니다. 저는 단지 구원에 대한 메시지를 전했습니다! 저는 뭔가 다른 것을 하려고 의도한 게 아닙니다.'

그 목사님이 저에게 물었습니다. '무슨 말씀 하시는 건가요?'

저는 대답했습니다. '그러니까, 저 세 명의 신자들이 방언을 하고 있습니다. 그들은 성령충만을 받았습니다!'

그 교단의 목사님이 소리쳤습니다. '저게 당신들 오순절파 사람들이 성령세례라고 부르는 그건가요? 지난 35년 동안 우리 교회의 모든 회심자들은 이걸 경험했어요! 우리는 이것을 그냥 "거룩하게 되었다 getting sanctified"고 부릅니다!'"

성령세례를 뭐라고 부르든, 하나님께서는 그의 이름을 부르는 모든 자들에게 이 귀한 선물을 주셨습니다! 어느 곳에 있는 어떤 신자든지 하나님으로부터 더 얻기를 갈망하면, 성령충만을 받습니다!

# 07

# 성령을 받기 위한 지침
(GUIDELINES TO RECEIVING THE HOLY SPIRIT)

왜 어떤 사람들은 심지어 그들이 충만을 구하는데도, 성령을 받는데 어려움을 겪는지 이야기해 보겠습니다. 성령세례를 받는 것에 대해서는 많은 의견과 생각들이 있습니다만, 언제나 가장 좋은 방법은 성경의 방법입니다.

나는 성령충만을 구하는 많은 사람들을 넘어지게 하는 중요한 진리로 이야기를 시작하고 싶습니다. **방언은 '성령님이' 당신을 통해서 말하시는 것이 아닙니다.**

바울이 고린도전서 14:14에서 말한 것을 봅시다. "내가 만일 방언으로 기도하면 나의 영이 기도하거니와 나의 마음understanding은 열매를 맺지 못하리라" '나의 영이 기도하거니와' 라는 부분에 주목하십시오. 확대번역본Amplified에는 이렇게 적혀 있습니다. "…나의 영이 [내 안에 계신 성령에 의해] 기도하거니와…" 하나님께서는 우리들의 영이 우리의 이해understanding와는 별개로 기도할 수 있는 방법을 주셨습니다.

성령님이 기도를 하시는 것이 아닙니다. 성령님은 우리들의 영이 기도하도록 도와주시는 것입니다. **그분은 말을 주시고, 우리는 기도합니다.** 방언의 기적은 방언을 말하는 주체에 있는 것이 아닙니다. 방언을 말하는 것은 우리입니다. **방언의 기적은 방언이 오는 근원과, 말해지는 언어 자체에 있는 것입니다.**

이것이 많은 사람들이 놓치는 지점입니다. 그들은 앉아서 성령께서 말하시기를 기다리며 세월을 보냅니다. 성령은 말을 주시는 분이십니다. 성령이 말하신다는 것은 사실이 **아닙니다**. 거기에는 차이가 있습니다.

사도행전 2:4에서 이것에 대해 말하는 바를 보십시오. "그들이 다 성령의 충만함을 받고 성령이 말하게 하심을 따라 (그들이) 다른 언어들로 말하기를 시작하니라" 오순절 날에, 성령은 말을 주셨고 믿는 자들은 말했습니다.

### '그들이 말하기를 시작하더라'

나는 이 원리를 이해하지 못하는 어떤 사람과 나누었던 대화를 특별히 기억합니다. 나는 1950년 12월에 텍사스의 한 교회에서 집회를 열고 있었는데, 한 교인은 자기 친구에게 이 집회에 대해 편지로 알려주기로 결심했습니다. 텍사스 서부에 살던 그 친구는 오랜 기간 동안 성령세례를 구하고 있었습니다. 그 교인은 친구에게 이렇게 썼습니다.

"여기 있는 모든 사람들이 성령을 받고 있어! 너도 주말 동안 와서 집회에 같이 참석하지 않을래?"

그래서 이 숙녀는 금요일과 토요일 저녁예배에 참석하여 이틀 다 성령을 받기 위해 안수를 받았지만 눈에 띄는 어떤 효과도 없었습니다. 주일 아침은 그 여자 분이 집으로 돌아가기 전에 참석하는 마지막 예배였습니다.

나는 그 주일 아침에, 설교한 후 목사님께 예배를 넘겨드렸습니다. 그분이 광고를 하시는 동안, 친구를 데려온 교인이 손을 들고 끼어들며 말했습니다. "맥멀린McMullen 형제님" 목사님은 말을 멈추고 그녀를 보았습니다.

앞줄에 앉은 그 여자는 자기가 옆에 앉아 있는 친구에 편지를 써서 집회에 오라고 했다고 말했습니다. 그 교인이 말했습니다. "해긴 형제님이 내 친구에게 이미 안수하셨지만, 저는 혹시 한 번 더 제 친구에게 안수하실 수 있는지 궁금합니다. 친구는 이제 돌아가야 하는데, 성령 받는 데 실패한 것 때문에 매우 실망하고 있습니다."

그 목사님은 나를 돌아보며 나의 답을 구했고, 나는 말했습니다. "좋습니다, 안수해 드리지요." 그래서 그 여자의 친구는 앞으로 나왔고, 나는 그녀에게 다시 안수했습니다. 나는 성령이 그녀에게 임하셨음을 알았고 그분이 그녀에게 말을 주신 것도 알았지만, 그녀는 방언을 하지 않았습니다. 그렇지만 나는 그녀에게 더 설교할 시간이 없었습니다. 이미 12시가 지났고 목사님은 예배를 끝낼 준비를 하셨기 때문에 그녀들은 자기 자리로 돌아갔습니다.

얼마 후에 나는 그 교회 주차장에서 그 여자들이 앉아 있는 차 옆을 걸어갔습니다. 차 옆을 지나가는데 성령을 구하던 딱한 숙녀의 실망한 얼굴을 볼 수 있었고, 나는 그녀가 안타깝게 느껴졌습니다. 그래서 나는 차로 돌아가서 차창을 두드렸습니다. 그 여자는 나를 올려다보고는 놀라서 창문을 내렸습니다.

나는 이 여자의 문제가 무엇인지 정확히 알았습니다. 나는 다만 예배가 끝나가는 와중에 모든 사람 앞에서 문제를 다룰 시간이 없었습니다. 그래서 그녀에게 물었습니다. "자매님, 성경 있으세요?" 그녀가 고개를 끄덕였습니다. 내가 말했습니다. "그럼, 사도행전 2:4을 펴보세요."

그러나 성경을 찾기 전에, 나는 내 성경을 펴서 그녀에게 넘겨주었습니다. "내게 들리도록 이 구절을 크게 읽어주시겠어요?"

그 여자는 그 구절을 크게 읽었습니다. "그들이 다 성령의 충만함을 받고 성령이 말하게 하심을 따라 다른 언어들로 말하기를 시작하니라"

내가 물었습니다. "이 말씀에 따르면, 누가 방언으로 말했지요?"

"그야," 그녀가 말했습니다. "성령님이시지요."

나는 그것이 이 여자의 문제인 것을 이미 알고 있었습니다. 그녀는 성령께서 자기를 위해 방언을 말하시기를 기다렸던 것입니다. 그러나 성령님이 방언을 하시는 것이 아닙니다!

그래서 나는 그녀에게 말했습니다. "이 구절을 다시 크게 읽어보세요." 그녀는 다시 읽었습니다. "여기에는 '그들이 다 성령의 충만함을 받고 성령이 말하게 하심을 따라 다른 언어들로 말하기를 시작하니라'라고 나와 있어요."

나는 두 번째로 그녀에게 물었습니다. "이 말씀에 따르면, 누가 방언으로 말했지요?"

그녀가 대답했습니다. "성령님이 하셨다고 적혀 있잖아요!"

내가 말했습니다. "이 구절을 다시 한 번 읽어 보시겠어요?" 그 여자는 그것을 세 번째로 크게 읽었고, 나는 세 번째로 물었습니다. "이 구절에 따르면, 누가 방언으로 말했지요?"

그녀가 말했습니다. "성령님이 하셨어요."

내가 말했습니다. "이 구절을 다시 읽어주시겠어요? 크게 읽어 보세요."

그녀는 네 번째로 읽었습니다. "그들이 다 성령의 충만함을 받고 성령이 말하게 하심을 따라 다른 언어들로 말하기를… 가만!" 그녀는 소리쳤습니다. "여기 **그들이** 말하기 시작했다고 되어 있네요!"

그녀는 자기의 성경을 집어서 거기에는 그 구절이 어떻게 다르게 적혀 있는지 확인했습니다. 그리고 그녀는 말했습니다. "저는 이 구절이 확실히 성령께서 방언을 말하셨다고 하는 줄 알았어요! 해긴 형제님, 만약 제가 법정에 증인으로 소환되어서 판사가 제게 선서를 시키고 증인석에 세운다면, 저는 내 성경에는 성령이 방언을 말했다고 적혀있다고 맹세했을 거에요. 제가 그동안 틀렸네요!"

내가 말했습니다. "당신은 확실히 틀렸었습니다. 하지만 기다려보세요, 자매님. 우리는 성경의 단 한 구절에 근거해서는 어떤 것도 확정하지 않습니다. 성경은, '내가 … 두세 증인의 입으로 말마다 확정하리라'(고후 13:1)라고 말합니다. 사도행전 10장을 펴보세요."

우리는 사도행전 10:45-46을 함께 읽었습니다. "베드로와 함께 온 할례 받은 신자들이 이방인들에게도 성령 부어 주심으로 말미암아 놀라니 **이는 (그들이) 방언을 말하며 하나님 높임을 들음이러라**" 베드로와 그와 함께 한 유대인 신자들은 성령님이 아니라, 고넬료와 그의 집안이 방언하는 것을 들었습니다!

"그러니까," 내가 말했습니다. "여기 두 개의 증거가 있네요. 이제 세 번째를 읽어 봅시다. 사도행전 19장을 펴세요." 나는 그 여자에게 6절을 읽어 보라고 했습니다. "바울이 그들에게 안수하매 성령이 그들에게 임하시므로 (그들이) 방언도 하고 예언도 하니"

"그들이 방언을 했네요. 맞아요, 지금 봤어요!" 그녀가 말했습니다.

내가 말했습니다. "바울이 에베소의 제자들에게 안수했을 때, '…성령이 그들에게 임하시므로 (그들이) 방언도 하고…' 라고 한 것을 보세요. 그럼, 내가 다른 질문을 해도 될까요?"

그 여자가 말했습니다. "예, 괜찮아요."

"내가 아까 교회에서 손을 얹었을 때, 성령이 자매님에게 임했나요?"

그 여자는 힘차게 대답했습니다. "네!"

내가 물었습니다. "자매의 혀가 뭔가 영어가 아닌 것을 말하려고 했었나요?"

"그건 제가 억제할 수 있을 정도였어요!" 그 여자가 소리쳤습니다.

"그걸 억제해서는 안 됩니다." 내가 설명했습니다. "자매님은 그 혀의 충동에 자신을 양보하고 **방언을 말해야 합니다**. 만약 내가 틀리다면 틀렸다고 말해주셔도 됩니다. 그런데 내가 보기에 자매는 지금도 아까와 같은 내면의 충동을 갖고 있는 것 같습니다. 자매는 그것을 말하지 않으려고 자기 혀를 억제하고 거의 삼키고 있네요!"

"그래요, 맞아요!" 그녀가 대답했습니다.

내가 말했습니다. "그렇다면, 그냥 내버려 두고 그 충동에 혀를 내어 주어서 말 하십시오." 그 여자는 그대로 유창하게 방언을 하기 시작했습니다!

차 안에서 창문을 내리고 앉아 있던 그 여자는 방언을 하면서 주 안에서 영광스러운 시간을 가졌습니다. 그리고 주차장으로 들어오던 다른 교인들도 모두 그녀의 소리를 들었습니다. 아무리 애를 써도 성령을 받지 못했던 것 같던 그녀가, 갑자기 유창하게 방언을 하고 하나님을 높이는 것을 말입니다!

지난 수년간, 나는 사람들에게 성령 사역을 하면서 이러한 잘못된 생각들과 끊임없이 마주쳤습니다. 어떤 사람들은 성령세례를 작은 라디오를 삼키는 것같이 생각하는 것 같습니다. 성령님이 그 사람을 통해서 말할 준비가 되면, 그분이 안에서 "라디오를 켜시고" 방언이 사람의 입을 통해 자동적으로 나간다고 생각하는 것입니다. 그러나 이것은 방언이 작동하는 방법이 아닙니다.

어떤 분야든지 잘못된 생각은 우리를 패배시킵니다. 당신은 하나님의 말씀이 말하는 대로 생각하는 것을 배워야만 합니다. 그리고 방언에 관한 한, 당신은 신약 어디에서도 "그들을 통해서 성령이 말하시니라"라거나 아니면 다른 어떤 비슷한 표현도 찾을 수 없습니다. 성경은 **매번** "그들이 말했다"라는 표현을 사용합니다.

이 점을 입증할 다른 성경 구절이 있습니다. 이는 고린도전서 14:18에서 바울이 "내가 너희 모든 사람보다 방언을 더 말하므로 하나님께 감사하노라"라고 말하는 부분에 있습니다. 바울이 "성령께서 너희 모든 사람보다 방언을 더 말하므로 하나님께 감사하노라"라고 말하지 않은 것에 주목하십시오. 그렇습니다, 바울은 "**내가** 너희 모든 사람보다 방언을 더 말하므로 하나님께 감사하노라"라고 말했습니다!

## 성령이 자극하시는 대로 말하다

여기 내가 또 지적하고 싶은 것이 있습니다. 어느 날 내가 사도행전 2:4의 다른 번역을 공부하고 있을 때, 20세기 신약 성경에서 마지막 구를 이런 식으로 번역한 것을 알게 되었습니다. "… [그들이] **성령이 그들의 말을 자극하시는 대로 낯선 '언어'로** 말하기 시작하니라[they] begin to speak with strange 'tongues' as the Spirit prompted their utterances" 다시 말해, 믿는 자들에게는 말하고 싶은 어떤 **자극과 충동**이 있었다는 것입니다.

이것이 내가 교회 주차장에서 그 여자에게 "당신의 혀가 뭔가 영어가 아닌 것을 말하려고 했었나요?"라고 말한 이유입니다. 그것이 성령께서 그녀를 **자극하신** 것입니다.

알다시피, 성령님은 결코 사람이 억지로 뭔가를 하도록 하지 않으십니다. 만약 그러셨다면, 그분은 오늘 모든 사람이 구원받게 하시고,

우리는 내일 모두 함께 천년 왕국으로 들어갈 것입니다! 그렇습니다, 성령님은 인도하십니다. 성령님은 지도하십니다. 성령은 우리를 부드럽게 밀어주십니다. 성령님은 자극하십니다prompt. 성령님은 고무하십니다. 그러나 마귀와 귀신들은 사람들이 뭔가를 하도록 **조종하고 강요하고 강제합니다.**

내가 그 여자에게 말한 것과 같이, 당신이 성령을 구하고 당신의 모국어가 아닌 말을 하고 싶은 충동이 느껴지면, 당신은 그 충동에 대항하여 싸워서는 안 됩니다. 당신은 내면에서 오는 성령의 자극에 **양보하여, 말하기** 시작해야만 합니다.

1951년에 텍사스 동부에서 집회를 인도했을 때, 그 교회 목사님과 함께 차를 타고 가는 도중, 목사님께서 그 도시에서 가장 큰 순복음 교회의 성가대 지휘자를 보고 창밖으로 가리키셨습니다. 그런데 이 목사님이 나에게 말씀하시기를, 그 지휘자는 오순절파 성경 학교에 다녔고 교회에서 21년 동안 음악 감독을 해왔음에도 불구하고 성령충만을 받은 적이 없다고 했습니다.

나는 그 일에 대해 더 생각하지 않았습니다. 그런데 바로 그 다음 날, 그 성가대 지휘자가 부인과 예배에 참석한 것을 보았습니다. 나는 기다리지 않고 성령충만을 받는 것에 대해 설교했고, 이 메시지는 그 회중에게는 새로운 것이었습니다. 메시지를 끝내고, 나는 성령충만을 받기 원하는 사람들은 앞으로 나오라고 했습니다.

나는 그 음악 감독을 보았습니다. 나는 그의 아내가 그에게 앞으로 나가라고 설득하려 하는 것과 그가 "오, 나는 나갈 필요 없어. 나는 그

동안 구해서 성공한 적이 없어."라고 말하는 것을 알 수 있었습니다. 결국 아내의 설득으로 그 남자는 앞으로 나왔습니다. 나는 그가 단지 아내를 기쁘게 하기 위해서 나온 것을 알 수 있었습니다.

나는 기도 줄에 내려가서 그들에게 안수하기 전에 13명 각각에게 한 명씩 말을 걸었습니다. 처음 네다섯 명은 내가 안수하자 즉시 방언을 하기 시작했습니다.

그리고 나는 그 남자에게 갔습니다. 그는 눈을 감고 손을 올리고 거기서 있었습니다. 내가 그에게 손을 얹자 지식의 말씀이 역사하기 시작했습니다. 나는 그가 가진 문제가 어떤 것인지 즉시 알았습니다. 나는 그에게 "눈을 뜨고 저를 보십시오."라고 했습니다. 그리고 그에게 말했습니다. "당신의 삶에는 당신이 성령충만 받지 못하도록 막는 것이 아무것도 없습니다. 당신에게는 당신이 성령 받는 것을 방해하는 비밀스러운 죄가 없습니다."

그가 눈을 크게 뜨면서 말했습니다. "오오! 정말 그렇게 생각하세요?"

내가 말했습니다. "나는 그렇게 생각하는 것이 아닙니다. 나는 그것을 알고 있습니다."

나는 나중에, 마귀가 이 남자의 마음을 너무나 괴롭혀서 때로 그는 밤에 잠을 잘 수가 없었고 3일 동안 심한 두통에 시달리기도 했다는 것을 알게 되었습니다. '네가 잘못한 게 없다면, 너는 진작에 성령을 받았을 거야. 너조차 알지 못하는 비밀스러운 죄가 있어.' 라며 고소하는 생각들이 그의 마음에 퍼부어졌습니다.

그러나 당신이 모르는 비밀스런 죄라는 것은 결코 없습니다. 그런 것이 있다면 성령님이나 당신 자신의 양심이 당신에게 일깨울 것입니다. 만약 당신의 양심이 아무것도 말하지 않는다면, 뭔가를 억지로 끄집어내려고 하지 마십시오!

그래서 나는 그 남자에게 말했습니다. "나는 지금 내가 하려는 다른 것에 대해 당신에게 말하겠습니다." 내가 당신에게 세 번 이상 안수하기 전에, 당신은 성령으로 충만해 질 것입니다."

그 남자는 다시 물었습니다. "그렇게 생각하세요?"

내가 말했습니다. "아니요, 나는 그렇게 생각하지 않습니다. 나는 그것을 **압니다**."

"그렇다면, 내일 밤 다시 오겠습니다!" 그가 대답했습니다.

그는 정말로 다음 날 저녁에 또 왔습니다. 이제 그의 아내는 더 이상 그가 앞으로 나가도록 부추기지 않아도 되었습니다. 그는 맨 앞의 기도줄에 섰습니다!

내가 그에게 가자, 그는 나에게 말했습니다. "여전히 제가 성령을 받을 거라고 생각하세요?"

내가 말했습니다. "아니요, 나는 그렇게 생각하지 않아요, 나는 그것을 **압니다**."

"그럼, 목사님은 저에게 세 번 이상은 안수하지 않을 거라고 하셨는데요. 오늘이 두 번째에요."

"맞아요." 내가 말했습니다.

"그러면 다음이 마지막이네요?"

"맞습니다." 내가 대답했습니다.

다음 날 아침, 나는 전체 기도 시간에 무릎을 꿇고 기도했습니다. 갑자기 나는 누군가 내 어깨를 두드리는 것을 느꼈습니다. 올려다보니 그 음악 감독이 거기 서 있었습니다. 그는 거기 서서 말했습니다. "목사님은 여전히 제가 성령을 받을 거라고 생각하시나요?"

내가 말했습니다. "아니에요, 아니에요, 나는 당신이 성령을 받을 거라고 **생각하는** 게 아니에요. 나는 그것을 **압니다**."

"목사님께서는 저에게 안수한 지 세 번 안에, 제가 성령으로 충만해질 거라고 하셨는데요. 이번이 세 번째에요."

내가 말했습니다. "맞아요. 이번이 세 번째지요."

그가 말했습니다. "있잖아요, 저는 제 직원에게 이렇게 말하고 왔어요. '일 좀 맡아줘. 나는 해긴 형제님을 보러 가야만 하네. 그분은 내가 안수 받은 지 세 번 내에 성령을 받을 거라고 하셨는데, 오늘 밤까지 기다릴 필요가 없겠어. 나는 오늘 아침에 거기 가봐야겠네.'"

내가 말했습니다. "그럼, 여기 제 옆에 무릎을 꿇으세요." 그 남자는 무릎을 꿇었습니다. 나는 그에게 손을 얹고 말했습니다. "예수의 이름으로 성령을 받으십시오."

성령이 그에게 임했고, 그는 조금 더듬기 시작하더니 방언으로 몇 개의 단어를 말했습니다. 그것은 완전히 이사야서 28:11에서 "그러므로 더듬는 입술과 다른 방언으로 그가 이 백성에게 말씀하시리라"라고 말하는 그대로였습니다.

나는 그에게 말했습니다. "형제님, 이겁니다, 이겁니다! 이것이 성령께서 당신에게 주신 말입니다. 개가 뼈다귀를 낚아채듯이 이걸 붙잡고 달리세요!" 이게 무슨 말인지 아십니까? 즉 제 말은 "목소리를 높이고 방언으로 끊임없이 빠르게 말하십시오!"라는 뜻이었습니다.

그래서 그 남자는 목소리를 높이고 낼 수 있는 가장 큰 목소리로 방언을 하기 시작했습니다. 순간 그는 자신이 방언을 하는 것을 들을 수 있었고, 너무나 흥분하여 무릎으로 춤추며 온 강단을 다녔습니다!

후에 나는 그 남자에게 물었습니다. "내가 한 행동이나 말 중에서 당신이 성령충만을 받는 데 가장 도움이 되었던 것이 무엇입니까?"

"해긴 형제님, 첫 번째로 도움이 되었던 것은요, 저에게 성령충만을 받을 수 없게 하는 비밀스러운 죄가 없다고 하신 말씀이었습니다." 그는 20여 년 동안 마귀가 그런 말로 자신을 괴롭혀왔다고 말했습니다. (사람이 말씀을 모르면, 그는 마귀의 밥입니다!)

"당신이 하신 말씀이 저를 해방했습니다." 그 남자가 나에게 말했습니다. "저는 그날 집에 가서, 최근 몇 년 중 가장 잠을 잘 잤습니다! 그리고 두 번째로 도움이 되었던 것은, 당신이 너무나 긍정적이셨다는 사실입니다. 당신은 너무나 믿음으로 가득 차 계셔서, 제가 성령을 받으리라는 것을 확신시켜 주셨습니다!"

그리고 그 남자는 도움이 된 다른 한 가지를 말했습니다. "제가 더듬거리면서 방언으로 몇 가지 단어를 말했을 때, 사실 저는 성령을 구했던 지난 20여 년 동안 최소한 천 번은 그렇게 해봤습니다. 그러나 사람들은 언제나 '성령께서 말하게 하세요.'라고 했어요. 그래서 저는 그분께서 말하시도록 제가 하던 말을 멈췄고, 결국 그게 다였지요. 그러나 해긴 형제님 당신은 그렇게 말하지 않으셨어요. 당신은 계속 말하라고 하셨어요!"

나는 그 남자에게, 말하시는 분은 성령님이 아니라 바로 당신이기 때문이라고 말해주었습니다!

당신은 말하기를 멈추고 성령께서 말하시게 해서는 안 됩니다. 당신은 그분께서 주시는 말로 말을 해야만 합니다! 그러므로 당신이 성령세례 받기를 기도하는데도 방언 하는데 어려움이 있다면, 이 남자의 간증이 도움이 될 것입니다. 성령께서 이미 당신에게 말을 주셨음을 깨달으십시오. 이제, 입을 열어 소리를 내는 것은 당신에게 달렸습니다!

### 가득 찰 때까지 마셔라!

우리는 앞서 요한복음 7장에서 예수께서 **성령 받는 것을 물 마시는 것에 비유**하시는 것을 보았습니다.

명절 끝날 곧 큰 날에 예수께서 서서 외쳐 이르시되 누구든지 목마르거든 **내게로 와서 마시라** 나를 믿는 자는 성경에 이름과 같이 그 배에서 **생수의 강이 흘러나오리라** 하시니 이는 **그를 믿는 자들이 받을 성령을 가리켜 말씀하신 것이라** (예수께서 아직 영광을 받지 않으셨으므로 성령이 아직 그들에게 계시지 아니하시더라)   요 7:37-39

뒤에 사도행전 2:4에서는 "그들이 다 성령의 **충만함을 받고** 성령이 말하게 하심을 따라 다른 언어들로 말하기를 시작하니라"라고 말합니다. 자, 당신은 어떻게 물을 충분히 섭취합니까? 마셔서 취합니다! 당신은 어떻게 성령의 충만함을 받습니까? 마셔서 받습니다! 예수께서는 "와서 마시라"고 당신을 부르십니다. 이는 당신의 영이 만족할 때까지 방언으로 마음껏 말하라는 뜻입니다!

고린도전서 12:13에서, 바울은 이와 동일하게 물의 비유를 사용합니다. "우리가 유대인이나 헬라인이나 종이나 자유인이나 다 한 성령으로 세례를 받아 한 몸이 되었고 [이것이 바로 새로운 탄생입니다], 또 다 **한 성령을 마시게 하셨느니라**"

당신이 물을 한 모금 마셨다고 물을 **충분히** 섭취했다는 신호는 아닙니다! 당신 안에는 물이 있지만, 그것이 당신이 물로 **가득하다는** 뜻은 아닙니다. 마찬가지로, 성령으로 거듭나는 것과 성령으로 **충만해지는** 것은 별개입니다.

성경은 당신이 성령으로 반만 차거나, 3분의 2만 찰 것이라고 말하지 않습니다. 성경은 **충만할** 것이라고 말합니다. 그러므로 당신이 성령충만하지 않다면, 가득 찰 때까지 성령을 마시십시오! 당신이 가득 찬 것은 어떻게 알 수 있을까요? 내가 아는 분명한 대답 하나는 사도행전 2:4에 있습니다. 그들이 성령으로 충만해졌을 때, 그들은 **말하기** 시작했습니다! 다른 증거들도 있었지만, 성경에서 꾸준하게 발견되는 하나의 증거는 성령이 말하게 하심을 따라 방언으로 말하는 것입니다.

예수님의 초청은 간단합니다. "와서 마셔라" 그리고 가득 찰 때까지 마셔라. 당신은 당신의 입을 닫고 마실 수 있습니까? 아닙니다, 당신이 입을 닫고 물을 마실 수 없듯이, 성령 또한 당신의 입을 닫고는 "마실 수" 없습니다. 당신은 가득 찰 때까지 입을 열어 마셔야 합니다. 그리고 당신이 가득 마셨을 때, 당신은 다른 방언으로 말하기 시작할 것이고, 그것이 성령충만의 최초의 표적이자 증거입니다.

그리고 당신은 삶에서 매일 방언으로 기도함으로, 성령의 충만한 분량을 계속 마실 수 있습니다!


### 성령을 받는 데 방해가 되는 것들

성령충만과 그 증거인 방언을 말하는 것을 방해하는 것들이 있는데, 그것은 **믿음 부족**이나 **성령님께 양보하지 않는 것**입니다. 기억하십시오, 성령님이 말을 주시지만, 말해야 하는 것은 사람입니다. 이는 사람이 그의 입을 열어 자신의 목소리로 말하기를 시작해야 한다는 뜻입니다.

한 신자가 예수님께 성령세례를 구했다면, 그는 자신의 생각을 잠잠히 하고 성령께서 자기 안에서 어떤 음절이나 단어를 주시는 것이 느껴지는지 보아야 합니다. 만약 아무것도 느끼지 못한다면, 문제는 아마 믿음의 부족일 것입니다. 왜일까요? 그는 우선 자신의 심령을 성령께 열고 그분을 받아들임으로써 자신이 구한 성령의 은사를 **받아야만**

하기 때문입니다. 그가 성령을 **받으면**, 성령께서 그에게 말을 **주실 것입니다**.

이런 경우, 그 신자는 돌아가서 사도행전에서 사람들이 성령충만을 받는 다섯 가지 사례(사도행전 2, 8, 9, 10, 19장을 보십시오)를 연구해야 합니다. 믿음은 들음에서 나고 들음은 하나님의 말씀으로 말미암기 때문에(롬 10:17), 그는 그 구절들을 아주 주의 깊게 읽어야 합니다.

또한 그 신자가 방언을 크게 하지 않는다면, 그것이 정말 몇 개 안 되는 음절이라 할지라도 그는 포기하기를 거절하고 그 말을 계속 해야 합니다. 그리고 그는 또한 더 많은 어휘가 올 것을 기대해야만 합니다! 이러한 경우의 문제점은 성령님께 양보하지 않는 것입니다. 그러므로 그 신자는 혼자 있고 집중할 수 있을 때, 방언으로 기도해야만 합니다. 그는 이미 받은 말로 말하기를 시작하면서, 성령께 더욱 더 내어드리기로 결단해야 합니다.

내가 어떤 교회에서 집회를 열고 있을 때, 어느 날 밤에 한 젊은 사업가가 성령을 받으러 앞으로 나왔습니다. 내가 그에게 안수하자 성령이 그에게 임했지만, 그는 단지 방언으로 두 단어만 말할 뿐이었습니다.

다음 날 밤 그 교회 목사님께서 집회 기간 동안 구원받았거나 치유되었거나 성령충만을 받은 사람들에게 간증을 청하자, 그 젊은이가 일어나서 말했습니다. "저는 어젯밤 저를 성령으로 충만케 하신 하나님을 찬양합니다." 그리고 그는 앉았습니다.

다음 날 밤, 그 교회 목사님은 또 다시 간증을 청하셨습니다. 그러자 그 젊은이가 다시 일어나서 간증했습니다. "그저께 밤에 해긴 형제님께서 제게 안수하셨을 때 제가 성령을 받고 방언한 것으로 인해 하나님께 감사드립니다."

그 다음 날 오후 예배에서 그 목사님은 다시 간증을 청하셨고, 그 젊은이는 또 다시 벌떡 일어나서 간증했습니다. 그러나 이번엔 그가 벌떡 일어났을 때, 그는 천정을 뚫을 것만 같았습니다! 그가 말했습니다. "여러분, 3일 전에 주님께서는 저에게 성령을 주셨지만, 저는 단 두 단어만 말했습니다. 저의 가족들은 매일 밤늦게까지 예배에 참석했기 때문에, 저는 매일 점심시간에 30분간 낮잠을 자러 집에 왔었습니다. 그런데 지난 이틀 간, 저는 낮잠을 잘 수가 없었습니다."

그 젊은이는 왜 낮잠을 잘 수 없었는지 계속 설명했습니다. 내가 그에게 사역한 다음 날, 그가 낮잠을 자려고 하는데 사탄이 그의 마음에 계속해서 속삭였습니다. "어제 밤에 성령충만을 구했을 때, 너는 아무 것도 못 받았어."

그 남자는 큰 소리로 대답했습니다. "아니야, 난 받았어."

원수가 대답했습니다. "하지만 넌 방언을 못 하잖아."

그래서 그 남자는 일어나서 성경을 집고, 사도행전 2:4를 폈습니다. 그리고 말했습니다. "마귀야, 네가 못 읽으면, 내가 읽어주마. 여기 쓰여 있기를, '그들이 다 성령의 충만함을 받고 성령이 말하게 하심을 따라 다른 언어들로 말하기를 시작하니라' 라고 했다. 어제 나는 방언으로 말하기 시작했기 때문에, 나는 성령을 받았어. 나는 두 단어를 말했고, 그게 시작이다!"

다음 날 이 젊은 사업가는 역시 집에 와서 점심을 조금 먹었습니다. 그리고 그는 낮잠을 자려고 방에 가서 누웠습니다. 그러나 마귀가 또 그의 마음에 계속 말을 해서, 그는 잘 수가 없었습니다. "네가 성령충만 받았다고 간증했지만, 너는 충만 받지 **않았어**! 네가 방언하는 소리를 들어봐."

그 남자는 방언으로 두 단어 이상은 할 수 없었습니다. 그러자 마귀는 그의 마음에 말했습니다. "봤냐? 넌 아무것도 안 받았어!"

그러나 그는 다시 일어나서 성경을 폈습니다. 그리고 말했습니다. "마귀야, 네가 못 읽는다면, 내가 읽어주마!" 그는 마귀에게 사도행전 2:4을 다시 읽어 주고 말했습니다. "나는 내가 두 단어밖에 못 하는 것을 알지만, 그건 시작일 뿐이야. 내가 방언을 말하기 시작했기 때문에, 나는 성령충만함을 받은 거야!"

그 젊은이는 우리에게 말했습니다. "오늘 낮에 제가 낮잠을 자려고 하니까, 마귀는 지난 이틀 동안 했던 말을 또 하기 시작했습니다. 그래서 저는 일어나서 성경을 펴고 사도행전 2:4를 다시 읽어 주었습니다. 그리고 또 말했습니다. '3일 전에 나는 방언으로 말하기 시작했고, 그건 곧 내가 성령으로 충만하다는 뜻이야.' 그렇게 말한 직후, 저는 마귀를 향해 소리 내어 웃기 시작했습니다. 그랬더니 저도 알지 못하는 새에, 방언을 유창하게 말하고 있었습니다! 그래서 저는 나머지 시간을 성령 안에서 기도하며 보냈습니다!"

보다시피, 이 청년은 성령을 **받았습니다**. 그것은 단지 성령께 양보하는 법을 배우는 것의 문제였습니다. 그러므로 그가 믿음으로 마귀를 향해 웃으라는 성령님의 자극에 양보했을 때, 그것이 그로 하여금 성령님께 양보하게 하여 방언으로 기도하게 한 것입니다!

그는 성령께 내어드리라고 배운 대로 믿음 안에서 지속해야 했습니다. 그렇지 않았다면, 불신앙으로 후퇴하여, '가만, 나는 딱 두 단어밖에 못하는데, 그러니까 나는 정말 아무것도 받지 못한 거야.'라고 생각했을 것입니다. 마귀는 믿는 자들이 이미 받은 성령충만의 유익을 누리지 못하도록, 그런 의심 가득한 논쟁을 즐겨 사용합니다.

**잘 들으십시오, 당신이 주 안에서 어떤 의미 있는 일을 이루기 원한다면, 당신은 마귀에게 말씀으로 대응하는 법을 배워야만 할 것입니다.**

누군가는 이렇게 말할 것입니다. "세상에, 저는 마귀를 꾸짖을 수 없어요! 저는 그가 무서워요!"

그러나 당신이 이렇게 말한다면, 이미 마귀가 당신을 사로잡도록 허락한 것입니다. 두려움의 영은 적으로부터 오는 것이므로, 당신은 이미 그의 손에서 놀아나고 있습니다.

마귀는 새로운 것을 결코 알지 못하기 때문에, 언제나 똑같은 진부한 논쟁을 꺼내들 것입니다. 그는 하나님께서 이미 당신에게 주신 것에 대해 논쟁하려 하겠지만, 당신은 언제나 말씀으로 그를 날려버릴 수 있습니다!

그러므로 당신이 방언으로 단지 몇 개의 단어만 하더라도, 믿음으로 그 말을 붙잡고 **당신이 받은 그 말을 큰 소리로 계속 말하십시오.** 그분이 "그러므로 더듬는 입술과 다른 방언으로 그가 이 백성에게 말씀하시리라"(사 28:11)라고 하셨으므로, 그것은 분명히 성령님이십니다.

나는 사람들이 처음 성령충만을 받고 방언으로 한 두 단어를 더듬거리는 것에 대해 영국의 유명한 설교자인 도널드 지Donald Gee가 했던 말을 좋아합니다. 그는 이런 상황을 '소리 나는 주전자'에 비유했습니다. 주전자 안의 물이 뜨거워지기 시작하면, 소리 나는 주전자에서는 작은 휘파람 소리가 나기도 합니다. 그러나 당신은 단지 소리가 나기 시작한다고, 주전자를 불에서 치우지는 않습니다. 당신은 주전자에서 소리가 길고 크게 나면서 수증기가 계속 나오기 전까지는 가스레인지 위에 올려 둡니다. 그렇게 해야만 비로소 당신은 주전자에서 물을 따라 뜨거운 차를 만들 수 있습니다!

마찬가지로, 당신이 방언으로 단지 몇 단어만 말한다면 거기서 멈추지 말아야 합니다. 당신 내면의 가장 깊은 존재로부터 끊임없는 물결이 입 밖으로 흘러나와, 당신이 하나님의 축복의 충만함 가운데로 들어갈 때까지 계속 방언으로 말하십시오!

### 외적인 행동을 구하지 마십시오

너무나 자주, 우리는 그들이 외적으로 어떻게 행동하느냐에 따라 하나님께 받았는지 못 받았는지를 결정하며 육신적인 기준으로 영적인 것들을 판단합니다.

성령을 받으러 나온 세 사람이 있다고 합시다. 그들 중 한 명은 성령을 받고 그냥 거기 서서 매우 조용하게 방언을 말하고 있습니다. 다른 한 사람은 성령을 받고 마찬가지로 방언을 하는데, 너무 행복해서 통로를 뛰어다닙니다. 세 번째 사람은 방언을 하면서 기쁨으로 춤을 춥니다. 그러더니 울면서 주변 사람들과 포옹을 합니다.

다음 날, 누군가 거기 있던 사람에게 물었습니다. "어젯밤 예배에서 어떤 일이 있었어?"

"그게 말야," 누군가 말합니다. "세 사람이 성령을 받았는데, 두 사람만 **진짜**로 받았어!"

그러나 실은 그 두 사람이 그냥 조용히 방언만 한 사람보다 성령을 더 많이 받은 것이 아니라, 감정 표현을 더 많이 한 것뿐입니다.

나는 책 겉표지만 보고 내용을 판별할 수 없다는 것을 오래 전에 배웠습니다. 마찬가지로 그 당시 그의 외적인 행동을 통해 그 사람이 성령을 받았는지 안 받았는지 판별할 수는 없습니다. 그 표현이 방언이 아닌 이상은 말입니다.

때때로 감정적으로 고조되어, 소리치고 계속해서 큰 소리를 내는 사람들이 있는데, 이것은 아무 의미도 없습니다. 물론, 진정한 영적 경험의 결과로 외적인 감정이 표출되는 경우도 있습니다. 그러나 그의 외적인 감정에 의해 그 사람이 주님께 진정으로 무엇을 받았는지 아닌지가 결정되지는 않습니다. 그것은 그의 심령에 의해 결정됩니다.

### 당신은 성령을 받기에 충분히 선합니까?

몇 년 전에 나는 가까운 친구이자 동료 사역자인 굿윈Goodwin 부부의 교회에서 집회를 열고 있었습니다. 아침 예배가 끝난 후, 한 전통 교단의 여성이 굿윈 형제와 나에게 와서 말했습니다. "저를 위해서 기도해주세요. 저는 제가 성령으로 충만해져야 한다는 것을 알게 되었어요."

굿윈 형제가 대답했습니다. "그럼, 지금보다 더 좋은 때는 없습니다!"

그녀가 말했습니다. "오, 아니에요, 기도해주시기를 원하지만, 지금은 받을 수 없어요. 저는 제 자신을 좀 더 개발해야 합니다." 그녀의 말은 자기가 성령을 받을 준비가 될 때까지, 좀 더 기도하고 구비하겠다는 뜻이었습니다.

그 집회에는 존 오스틴John Osteen 형제도 참석해서 근처에 서 있었습니다. 오스틴 형제는 이 여성과 같은 교단적 배경에서 왔기 때문에, 그녀가 무엇을 잘못 생각하고 있는지 알았습니다.

"저, 자매님," 오스틴 형제가 말했습니다. "당신은 구원받았습니까?"

"아, 네."

"당신은 보혈로 씻기고, 하나님의 자녀로 거듭났습니까?"

"예."

"당신은 지금 죽으면, 천국에 갈 것을 믿으십니까?"

"그야, 그럼요!" 그녀가 대답했습니다. "저는 그렇게 될 것을 알아요."

오스틴 형제가 말했습니다. "그렇다면, 자매님, **당신이 천국에 가기**

**에 충분히 선하다면, 당신은 당신 안에 조금 더 작은 천국을 두기에도 충분히 선합니다!** 당신은 더 기도하지 않아도 됩니다. 예수 그리스도의 보혈이 당신을 모든 죄로부터 깨끗케 했습니다. 그 보혈이 당신을 성령 받기에 충분하도록 만들었습니다. 당신이 한 것이 아닙니다! 예수의 보혈이 당신을 새로운 피조물로 만들었습니다!"

이 여성은 오스틴 형제가 한 말을 이해했습니다. 그러고 나서 오스틴 형제와 굿윈 형제와 나는 그 귀한 여성을 위해 기도했고, 그녀는 거의 즉각적으로 성령을 받고 방언을 하기 시작했습니다!

그리스도인들은 너무나 자주 이 여성과 같은 실수를 합니다. 하나님께서 이미 주시기로 약속하신 것인데도, 그들은 그것을 받을 자격을 갖기 위해 **자기가** 뭔가 해야만 한다고 생각합니다. 아니면 그들은 성령충만과 방언의 부정적인 면을 받아 들여서, 자기가 이미 받은 것을 스스로 단념해 버립니다.

당신이 당신의 심령에 세워야 하는 것은 이것입니다. 하나님의 자녀가 믿음으로 성령충만을 구할 때, 우리 하늘 아버지께서는 그 요청을 거절하지 않으십니다. 그리고 성령을 받은 사람은 방언 은사라는 성경적 증거도 받게 될 것입니다. 그가 할 일은, 부정적인 말은 하지 말고, 오직 성령께 내어드리고 믿음으로 방언을 말하기 시작하는 것입니다. 그렇게 할 때 그는 성령의 말하게 하심을 따라 방언을 **말하게 될 것입니다!**

그러므로 당신의 입을 열고, 성령을 깊이 마시십시오. 가득 찰 때까지 계속 드십시오. 그리고 그분이 당신에게 주시는 말을 큰 소리로 말하십시오. 마귀 또는 당신을 포함한 다른 누구도 당신을 설득하여 하나님께서 이미 주신 것을 포기하게 만들도록 허락하지 마십시오. 성령을 받고 나면, 당신이 탐험할 하나님 안에서의 완전히 새로운 차원이 있습니다!

# 08

# 최초의 경험 그 이상
(MORE THAN AN INITIAL EXPERIENCE)

성령을 받는 것은 단순히 최초의 영적인 경험을 훨씬 뛰어넘는 것입니다. 나는 이것이 너무나 많은 신자들이 놓치는 문제의 핵심이라고 믿습니다. 그들은 성령충만을 받은 그 날에 계속 머물러 있습니다. 그러나 성령세례는 한 번의 경험 이상의 것입니다. 신성의 삼위이신 분이 실제적으로 신자들을 하나님의 능력으로 채워서, 이제부터 그들이 영적으로 살 수 있게 하시려고 오셨습니다!

나는 내가 1937년에 순복음 목사님의 집에서 어떻게 성령으로 충만해졌는지 이야기했습니다. 그 날, 나는 한 시간 동안 방언으로 말하고 30분 동안은 방언으로 찬양했습니다. 그러나 당신이 알았으면 하는 것이 하나 더 있습니다. 그 경험은 단지 시작일 뿐이었습니다!

어떤 신자들은 그들이 성령세례를 받은 최초의 경험을 너무나 크게 생각합니다. 그들의 말을 들으면, 자기가 성령으로 충만해진 날이 생애 최고의 날입니다. 문제는 그들이 성령 안에서의 그 경험 이후에 대해서는 전혀 아무것도 말하지 않는다는 것입니다. 그들은 결코 자신을 영적으로 계속 발전시키지 않습니다. 아니면 첫 번째와 같은 충만의 경험을 또 다시 하려고 계속 구합니다.

성령을 받는 최초의 경험은 분명히 중요하지만, 그것은 단지 시작일 뿐입니다. 우리는 결코 몇 년 전에 딱 한 번 성령님과 접촉했던 그런 경험에 머물러서는 안 됩니다. 우리에게 성령님이 매일매일 보다 더 실재가 되어야 합니다. 우리가 그분을 받은 첫날보다 그분이 지금 더 실재가 되어야만 합니다. 그렇지 않으면 우리는 그분과의 친밀한 교제 가운데 살지 않는 것입니다. 우리는 삶의 매 순간마다 그분의 내주하심을 계속 의식하지 않게 됩니다.

주 안에서 당신의 최고의 경험은 바로 **오늘** 그분과의 친밀한 교제 가운데 사는 것이 되어야 합니다. 당신은 당신 안에 사시면서, 당신이 마주하는 모든 상황을 승리하며 이겨낼 수 있도록 힘을 주시는 더 크신 분을 매일매일 의식해야 합니다. 당신이 매일 그렇게 산다면, 성령님은 당신에게 점점 더 실재가 될 것이며, 당신은 당신의 삶 가운데 능력을 주시는 그분의 임재를 충만하게 누리기 시작할 것입니다.


### 당신은 산 정상에 살 수 있습니다

나는 1955년에 캘리포니아의 산맥에서 열린 어떤 캠프 미팅에서 설교했던 것을 기억합니다. 그러고 나서 1956년 여름에, 나는 그 연례

캠프 미팅에서 또 설교하기 위해서 그 곳에 갔습니다. 내가 그 곳에 두 번째 있는 동안, 한 여성이 일어나서 작년 캠프 미팅에서 본인이 경험한 것을 간증했습니다. 그녀가 말했습니다. "작년에 이 곳 산 위에 올라왔을 때 저는 성령세례에 대해서 알지 못했지만, 돌아가기 전에 성령충만을 받았습니다!"

"캠프 미팅이 끝나고 나서, 저는 골짜기에 있는 집으로 돌아갔고, 힘든 시간이 시작되었습니다. 아이들 학교 보내랴, 옷 지어 입히랴, 교회 봉사하랴, 그 밖의 많은 일로 삶은 너무 바빴습니다. 저는 영적으로 건조하고 무력하다고 느끼기 시작했습니다. 사실, 저는 작년 여름에 성령 받았을 때 이후로 그와 같은 축복을 받지 못했습니다. 그래서 저는 이곳에 다른 축복을 받으러 돌아오기까지 기다리기가 너무 힘들었어요!"

그 말을 듣고, 저는 이렇게 생각했습니다. '이 가엾은 여인은 완전히 놓쳤군! 그녀 안에는 능력의 발전소이신 더 크신 분이 항상 계셨는데도 그녀는 12개월 동안 능력을 잃은 채 건조하게 지냈군.'

올바로 배우지 못했기 때문에, 그녀는 이렇게 생각했습니다. '나는 무력하고 무능하고 영적으로 건조해. 내가 그 산에 다시 올라가서 작년처럼 축복을 받을 수 있다면, 뭔가 도움이 될 거야!'

이것이 수많은 사람들이 생각하는 방식이며, 그들을 패배시키는 요인입니다.

만약 성령이 당신에게 임하셨고 당신이 그분의 능력으로 충만해졌다면, 당신은 그분과 함께하는 경험을 매일 누릴 수 있습니다. 단

한 번 체험하고 그것으로 끝이 아닙니다. 당신은 산정상의 경험을 다시 하기 위해 기다릴 필요가 없습니다. 당신은 매일 매일의 삶에서 영적으로 산 정상에 올라있을 수 있습니다!

## '권능'을 받는다는 것이 무슨 말인가요?

내가 처음으로 성령세례를 받고 실은 약간 실망했다고 말한 것을 기억하실 것입니다. 나는 성령세례를 받기 전에 꽤나 보수적이고 점잖은 사람이었습니다. 그래서 나는 내가 성령을 받을 때, 아마도 주 안에서 크고 감정적이고 떠들썩한 시간을 가질 거라고 확신했습니다. 그러나 이미 나타난 바와 같이, 나는 방언을 하는 것 외에는 다른 행동을 하지 않았습니다. (물론, 오순절 날 120명의 신도들도 그랬습니다!)

그래서 나는 다소 김이 빠졌습니다. 나는 다른 사람들이 성령충만을 받고, 기쁨으로 떠들썩하게 소리치는 모습을 보곤 했고, 한편으로는 나도 성령충만을 받았을 때 저렇게 감정적인 경험을 했다면 얼마나 좋았을까 라는 생각을 했습니다. 나는 기도했습니다. "주님, 오순절파 사람들은 성령이 임하시면 그가 권능을 받는다고(행 1:8) 계속 말합니다. 그런데 권능이 어디 있습니까? 예전에 갖고 있던 것보다 더 큰 어떤 권능을 받았는지, 저는 모르겠습니다!"

많은 경우 우리는 권능이 무엇인지 알지 못합니다. 우리는 권능이 우리가 느끼는 무언가라고 생각하지만, 언제나 그런 것은 아닙니다. 예수님은 감정적인 경험을 약속하지 않으셨습니다. 그분은 성령이 임하실 때, 영적인 능력이 위로부터 입혀지는 것을 약속하셨습니다.

> 오직 성령이 너희에게 임하시면 너희가 권능을 받고 예루살렘과 온 유대와 사마리아와 땅 끝까지 이르러 내 증인이 되리라 하시니라
> 행 1:8

나는 비록 실망했지만, 내 안에는 성령세례의 경험을 있는 그대로 받아들일 만큼 충분한 말씀이 있었습니다. 나는 이렇게 혼잣말을 했습니다. "성령충만을 받는다는 것이 내가 그럴 거라고 생각한 그대로는 아니었지만, 그래도 성경적이었어. 그러니까 계속 해야지. 나는 내가 성령으로 충만해졌다는 걸 안다!"

그럼에도 불구하고, 나는 그것에 대해서 아무에게도 말하지 않았고, 교인들에게도 설교하지 않았습니다. 나는 여전히 전통 교단 소속 작은 동네 교회의 젊은 목사였고, 나는 내게 뭔가 능력의 폭발이 일어날 때까지 그 이야기를 하지 않고 기다리기로 했습니다. 나는 생각했습니다. '나는 내가 뭔가 말하지 않아도 능력의 증거를 볼 수 있게 되기를 원해!' 이런 이유 외에도 어쨌거나 나는 그것에 대해서는 말하지 말아야 한다는 내 영안의 감각, 즉 얼마간의 내적직감이 있었습니다.

그런데 우리 교인 중에 커리Curry라는 분이 있었습니다. 그와 그의

아내는 석 달 동안 유럽 여행을 갔었는데, 나는 그들이 돌아오기 직전에 성령충만을 받았습니다.

커리 씨가 유럽으로 떠나기 얼마 전에, 어떤 오순절파 사람들이 우리 교회에 참석하기 시작했습니다. 우리 교회가 그 지방 동네에서 유일한 교회였기 때문이었습니다. 그 가정들은 오순절파 교회를 찾기 위해 먼 거리를 돌아다녀 보았고, 대신 우리 교회에 오게 된 것입니다.

모든 종류의 교단에서 온 사람들이 우리 교회에 출석했지만, 커리 씨는 오순절파 가정이 오기 시작한다는 말을 듣고 별로 좋아하지 않았습니다. 그래서 그는 동료 교인인 콕스Cox 씨에게 찾아 가서 말했습니다. "우리가 저 오순절파 사람들이 오도록 둬야 하는지 오지 못하게 해야 되는지 모르겠네요."

그것은 공적인 모임이었고, 우리가 그러고 싶다고 해도 당연히 그들을 오지 못하게 할 수는 없었습니다!

커리 씨는 계속 말했습니다. "만약 그 방언이라는 게 우리 교회에 들어오면, 나는 우리 가족을 이 교회에서 데리고 나가겠어요! 난 여기 계속 다닐 수 없어요."

그 후에 커리 씨와 그의 아내는 유럽으로 떠났고, 그들이 없는 동안 나는 방언의 증거와 함께 성령을 받았습니다. 내가 말했듯이, 나는 그 당시 이 소식을 우리 교인들과 나누지 않았습니다. 왜냐하면 나는 성령 받은 것에 대해 다소 실망했고, 이후에도 내가 느껴야 한다고 생각하는 방식으로 "권능을 느끼지" 못했기 때문입니다.

그런데 나는 한 사람에게 개인적으로 내가 성령충만 받은 경험을 말했고, 그 사람은 바로 콕스 씨였습니다. 사실 콕스 씨는 매우 영적이고 성경적인 사람이었고, 그는 말하기도 전에 내게 무슨 일이 일어난 것을 알아챘습니다. 그와 그의 가족은 내가 주말에 설교하러 그 마을에 갈 때마다 그들과 함께 지내도록 기꺼이 허락해준 사람들이었습니다.

콕스 씨는 나에게 커리 씨가 유럽에 가기 전에 오순절파 사람들이 우리 교회에 오는 것에 대해 뭐라고 이야기했는지 말해주었습니다. 콕스 씨는 커리 씨가 돌아온 지 얼마 후에 그들이 나눈 대화 내용도 나에게 말해 주었습니다.

커리 씨가 콕스 씨에게 말했습니다. "내가 없는 사이에 우리 젊은 목사에게 무슨 일이 생겼어요!"

콕스 씨는 이렇게 생각했습니다. '우리 목사님한테 생긴 일을 누가 커리 씨한테 말했지? 나는 말 안했는데! 아마 케네스 형제가 누군가한테 말했는데, 그게 어떻게 새어나갔나 봐.' 그리고 콕스 씨가 말했습니다. "무슨 말이에요, 그에게 무슨 일이 생겼다니요?"

"그러니까," 커리 씨가 말했습니다. "그가 예전보다 더 좋은 설교자가 되었어요."

콕스 씨가 대답했습니다. "커리 씨, 나는 언제나 케네스 형제가 꽤 능력 있는 설교자라고 생각했는데요."

"오, 나도 그랬어요!" 커리 씨가 대답했습니다. "그런데, 들어 보세요, 예전에는 없던 뭔가가 있어요!"

그 때 콕스 씨는 아무도 커리 씨에게 뭔가를 말하지 않았다는 것을 알았습니다. 그래서 커리 씨가 계속 말하도록 부추기며 말했습니다. "오, 그렇고말고요. 대체 우리 목사님이 가진 게 뭘까요?"

"글쎄요." 커리 씨가 말했습니다. "그게 뭔지는 모르겠어요. 하지만 요즘 그가 설교할 때, 당신도 그걸 느낄 수 있을 거에요! 그가 말할 때도, 예전에는 없던 어떤 능력이 있어요!"

교인들은 나의 삶에서 심지어 나도 느끼지 못하는 뭔가 특별한 능력을 느끼고 있었습니다!

"나는 항상 케네스 형제님의 설교를 잘 들었어요." 커리 씨가 계속 말했습니다. "그런데, 요즘 그가 설교할 때는 그 말씀이 우리를 **강타해요!** 그의 메시지에 **위력**이 있어요! 그의 말에는 전에는 없던 권세가 있어요."

콕스 씨는 이렇게 생각했습니다. '케네스 형제한테 일어난 일이 정말 뭔지, 다른 부정적인 입장을 듣기 전에 말하는 게 낫겠어.' 그래서 콕스 씨는 말했습니다. "당신이 없는 동안 우리 젊은 목사님께 어떤 일이 일어났는지 정말 알고 싶나요?"

"예!" 커리 씨가 대답했습니다.

"그는 성령세례를 받고 방언을 하게 되었어요."

콕스 씨는 후에 이렇게 말했습니다. "제가 커리 씨에게 그렇게 말하자, 그는 고개를 떨구고 오랫동안 아무 말도 하지 않았습니다. 만약 그가 고개를 들고, '그거군요! 그게 우리 교회에 분열을 만들기 전에 저는 우리 가족을 데리고 이 교회를 나가겠어요.' 라고 하면 뭐라고 해야 할지 몰랐습니다. 저는 대체 그가 뭐라고 할지를 몰랐습니다!"

"그런데 커리 씨가 고개를 들었을 때, 그의 눈에 눈물이 있었습니다." 콕스 씨는 말했습니다. "그리고 그가 이렇게 말했어요. '한 마디 할께요. 그것이 나를 믿을 수밖에 없게 만들었군요. 나는 전에도 케네스 형제의 설교를 들었고, 그가 설교하는 걸 죽 듣고 있지요. 요즘 그의 설교에는 예전에는 없던 능력과 영적인 깊이가 있어요.'"

커리 씨의 이야기를 듣고, 나는 회개했습니다. 나는 이렇게 기도했습니다. "사랑하는 주님, 저는 항상 그 권능을 가지고 있었는데, 그것을 의심했습니다. 이제 저는 이 권능이 단지 저의 개인적인 유익을 위해 주어진 것이 아님을 알았습니다. 이것은 다른 사람들을 축복하기 위해 주어졌습니다. 그래서 나에게 뭔가 일어났다는 것을 나도 모르는데 우리 교인들은 알 수 있는 것입니다!"

그 이후 개인적인 삶에서도 나는 차이를 인지하기 시작했습니다. 나는 시험과 시련과 유혹들 앞에서 내가 가진 모든 것을 사용하여 간신히 벗어나곤 했었습니다. 그러나 나는 성령을 받은 후, 나로 하여금 새로운 승리감을 가지고 시련과 유혹을 이겨낼 수 있게 하는 특별한 "무언가"가 있음을 알았습니다!

나는 기도했습니다. "사랑하는 주님, 저는 이 권능에 대해 잘못된 생각을 가졌습니다. 저는 권능이 육체적으로 느낄 수 있는 것이라고 생각했습니다. 저는 제가 다이너마이트처럼 폭발할 거라고 생각했습니다! 그런데 육체적으로 그런 것을 느끼지 못했기 때문에, 저는 제가 어떤 권능도 받지 못했다고 생각했습니다."

"그러나 **당신은** 나의 가장 깊은 존재로부터 생수의 강들이 흘러나가고 그 강들이 다른 사람들을 축복할 것이라고 말씀하셨습니다(요 7:37-39). **그것이** 내가 성령께 받은 권능의 목적이고, 그래서 우리 교인들은 차이를 알 수 있던 것입니다!"

머지않아 커리 씨 외의 다른 사람들도 나의 설교가 달라졌다고 말했습니다. 교회의 모든 사람들이 그것에 대해 말했습니다! 그들은 서로 말했습니다. "우리 목사님께 무슨 일이 있는 거죠? 그가 능력을 받았어요! 비밀이 뭐죠? 그게 뭐든 저도 받고 싶어요!"

마침내, 나는 이제 나에게 일어난 일을 교인들에게 말할 때가 되었다고 결심했습니다. 나는 말했습니다. "제가 아는 건 오직 제가 성령충만을 받고 방언을 하기 시작했다는 것뿐입니다. 여러분이 성령을 받고 방언을 하면, 여러분도 권능을 받을 것입니다."

내가 성령으로 충만해지기 전에는 그러한 하나님의 권능이 내 삶에서 증거 되지 않았었고, 우리 교인들은 그것을 알고 있었습니다! 결국 그들은 지난 2년 동안 내 설교를 들었어도, 그런 권능을 느끼지 못했던 것입니다!

하나님을 찬양합니다, 나의 간증은 사람들에게 깊은 감명을 주었고, 모든 사람들이 마침내 성령충만을 받았습니다. 그리고 우리 교회가 순복음 교회가 되는 데는 그리 오래 걸리지 않았습니다! 우리는 결코 교인을 잃지 않았습니다. 모두가 계속 나왔습니다. 심지어 그 교회는 이후 몇 년간 더 커졌습니다!

그 경험 이후, 나는 결코 다시는 내가 성령으로 충만해졌을 때 받은 유익을 의심하지 않았습니다. 나는 그것이 능력을 "느끼는" 것에 관한 문제가 아님을 알았습니다. 그것은 성령께 내어드리는 것에 관한 문제였습니다. 그것은 우리 안에 사시는 더 크신 분의 능력을 풀어놓는 것에 관한 문제였습니다.

## 성령께 귀를 기울이는 것의 열매

성령으로 충만해지기 전에도, 나는 주님과의 교제와 기도 가운데 많은 축복의 시간을 누렸습니다. 많은 경우 나는 대부분의 밤 시간을 영어로 기도했고, 어떤 때는 밤을 새워 기도했습니다.

그러나 하나님의 임재 가운데 시간을 보냈음에도 불구하고, 나는 만족하지 못한 채 기도 장소를 뜨곤 했습니다. 언제나 내가 주님께 하고 싶었던 말을 하지 못한 것 같았습니다. 나는 주님께 그분이 얼마나 위대하신지 말하기 위해 매일 온갖 미사여구를 구사했지만, 여전히 나는 내 심령이 진정으로 표현되지 못하는 것을 느끼면서 기도 시간을 보내곤 했습니다.

그러나 성령으로 충만해지고 방언으로 기도하기 시작한 후, 나의 기도 생활은 극적으로 변화되었습니다. 마침내 나의 영이 그대로 표현되었고, 기도 시간을 끝낼 때 나의 영이 만족하는 것을 발견했습니다.

물론, 거듭날 때 나는 이미 성령을 받았습니다(요 3:3-8). 그 성령은 내가 하나님의 자녀임을 나의 영과 더불어 증언하셨습니다(롬 8:16).

그리고 십대 시절에 두 개의 심각한 심장 문제와 불치의 혈액병으로 병상에 누워 있을 때, 성령께서는 나의 심령에 말씀하시어 나로 하여금 말씀에서 신유에 대한 주제를 보게 하셨습니다.

나는 그 전에 구원에 대한 메시지밖에 들어 본 것이 없었기 때문에, 치유로 인도하는 말씀과 성령님이 절실하게 필요했습니다. 나는 평생 주일 학교와 교회에 다녔고, 병상에 눕기 전에는 교회를 빠진 적이 없었습니다. 그러나 나는 성령님과 그분을 따르는 것에 대해서는 어떠한 훈련도 전혀 받지 못했습니다.

그러나 나는 16살 때 병상에서, 성령께서 나의 영에 말씀하시는 내적 음성을 듣기 시작했습니다. 아무도 나에게 들으라고 하지 않았지만, 나는 마침내 이렇게 말했습니다. "좋아, 그 말을 들어도 지금의 나보다 더 나빠질 수는 없어. 결국 의사 선생님은 내가 죽을 거라고 했고, 나는 죽는 것 말고는 아무 것도 할 수가 없어! 그러니까 여기 내 안의 음성을 들어 봐야겠어."

그리고 거듭날 때 받았던 그 성령의 음성을 내가 듣자, 그분은 나를 바로 신유로 이끄셨습니다!

마침내 성령께서 내 심령에 말씀하신 날이 왔습니다.

"이제 너는 네가 나은 것을 믿는구나."

"물론이지요!" 내가 말했습니다.

"그럼 일어나라." 성령님이 말씀하셨습니다. "건강한 사람들은 아침 10시까지는 일어나야 한다."

그래서 나는 침실에서 나 혼자 힘으로, 앉은 자리와 씨름하며 침대에서 온 몸을 비틀어 침대에서 발을 밀어 바닥에 내릴 수 있었습니다. 그리고서 침대 기둥을 붙잡고 일어났습니다. 나는 침대 기둥에 기대어 서 선포했습니다. "나는 전능하신 하나님과 거룩한 천사와 성령님과 마귀와 그의 모든 일당이 있는 가운데, 하나님의 말씀에 따라 선언하노니, 나는 나았고, 나는 내가 나은 것을 믿는다!"

갑자기 하나님의 치유의 임재의 따뜻한 빛이 따뜻한 꿀처럼 내 몸 전체에 내려온 것을 느꼈습니다. 나는 똑바로 서서 나은 몸으로 그 방 안을 걷기 시작했습니다!

나는 어떻게 말기의 심장 상태와 마비된 몸으로 16개월 동안 병상에 누워 있다가, 그 순간 치유를 받았을까요? **나는 새로운 탄생을 통해 알게 된 성령님께 귀를 기울였습니다.** 그리고 나중에 그 성령님의 동일한 음성에 귀를 기울이자, 그분은 나를 성령세례로 인도하셨습니다(행 1:5)!

물 마시는 비유를 다시 떠올려 보십시오. 병상에서 거듭났을 때 나는 한 모금의 물, 즉 새로운 탄생의 경험을 한 것이었습니다. 그러나 나를 그리스도 안에서 새로운 피조물로 만드신 그 성령님께서, 또한 나를 신유로 인도하셨습니다. 그 후에 나는 성령을 받았고, 가득 차도록 마셨습니다. 그 이후로 죽, 나를 **향하여** 또 나를 **통하여** 일어나는 그분의 사역과 나에 **대한** 그분의 다루심이 여러 방면으로 확장되었습니다!

## 성령의 '더 충만한 상태'를 유지하기

성령님은 새로운 탄생을 통해 그분을 알게 된 그리스도인들을 할 수 있는 한 최대로 인도하십니다. 그러나 성령충만하고 방언으로 기도하는 사람에게는, 훨씬 더 큰 성령 인도가 가능합니다.

**그러나 나는, 매일 지속적으로 방언 기도하는 습관을 따를 때에만, 이러한 특별한 정도의 성령이 내 삶에서 작용한다는 것을 발견했습니다.**

나는 방언으로 몇 마디 주절거리다 마는 것을 말하고 있는 것이 아닙니다. 만약 당신이 하는 것이 그 정도라면, 당신 삶 가운데서의 성령의 사역은 당신이 성령충만 받은 직후와 크게 다르지 않을 것입니다. 나는 참된 방언 기도에 시간을 들이고, 날마다 하나님과 시간을 보내는 것에 대해 말하고 있는 것입니다. 만약 당신이 방언으로 많이 기도함으로써 성령충만한 삶을 유지하기 위해 노력한다면, 성령님께서는 당신의 영을 통해 당신과 소통하실 것입니다.

고린도전서 14:14은 "내가 만일 방언으로 기도하면 나의 영이 기도하거니와 나의 마음은 열매를 맺지 못하리라"라고 말합니다. 당신의 영에 하나님께 기도할 수 있는 능력을 주는 분은 성령님입니다. 성령님은 당신에게 말을 주심으로 초자연적으로 당신의 기도를 인도하십니다. 그분은 일어날 일들에 대해 당신을 통해 기도하십니다.

나는 지난 수년간 우리 가족 가운데, 내가 미리 알고 기도하지 않은 질병이나 죽음이 없었음을 발견했습니다. 어떤 때는 2년을 앞서 알기도했습니다. 이러한 류의 계시 지식은 예언자의 계시 은사들을 통해서 오는 것이 아닙니다. 나는 물론 사역에서 그것을 사용합니다. 그러나 성경은 성령께서 누구나 믿는 자에게 장래 일을 알려주실 것이라고 말합니다.

> 그러나 진리의 성령이 오시면 그가 너희를 모든 진리 가운데로 인도하시리니 그가 스스로 말하지 않고 오직 들은 것을 말하며 **장래 일을 너희에게 알리시리라** 요 16:13

믿는 자는 누구나 하나님을 간절히 가까이 하면press into God 성령으로 어떤 일을 미리 알 수 있습니다. 많은 경우, 이런 일들은 방언으로 기도할 때 계시로 알게 됩니다.

성령세례를 받은 이후, 방언으로 기도하는 중에 나는 이런 경험을 자주 했습니다. 성령께서는 나에게 그 일이 일어나기 전에 장래 일을 알려주셔서, 그것에 대해 기도할 수 있게 하셨습니다. 이는 다만 방언으로 기도하고, 나의 영 가운데 내가 기도한 것을 감지하면 되는 문제입니다.

### 비밀을 기도함

내 삶에서, 방언 중에 일어나지 않은 일에 대해 성령께서 경고해 주셨던 예를 말해 보겠습니다. 1958년에 세인트루이스에서 집회를 여는 중이었는데, 예배를 마치고 호텔방으로 돌아왔습니다. 책을 읽으려고 했지만, 내 안에 계속 불편한 감정이 있었습니다. 그래서 결국 나는 책을 내려놓고 기도하기 시작했습니다. 나는 물었습니다. "주님, 무슨 일입니까?"

기억하십시오, 예수님께서 성령은 스스로 말하지 않고, 오직 들은 것을 말한다고 하셨습니다(요 16:13). 이는 당신이 성령께서 말씀해 주실 것을 기대할 수 있다는 뜻입니다. 그분은 말씀을 지으신 분이시므로, 물론 말씀을 통해 말하실 것입니다. 그러나 그분은 당신이 방언으로 기도할 때 당신의 내면에도 말씀하십니다.

나는 영으로 비밀을 기도하면서, 계속 주께 여쭈었습니다. "무슨 일입니까?"

> 방언을 말하는 자는 사람에게 하지 아니하고 하나님께 하나니 이는 알아 듣는 자가 없고 **영으로 비밀[신성한 비밀]을 말함이라**
>
> 고전 14:2

잠시 후에, 나는 우리 가족 중의 누군가가 질병의 공격과 같은 육체적 위험에 빠졌음을 감지했습니다. 나는 즉시 나의 아내 오레사를 떠올렸습니다. 나는 다른 도시에 와서 사역하고 있었고, 그녀는 집에 있었기 때문입니다. 그러나 방언으로 계속 기도하자, 그것이 나의 아내가 아니라는 것을 내 안에서 알았습니다.

그러고 나서 나는 나의 두 아이 켄Ken과 팻Pat을 떠올렸습니다. 나는 한 아이 당 한 시간씩 방언으로 기도했는데, 기도하는 중에 둘 다 육체적 위험에 빠져있지 않았다는 것을 알았습니다.

그 후에 나는 어머니를 위해 기도했습니다. 그녀에 대해 방언으로 기도하기 시작하자, 내가 기도한 것이 어머니라는 것을 알았습니다.

그 때 전화가 울렸습니다. 나의 아내였습니다. "켄, 어머님이 병원에 계세요."

내가 대답했습니다. "그래. 알고 있어. 나는 이미 경고를 받았고, 응답도 받았어요. 성령께서 내게 어머님은 괜찮을 거라고 말씀해 주셨어!" 상황을 완전히 장악하고 있다니, 훌륭하지 않습니까?

새로운 탄생을 통해 성령을 알게 되는 것도 우리에게 커다란 유익이지만, 성령세례는 그 축복 위에 더 주어지는 축복입니다. 하나님께서는 방언의 증거가 함께 하는 성령세례를 통하여, 더 큰 성령을 경험할 기회를 우리에게 주셨습니다.

새로운 탄생이란 죄인이 하나님의 생명과 본성으로 입문하는 것입니다. 그러나 성령세례는 하나님의 자녀들이 그분의 초자연적인 능력으로 입문하는 것입니다.

## 신나는 모험이 시작되었습니다

다시 강조하겠습니다. 성령충만을 처음 받은 것은 엄청난 무언가의 시작이지만, 그것은 결코 당신이 주님과 함께 할 최고의 경험은 아닙니다. **사실, 내가 하나님과 동행하면서 경험한 최고의 것은 방언으로 기도한 결과 나타났습니다.**

이미 말한 바와 같이, 나는 새로운 탄생에서 성령님을 알았습니다. 물론 나는 성령으로 충만해지기 전에도 전통 교단의 젊은 목사로서 성령에 대해 알았습니다. 성령님은 나에게 임하셔서 설교의 기름부음을 주시곤 했습니다. 그리고 비록 공중 치유 예배를 열지 않았어도, 내가 손을 얹으면 사람들이 낫곤 했습니다.

내가 거듭난 후 처음 5년 간, 나의 사역 가운데 일어났던 치유와 회심들로 인하여 하나님께 감사드립니다. 그러나 1937년 4월 둘째 주에 성령으로 충만해지기 전까지는 초자연적인 나타남이 결코 없었고, 나는 그렇게 벌써 4년간 설교를 하고 있었습니다!

성령충만을 받은 후, 나는 방언으로 많이 기도하는 것을 배웠고 그것이 모든 것을 바꾸었습니다. 아무도 나에게 그렇게 하라고 말하지 않았습니다. 우리는 그 전에는 그런 주제에 대해 많은 가르침을 받지 못했습니다. 나는 심지어 내가 원할 때마다 방언으로 기도할 수 있는지 없는지도 몰랐습니다. 그러나 나는 영어로 기도하는 것보다 방언으로 기도하는 것이 더 쉽다는 것을 발견했습니다. 또한 나는 내가 다른 방식으로 기도하는 것보다 방언으로 기도할 때 영적으로 더 깊이 들어갈 수 있다는 것을 배웠고, 그래서 그렇게 기도했습니다.

예를 들어, 나의 사역에서 봤던 최고의 치유는 방언으로 기도한 이후에 나타났습니다. 기도하는 중에 나는 내가 무엇을 위해 기도하고 있는지 영으로 보았습니다. (알다시피, 우리는 영적인 것뿐만 아니라 육체적인 것도 영으로 기도할 수 있습니다.) 그리고 나서 내가 순종하고 영으로 본 것을 행하자, 그 사람은 나았습니다!

그렇습니다, 성령충만을 처음 받는 것은 멋진 일입니다. 그러나 최초의 경험은 단지 시작을 의미합니다. 우리가 그분의 성령의 영역에서 어떻게 기능하는지를 배울 때, 하나님께서는 당신을 위하여 평생에 걸친 초자연적인 모험을 예비하고 계십니다.

이것이 내가 방언에 대한 더 깊은 논의로 당신을 데리고 가기 원하는 이유입니다. 하나님과의 초자연적인 소통의 진정한 가치와 무한한 범위를 일단 깨닫고 나면, 당신은 이 은사를 전보다 더욱 사용하기 원하게 될 것이 분명합니다!

제 2 부

■ ■ ■

# 방언을 말하는 것의 가치
## THE VALUE OF SPEAKING WITH TONGUES

# 09

# 방언을 특별히 강조했던 바울
(PAUL GAVE PROMINENCE
TO SPEAKING IN TOUGUES)

    오늘날 교회에는 방언의 가치에 대해 무지한 사람들이 너무나 많습니다. 많은 그리스도인들은 이 주제에 대해서 모르고 있습니다. 또 어떤 그리스도인들은 방언이 성령세례의 최초의 증거인 것은 알지만, 다른 많은 구절에서 방언을 다루는 논점은 이해하지 못합니다.
    우리는 앞으로 하나님께서 우리를 이롭게 하고 축복하기 위해 이 초자연적인 은사를 주신 많은 이유들을 상세하게 논의할 것입니다. 그러나 먼저, 이러한 질문을 하고 싶습니다. 사도 바울이 방언에 부여한 가치는 무엇이었을까요?
    바울 서신을 연구해보면, 당신은 그가 방언이라는 주제에 대해 많이 언급했다는 것과 그가 자신이 전한대로 분명히 실행했음을 발견할 것입니다. 결국 그는 고린도 교회를 향해 이렇게 선언했습니다! "내가 너희 모든 사람보다 방언을 더 말하므로 하나님께 감사하노라"(고전 14:18)

한번은 어떤 유명한 그리스도교 지도자가, 성령충만을 받은 자신의 회심자중에 한 유명한 사람에게 방언에 대해 부정적인 편지를 썼습니다. 나는 그 편지의 발췌된 일부를 읽게 되었습니다. 그 그리스도교 지도자는 편지에서, 바울은 방언하는 것에 대해 매우 비관적인 관점을 취했고, 고린도 사람들이 방언하는 것을 말리고 금지했다고 말했습니다. 이 사람은 정확한 성경의 장과 절을 전혀 제시하지 않으면서, 단지 바울이 "깨달은 마음으로 다섯 마디 말을 하는 것이 일만 마디 방언으로 말하는 것보다 나으니라"라고 말했다고 주장하면서 자기 입장을 증명하려고 했습니다.

## 바울은 방언에 대해 부정적인 관점을 취했는가?

그러나 바울은 그렇게 말하지 않았습니다. 그 그리스도교 지도자는 문맥과 상관없이 일부만 취하여 자기가 원하는 대로 인용했습니다.

바울이 정말로 한 말을 봅시다. 첫째로, 그는 우리가 위에서 이미 언급했던 말을 했습니다. "내가 너희 모든 사람보다 방언을 더 말하므로 하나님께 감사하노라"(고전 14:18)

당신이 어느 날 아침에 일어나서, 아침상에서 이렇게 선포했다고 해봅시다. "이 날은 주가 지으신 날입니다. 좋은 날을 주심으로 인해 하나님께 감사합니다!" 당신은 긍정적인 말을 하고 있는 것인데, 그 지도자에 따르면 당신은 그 날에 대해 매우 부정적인 관점을 가진 것입니다!

그것은 말이 안 됩니다, 그렇지 않습니까? 그러나 이 성경학자는 바울이 방언에 대해 부정적인 관점을 취했다고 말함으로써 같은 종류의 논리를 따랐습니다. 그러나 바울은 그가 고린도 교회 전체보다 방언을 더 많이 하는 것에 대해 하나님께 감사한다고 말한 것입니다!

만약 바울이 고린도 사람의 무리보다 더 방언을 말했다면, 그는 분명히 엄청난 양의 방언을 했을 것입니다. 14장의 나머지 부분을 읽으면, 모든 고린도 사람들이 방언하기 원했다는 것을 발견할 것입니다! 심지어 그들 중 다수가 예배 중에 잘못된 장소에서 잘못된 방법으로 방언을 했기 때문에, 바울은 고린도 교회를 아래와 같이 교정해야 했습니다.

> 그러므로 방언은 믿는 자들을 위하지 아니하고 믿지 아니하는 자들을 위하는 표적이나 예언은 믿지 아니하는 자들을 위하지 않고 믿는 자들을 위함이니라 그러므로 온 교회가 함께 모여 다 방언으로 말하면 알지 못하는 자들이나 믿지 아니하는 자들이 들어와서 너희를 미쳤다 하지 아니하겠느냐                         고전 14:22-23

바울은 23절에서 온 교회가 함께 모여 다 방언으로 말하는 것은 좋지 않다고 분명히 말했습니다. 만약 바울이 그렇게 말해야만 했다면, 분명히 고린도 신자들이 교회에서 모두 함께 방언을 하면서 많은 시간을 보냈다는 말입니다. 만약 계속 그렇게 하는데 영적인 것들을 배우지 못한 누군가가 교회에 온다면, 그 사람은 신자들을 보고 미쳤다고 했을 것입니다!

그러므로 바울은 고린도 사람들이 방언하는 것이 잘못되었다거나 그만두라고 말한 것이 아니었습니다. 그는 "당신들은 잘못된 것을 가지고 있습니다!"라고 말하지 않았습니다. 확실히 아닙니다! 그들은 옳은 것을 가지고 있었지만, 이 초자연적인 은사에 너무 흥분하고 열정이 넘친 나머지 모두가 동시에 방언을 시작하곤 했습니다!

바울은 다만 이들에게, 교회 예배 중에는 모든 것이 듣는 사람을 세우기 위해 이루어져야 한다고 말한 것입니다. 그 후에 이 장에서 그는 공중 모임에서 방언하는 것에 대해 더 자세한 지침을 줍니다.

**만일 누가 방언으로 말하거든** 두 사람이나 많아야 세 사람이 차례를 따라 하고 한 사람이 통역할 것이요 만일 통역하는 자가 없으면 교회에서는 잠잠하고 **자기와 하나님께 말할 것이요**     고전 14:27~28

하나님께 감사드립니다, 믿는 자는 교회 예배에 참석할 수 있고, 예배 중에 말해지는 모든 것을 들을 수 있으며, 조용히 자기 자신과 하나님께 방언으로 이야기할 수도 있습니다. 그리고 그렇게 하는 가운데, 그는 두 가지 다른 방법으로 세워질 것입니다. 첫째로, 그는 선포되는 말씀에 의해 세워질 것입니다. 둘째로, 그는 하나님께 조용히 방언을 말하는 것에 의해 세워질 것입니다.

### 목적과 사용에 따른 차이

이것이 바울이 고린도전서 14:19에서 "그러나 교회에서 네가 남을 가르치기 위하여 깨달은 마음으로 다섯 마디 말을 하는 것이 일만 마디 방언으로 말하는 것보다 나으니라"라고 말한 의미입니다.

바울은 고린도 교회에서 아무리 엄청나게 많이 방언을 한다 하더라도, 그가 모든 고린도 신자들보다 더 많이 방언하는 것으로 인해 하나님께 감사드렸습니다. 그러나 바울은, **교회에서는** 깨달은 마음으로 다섯 마디 말을 하는 것이 일만 마디 방언으로 말하는 것보다 낫다고 했습니다. 왜일까요? 그의 말을 통해, 남을 가르치기 위해서입니다.

다시 말해, 바울은 방언의 목적이 가르침이나 설교라고 하지 않았습니다. **방언은 첫째로 믿는 자가 자기 개인의 영을 세우기 위한 것입니다.** 이는 그가 하나님과 소통하는 개인적인 방법이었습니다.

> **방언을 말하는 자는 자기의 덕을 세우고** 예언하는 자는 교회의 덕을 세우나니                                                        고전 14:4

이는 바울이 교회에서가 아니라, 주로 자신의 개인적인 기도 생활에서 방언을 말했다는 뜻입니다. 바울은 분명히 아침에 방언을 하면서 일어났을 것입니다. 또한 그는 식사 시간 외에는 계속 방언을 하고 밤에도 방언을 하면서 잠들었을 것입니다.

또한 위 구절은 바울이 방언을 가치 있게 여겼음을 뜻합니다. 사람은 자기가 가치를 두지 않거나, 별로 중요하게 여기지 않거나, 또는 자기가 반대하는 것에 대해서는 하나님께 감사하지 않습니다!

그래서 우리는 방언이 첫째로 개인 기도와 하나님 아버지와의 교제에 사용하도록 주어진 은사라는 것을 알았습니다. 물론, 방언을 하면서 바로 통역이 되는 경우도 있습니다.

이 두 가지 영적인 은사는 교회의 유익(과 동시에 개인의 유익)을 위해 주신 것이며, 함께 사용하면 예언의 은사와 똑같은 것입니다. 이에 대해서는 나중에 이야기하겠습니다.

그러나 지금 우리가 알아야 할 것은 이것입니다. **모든 방언은 성령께서 주신 말이기 때문에 본질적으로 같습니다. 그러나 그 목적과 사용에 따라서 차이가 있습니다.**

신자들이 교회에서 함께 하나님을 찬양하고 있다면, 모두 동시에 방언으로 하나님을 찬양하는 것은 충분히 가능합니다. 그러나 목사님이 말씀을 전하려고 하는데 모두 큰 소리로 방언을 시작하는 것은 분명히 잘못된 것입니다!

그리고 설교자가 한 시간 동안 통역도 없이 방언으로 사람들을 가르치는 것도 분명히 잘못된 것입니다! 이런 경우 설교자 자신은 세워지지만, 사람들은 그 말에서 아무 것도 얻지 못합니다. 이것이 바울이 이 구절에서 말하고 있는 것입니다.

### 방언의 가치를 배우기

하나님의 말씀은 매우 간단하고 단순합니다! 어떤 사람들은 바울이 신자들은 절대 방언을 해서는 안 된다고 가르쳤다면서 과장하여 말합니다. 바울은 그렇게 가르치지 않았습니다. 그의 바람과 열망은 **모든** 신자가 방언을 하는 것이었습니다(고전 14:5). 그는 자신이 다른 누구보다 방언을 많이 하는 것으로 인해 하나님께 감사드렸습니다. 왜냐하면 그는 이 초자연적인 은사의 모든 범위와 가치를 이해했기 때문입니다.

바울은 개인적인 경험을 통해 오직 방언에서만 찾을 수 있는 매일의 삶을 위한 축복과 능력의 근원이 있음을 알았습니다. 그러므로 바울이 이 주제에 대해 알았던 것을 더 깊이 탐구해 봅시다. 그 과정에서, 우리는 방언의 가치와 목적에 대해 성경이 말하는 바를 발견하게 될 것입니다. 우리가 왜 방언을 **해야만 하는지** 더 알면 알수록, 우리의 고백은 점점 바울과 일치할 것입니다. 우리는 믿음으로 이렇게 선언할 것입니다. "나는 내가 방언을 **많이** 하는 것으로 인해 하나님께 감사드립니다!"

# 10

# 하나님께 말하는 초자연적인 수단
(A SUPERNATURAL MEANS OF
SPEAKING TO GOD)

우리는 이미 방언의 첫 번째 성경적 목적, 즉 방언이 성령세례의 최초의 증거라는 것에 대해 충분히 다루었습니다. 이제, 우리가 규칙적으로 방언으로 기도하는 습관을 만들 때 얻게 되는 다른 유익에 대하여 이야기해 봅시다.

방언의 두 번째 목적은 고린도전서 14:2에 근거합니다.

> 방언을 말하는 자는 **사람에게 하지 아니하고 하나님께 하나니** 이는 알아 듣는 자가 없고 영으로 비밀을 말함이라     고전 14:2

주목하십시오, 우리가 알지 못하는 언어로 말할 때, 사람에게 말하는 것이 아니라 **하나님께** 하는 것입니다. 하나님은 우리가 그분께 초자연적으로 말할 수 있도록 신성한 수단을 우리에게 주셨습니다.

유감스럽게도, 대부분의 그리스도인들은 이 은사의 유익을 자신들이 누려야 할 만큼 이용하지 못하고 있습니다. 심지어 어떤 사람들은, "이런 형태의 소통이 꼭 필요하긴 한가요?"라고 묻습니다. 이것은 반드시 꼭 필요합니다. 그래서 하나님께서 우리에게 주셨습니다!

바울은 계속 말합니다. "…영으로 비밀을 말함이라" 나는 모팻Moffatt 번역본을 좋아합니다. "…**신성한 비밀**을 말함이라He speaketh divine secrets"

이것이 당신이 방언으로 기도할 때 아무도 알아듣지 못하는 이유입니다. 당신은 하나님과 신성한 비밀을 말하고 있는 것입니다! 그리고 나는 이 말을 덧붙이고 싶습니다. 나는 사탄도 당신이 하는 말을 알아듣지 못한다고 전적으로 확신합니다! 나는 이것이 마귀가 그렇게도 열심히 방언을 방해하는 주된 이유라고 믿습니다. 왜냐하면 그가 이 대화에 끼어들 수 없기 때문입니다! 그는 당신이 하나님께 비밀을 기도할 때, 무엇을 기도하는지 알 수 없기 때문에, 할 수 있는 모든 방법으로 그것을 방해하는 것입니다.

하나님과 신성한 비밀을 이야기하는 게 가치가 있을까요? 결단코 그렇습니다! 그렇지 않다면, 하나님은 그분과의 이 신성하고 초자연적인 소통 수단을 교회에 주지 않으셨을 것입니다.

### 사람에게 말하는 것이 아니라 하나님께 말하는 것

나의 장인인 루커Rooker 씨는 전통 교단 사람으로, 텍사스 북중앙 탐빈의 작은 마을 근처 블랙랜드에 사는 농부였습니다. 나는 1938년에 마을의 작은 순복음 교회의 목사가 되었고, 그의 딸을 쫓아다니기 시작했습니다!

나는 장인께서 내가 오기 몇 년 전 탐빈에서 야외 부흥 집회를 열었던 목사에 대해 말해 준 것을 기억합니다. (그 부흥회 이후에, 그 사역자가 세운 교회가 내가 목회하던 그 교회였습니다.)

장인은 부흥회 초기에는 그 설교자가 오직 새로운 탄생에 대해서만 전했다고 말했습니다. 탐빈 전역에서 수백의 농부들과 그들의 가족들이 그 설교를 듣기 위해 왔고, 많은 사람들이 영접 기도를 하기 위해 강단으로 나와 구원받았습니다. 그 천막 집회에서 일어난 일로 인해 지역 전체가 뒤집혔습니다.

부흥회가 몇 주간 계속된 후에, 그 설교자는 성령세례와 방언에 대해 전했고, 사람들이 받아들이기 시작했습니다! 당신이 상상할 수 있듯이, 그것은 탐빈의 작은 마을에 상당한 열풍을 일으켰습니다.

사람들은 그 천막 집회에서 동네 사람들이 이상한 언어를 말하게 된 것에 대해 나름의 이론을 가졌습니다. 예를 들어, 어떤 사람들은 그것이 천막 안을 밝히려고 걸어 둔 가스등과 관계가 있다고 판단했습니다! (당시는 불경기였고, 지방의 야외 집회에는 전기 시설이 잘 없었습니다.)

누군가 이렇게 말했습니다. "저 가스등이 후광을 내뿜고 있어요. 들어 봐요, 저 설교자가 뭔가를 등불에 넣었는데 그게 당신한테 붙어서 방언을 시키는 것이 틀림없어요!" 그 당시에는 영적인 것에 대한 무지가 일반적인 일이었음을 알 수 있습니다.

또한 그 설교자가 병자들을 위해 기도할 때 사용했던 기름에 대해서도 이론이 있었습니다. 그 사람들에게는 병자에게 기름을 바르고 치유하는 것에 대한 개념이 새로운 것이었습니다. 그래서 어떤 사람들은 이렇게 추측했습니다. "저 설교자는 저 병에서 꺼낸 뭔가를 사람들에게 발라서 그들이 이상한 언어로 말하게 하는 게 분명해요. 저 설교자에게 너무 가까이 가지 말아요, 안 그러면 저게 뭔지는 모르지만 당신한테 붙을 거예요!"

사람들은 온갖 종류의 멍청한 생각들을 했습니다! 그러나 그들은 걱정할 필요가 없었습니다. 성령께서는 그분을 원치 않는 사람들에게는 "붙지" 않으십니다. 그분은 완벽한 신사입니다.

나의 장인이 말씀하셨습니다. "지역 전체가 성령세례와 방언을 지지하는 쪽과 반대하는 쪽으로 나뉘었지. 모두 그 일에 대해 이야기했고, 많은 사람들이 그저 무슨 일이 일어나는지 보려고 천막 집회에 갔어. 호기심 많은 구경꾼들은 등불의 빛을 피해서 뒤에 어두운 데 서 있곤 했지. 그러니까, 확실히 그들은 사람들로 하여금 이상한 행동을 하게 하는 그것이 자기한테 붙지 않기를 바란 거라네!"

장인은 이웃의 농부가 구원받은 이야기를 하고, 이렇게 말씀하셨습니다. "나는 그 사람을 알았지. 그는 올바른 시민이고, 진실한 사람이었어. 그래서 다른 친구와 내가 서로 말했어. '우리가 하나 아는 건 이거야.

저 친구가 그 경험을 했다면, 그건 진짜야. 우린 저 친구가 어떤 사람인지 아니까. 그는 뭐든 가짜나 거짓에는 참여하지 않을 친구야.'"

장인은 계속 말씀하셨습니다. "그 당시 사람들은 제단에 나가서 성령충만을 구해야만 하는 것으로 알았다네. 그래서 내 친구와 나는 어두운 데 서 있다가, 그 친구에게 어떤 일이 일어나는지 보려고 용기를 낼 수 있을 만큼만 강단 가까이 갔다네.

어느 날 밤, 그 이웃 농부가 혼자 강단에서 기도를 하는 거야. 다른 모든 사람들은 갔고, 내 친구와 나는 그에게 더 가까이 갔지. 우리는 그 친구가 강단에 무릎을 꿇고 기도하는 것을 주의 깊게 지켜보았다네. 갑자기 그가 양 손을 들더니, 하늘을 올려다보면서, 이상한 말을 하기 시작했어. 그 때는 그에게 등불을 비추거나 기름을 바르는 사람도 없었는데 말이야!

어두운 데서 나와 함께 그를 지켜보던 친구가 내게 이렇게 물었어. '저 친구가 말하고 있는 게 뭐지? 무슨 말을 하는 거야? 무슨 말이냐고?'

내가 대답했지. '나도 몰라. 나한테 하는 말이 아니야!'"

장인어른께서는 이렇게 자신이 한 말이 얼마나 성경적인 것인지를 모르셨습니다. 장인은 고린도전서 14:2에 따라 정확하게 말씀하셨던 것입니다. "방언을 말하는 자는 사람에게 하지 아니하고 하나님께 하나니 이는 알아 듣는 자가 없고…" 이 이웃 농부는 장인이나 그의 친구에게 말한 것이 아니었습니다. 그는 하나님께 신성한 비밀을 말하고 있었던 것입니다!

### 이성과 무관한 기도

하나님과의 초자연적인 소통과 관련하여 14장을 주목하기 바랍니다.

내가 만일 방언으로 기도하면 나의 영이 기도하거니와 나의 마음[생각 mind]은 열매를 맺지 못하리라					고전 14:14

확대번역본으로 다시 한 번 읽겠습니다. "…나의 영이 [내 안에 계신 성령에 의해] 기도하거니와…" 기도하는 주체가 성령님이 아님을 명심하십시오. 그분은 당신의 영 가운데 말을 주심으로 **당신이** 기도하는 것을 도와주십니다.

바울은 하나님께서 우리에게 우리의 거듭난 영이 우리의 이성과 상관없이 기도할 수 있는 수단을 주셨다고 말하고 있습니다. 우리의 이성은 영으로 기도하는 것과 전혀 상관이 없습니다. 그런데 이런 기도가 필요할까요? 분명히 필요합니다. 하나님께서 초자연적으로 예비하신 것이기 때문입니다

한번은 어떤 사람이 나에게 물었습니다. "당신이 말하는 내용을 전혀 모르는 기도인데 무슨 소용이 있습니까?"

내가 대답했습니다. "그러나 나는 내가 들으라고 말하는 것이 아닙니다. 나는 하나님께 말하는 것입니다!"

그러므로 우리가 방언으로 기도할 때, 성령님은 돕는 분이시고, 기도하는 주체는 우리임을 다시 알 수 있습니다. 이런 생각을 가지고,

고린도전서 14:2를 다시 봅시다.

> 방언을 말하는 자는 사람에게 하지 아니하고 하나님께 하나니 이는 알아 듣는 자가 없고 **영으로**in the spirit **비밀을** 말함이라    고전 14:2

바울이 쓴 "영으로"라는 부분은 무슨 뜻일까요? 우리는 이 절에서 그가 방언에 대해서 말하고 있음을 압니다. 그렇지만 바울이 뜻하는 바를 우리 나름대로 해석해서는 안 됩니다. 바울 스스로 그렇게 했던 것처럼 성경은 이 구절이 무엇을 의미하는지 정의를 하고 있습니다.

바울이 에베소 사람들에게 쓴 편지를 봅시다. "모든 기도와 간구를 하되 항상 **성령 안에서**in the Spirit 기도하고 이를 위하여 깨어 구하기를 항상 힘쓰며 여러 성도를 위하여 구하라"(엡 6:18) 만약 고린도전서 14:2에서 영으로 기도한다는 것이 방언 기도를 가리키는 것이라면, 에베소서 6:18에서의 기도 또한 방언 기도를 가리키는 것으로 보는 것은 당연합니다.

이제 고린도전서 14장으로 돌아가서, "영으로"라는 부분에서 의미하는 바를 더 잘 알아봅시다.

> 내가 만일 **방언으로 기도하면 나의 영이 기도하거니와** 나의 마음은 열매를 맺지 못하리라 그러면 어떻게 할까 **내가 영으로**with the Spirit **기도하고** 또 **마음**[생각mind]으로 기도하며 내가 영으로 찬송하고 또 마음으로 찬송하리라                      고전 14:14-15

15절에서 "영으로"라는 부분에 주목하십시오. 사람들이 하는 대부분의 기도는 지적인 기도로서, 성령님과는 크게 관계가 없습니다. 그러나 바울은 여기에서 그가 두 가지 방법, 즉 영으로 기도하고 또 마음(또는 생각)으로도 기도한다고 말합니다.

전통 교단의 젊은 목사 시절, 나는 성령충만을 받기 전에 **영으로**with the Spirit 기도하는 것과 **영 안에서**in the Spirit 기도하는 것에 대한 다른 구절을 보았습니다. 나는 우리 교단의 다른 사역자들에게 물었습니다. "**영으로** 기도하는 것과 **영 안에서** 기도하는 것이 무슨 뜻인가요?"

"글쎄요," 어떤 사역자가 말했습니다. "그건 다만 좀 더 힘을 주어 기도하라는 뜻이지요." (이게 무슨 말인지 아십니까? 좀 더 힘을 들여 강력하게 기도하라는 뜻입니다!)

때때로 우리가 찬양을 할 때, 찬양 인도자가 이렇게 말하곤 합니다. "이제 다음 절은 영과 혼으로 불러 봅시다." 그런데 그 때 그의 의도는 단지 "우리 다음 절은 좀 더 힘을 들여 불러 봅시다!"라는 뜻이었습니다.

그러나 이는 고린도전서 14장의 이 구절에서 이야기하는 바가 전혀 아닙니다. 만약 당신의 영이 영어로 기도한다면, 당신의 생각은 당신이 말하는 것을 이해할 것입니다. 그러므로 당신의 생각은 열매를 맺지 못하는 것이 아닙니다. 그러나 바울은 여기에서 "내가 만일 방언으로 기도하면 나의 영이 기도하거니와…"(14절)라고 하고 있기 때문에, 분명히 방언 기도에 대해 이야기하는 것입니다.

위의 두 편지는 모두 바울이 쓴 것으로, 하나는 고린도 사람들에게 또 하나는 에베소 사람들에게 쓴 것입니다. 두 편지 모두에서, 바울은 "영 안에서in the Spirit"라는 표현을 썼습니다. 그리고 고린도전서 14:15에서, 그는 또한 "영으로with the Spirit"라는 표현을 썼습니다. 어디든 바울이 이러한 표현을 사용한 것을 읽다보면, 당신은 그가 방언 기도를 언급하거나, 아니면 최소한 방언 기도를 암시하고 있음을 발견할 것입니다.

물론 당신은 예언의 영에 의해서도 "영 안에서in the Spirit" 기도할 수 있습니다. 예언의 영으로 기도하는 것은 당신이 방언으로 기도할 때 성령께서 당신을 사로잡아서, 성령의 영감을 통해 당신이 아는 언어로 말하기 시작하는 것입니다.

때때로 나는 예언의 영에 의해 한 시간이나 그 이상 동안 영어로 기도합니다. 나는 내가 말하는 것을 알지만, 그것은 전혀 내 생각에서 나온 것들이 아닙니다. 그 말들은 나의 영에서부터 나오는 것입니다.

당신은 이런 기도의 예를 시편에서 볼 수 있습니다. 다윗과 모세 및 다른 시편 기자들의 기도는 하나님의 영으로부터 온 것입니다. 구약에서는 아무도 방언을 하지 않았습니다. 앞서 살펴보았듯이, 방언과 방언 통역은 신약 시대에만 있는 것입니다. 그러나 이 사람들은 "영 안에서 in the Spirit", 즉 예언의 영 안에서 성령에 의해 기도했습니다.

예언의 영으로 기도할 때, 당신은 당신의 혀를 당신의 영에다 연결시키고 성령의 영감을 통해 당신의 모국어로 기도합니다. 그러나 당신의 생각은 아무런 역할도 하지 않습니다. 이 때 당신의 기도는 당신 스스로 생각해 낸 것이 아닙니다. 대신 그것들은 전적으로 성령에 의해 감동

되어, 당신의 영으로부터 나옵니다. 당신이 말하는 내용을 당신이 이해할 수 있더라도, 이것은 지적인 기도이거나 당신의 생각을 따라 기도하는 것이 아닙니다. 이것은 오히려 영 안에서 기도하는 다른 방법입니다.

바울이 에베소서 6:18에서 말한 것으로 돌아가서, 한 가지를 더 살펴봅시다.

> 모든 기도와 간구를 하되 항상 **성령 안에서**in the Spirit 기도하고 이를 위하여 깨어 구하기를 항상 힘쓰며 **여러 성도를 위하여** 구하라
>
> 엡 6:18

우리가 방언으로 기도할 때, 우리는 우리 자신을 세울 뿐만 아니라 여러 성도를 위하여 기도하라는 하나님의 명령을 수행할 수 있습니다. 우리는 자연적으로는 모든 성도를 다 알지 못하기 때문에, 우리의 이성으로 여러 성도들을 위해서 기도할 수 있는 방법은 없습니다. 그러나 하나님은 이 초자연적인 소통 수단을 주셔서, 우리가 우리의 이성과는 별개로 성도들을 위하여 기도할 수 있게 하셨습니다.

### 만약 내가 이해할 수 있었더라면

이쯤에서 잠시 멈추고, 하나님께서 우리를 위하여 하신 놀라운 일들에 대하여 생각해 보는 것이 좋겠습니다. 그분은 우리의 영이 우리의

생각과 **무관하게** 기도할 수 있는 방법을 우리에게 주셨습니다. "내가 만일 방언으로 기도하면 **나의 영이 기도하거니와**…"(고전 14:14) 방언의 은사를 통해, 우리의 영은 이제 영이신 하나님과 직접적으로 소통할 수 있습니다.

우리가 일단 성령으로 충만해지면, 당신의 영은 처음으로 하나님께 직접적으로 말할 수 있습니다. 그 전에도 당신은 하나님께 생각으로 말할 수 있고, 물론 감정도 관계가 있습니다. 그러나 방언은 영과 영이 소통하는 수단입니다.

예수님께서 사마리아에서 우물가의 여인에게 말씀하셨던 것을 기억하실 것입니다(요 4:4-26). 그 여인은 예수님께 물었습니다. "우리 조상들은 이 산에서 예배하였는데, 유대인들은 우리가 예루살렘에서 예배해야 한다고 말합니다. **당신은** 뭐라고 말씀하십니까?"

예수께서는 그들의 생각이 둘 다 맞지 않다고 대답하셨습니다. 대신 예수님은 "하나님은 영이시니 예배하는 자가 영과 진리로 예배할지니라"(24절)라고 말씀하셨습니다. 우리는 꼭 사마리아의 산에서 하나님을 예배하지 않아도 되고, 또 꼭 예루살렘의 산에서 예배하지 않아도 됩니다. 하나님은 영이시므로, 우리는 어느 곳에서나 그분께 예배드릴 수 있습니다!

그러나 예수께서는, 하나님은 영이시므로 예배하는 자는 반드시 영과 진리로 예배해야 한다고 말씀하셨습니다. 이는 당신에게 방언의 가치에 대한 다른 암시를 줍니다. 당신이 방언으로 기도할 때, 당신의 거듭난 영은 영이신 하나님과 직접 접촉합니다. 기억하십시오, 바울은 당신이 방언으로 기도할 때, 당신의 영이 기도한다고 했습니다(고전 14:14). 당신은 신성하고 초자연적인 방법으로 하나님께 직접 말하고 있는 것입니다.

나는 오직 이성으로만 기도하는 것과 영으로도 기도하는 것 사이의 이 커다란 차이를 경험을 통해 알고 있습니다.

전통 교단의 젊은 목사이던 시절, 나의 기도 시간이 어떠했는지 기억합니다. 그 당시 나는 거듭나서 확실히 구원받았고, 하나님의 능력으로 치유 받고 병상에서 일어나, 작은 교회의 목사가 되었습니다. 나는 아홉 살 때부터 살던 집에서 할아버지, 할머니, 엄마, 두 형제, 자매들과 여전히 함께 살고 있었습니다.

나는 때때로 할아버지의 헛간에 가서 건초 더미 위에 올라가, 몇 시간 또는 그 이상 하나님과 단둘이 시간을 보내면서 기도하곤 했습니다. 그 기도 시간 동안 나는 오직 내가 아는 유일한 방법으로, 즉 이성으로 기도했습니다.

그 때 나는 내가 하나님을 얼마나 사랑하는지, 그분이 얼마나 위대하신지 영어로 말하려고 무진 애를 썼습니다. 나는 그 기도 장소에 한두 시간을 있었지만, 일어날 때 내 안에서는 전혀 만족감을 느끼지 못하는 것 같았습니다. 내가 어떻게 만족할 수 있었겠습니까? 나의 영은 스스로를 진정으로 표현할 기회를 갖지 못했습니다. 그러나 성령충만 받고 방언을 한 이후, 나는 내가 결코 불만족한 상태로 기도 장소에서 떠나지 않는 것을 발견했습니다. 마침내 내 영이 하나님과 소통할 수 있게 되었기 때문입니다!

성령으로 충만해지기 전에, 나는 내 기도 생활 가운데 어떤 일이 일어났던 것을 기억합니다. 그런 일이 한 번만 일어난 것은 아니지만, 특별히 한 사건이 기억에 남습니다. 내가 기도하며 하나님께 내가 얼마나 사랑하는지 말하기 위해 애쓰고 있을 때, 즉 내가 아는 모든 어휘를 사용하여 내게 그분이 어떤 의미인지 다 묘사하려고 애쓰고 있을 때, 내 입술과 혀에 어떤 특별한 감각이 있는 것 같았습니다. 이상하게 발음하지 않고서는 영어를 거의 말할 수가 없는 것 같았습니다.

그 때는 내가 1년 넘게 부분 마비가 되어 병상에 누워 있은지 그리 오래 되지 않았던 때였습니다. 병상에 있을 때 나는 목과 혀가 부분적으로 마비되어서 분명하게 말을 하지 못했습니다. 그런데 그 날 할아버지의 건초 더미 위에서 기도하려고 하는데 혀가 무디어지면서 꿈틀거리는 것 같이 느껴졌고, 과거에 혀가 부분적으로 마비되었을 때가 떠올랐습니다. 나는 두려워서 바로 일어나 그 자리를 떠났습니다!

그 이후, 나는 절대로 내 혀가 그런 것을 다시 느낄 정도로 오래 있지 않았습니다. 뭔가 느끼기 시작하면, 즉시 기도를 멈추고 일어나서 자리를 떴습니다! 그러면 내 혀는 다시 정상의 느낌으로 돌아왔습니다.

성령충만을 받은 직후, 나는 할아버지의 헛간에서 기도했을 때 일어난 일이 무엇이었는지 깨달았습니다. 성령께서 나에게 말을 주시려고 했던 것이었지만, 그 때 나는 그것을 몰랐습니다. 아무도 나에게 오순절파의 경험에 대해서 가르쳐주지 않았습니다. 그리고 그 시절 기도중에 일어난 일에 대해 이야기할 사람이 아무도 없었기 때문에, 나는 성령께 나를 내어드리지 않았었습니다. 나는 단지 벌떡 일어나 그 장소에서 도망 와 버렸습니다!

후에 성령충만 받고 방언을 하자, 나는 만약 그 때 내가 성령께 양보했더라면, 훨씬 일찍 방언을 할 수 있었다는 것을 깨달았습니다. 성령님은 항상 내 안에 계셨고, 그분은 나를 넘치도록 채워주시려고 하셨으니까요!

나는 혼잣말을 했습니다. "주님, 제가 이런 것을 이해했었더라면, 저는 지속적으로 이런 방식으로 기도할 수 있었겠군요! 그 모든 시간 동안 제 자신을 세울 수 있었겠군요. 그 동안 저를 건축할 수 있었겠군요. 그 동안 하나님께 초자연적으로 이야기할 수 있었겠군요." 그러나 하나님께 감사드립니다, 나는 그 이후로 지속적으로 이 은사의 유익을 누리고 있습니다!

## 속은 기분

전에 내가 할 수 있는 것이 이성으로 기도하는 것뿐이었을 때, 나는 하나님을 찬양하고 그분이 얼마나 위대하신지 말씀드리는데 쓸 수 있는 모든 형용사를 사용했습니다. 그러나 내 안의 깊은 곳에서는 뭔가 속은 기분이 들었습니다.

나는 그것을 때때로 이렇게 묘사합니다. 내 아내와 내가 1949년에 우리의 마지막 교회를 떠난 후에, 나는 20년이 넘도록 자동차로 미국과

캐나다 전역을 돌아다니며 집회를 열었습니다. 과장하지 않고, 나는 정말로 매년 자동차로 수천 마일을 달리면서, 이 기간 동안 거의 2백만 마일을 다녔습니다.

많은 경우, 여행하는 중 낯선 동네에서는 어디에 들러서 뭘 먹어야 할지 몰랐습니다. 그러나 정오가 넘도록 운전하다보면 배가 고팠고, 그러면 나는 좋아 보이는 음식점을 정하고 그 곳에서 먹었습니다.

뭔가 제 값을 하는 것을 먹었다면, 나는 식사비에 개의치 않았습니다. 그러나 힘들게 번 돈을 내러 계산대에 가는데, 그 와중에 내 위장이 계속 "날 속였어!"라고 외칠 때는 정말 싫었습니다. (내가 무슨 말을 하는지 아실 것입니다!)

자, 이것은 내가 할아버지의 헛간 기도실을 떠날 때마다 일어난 일과 매우 흡사합니다. 나의 영은 나에게 이렇게 말했습니다. "날 속였어! 날 속였다구!" 그러나 그 당시 나는 성령께 내어드리는 법을 알지 못했습니다. 나는 나의 영이 기도할 수 있다는 것을 몰랐기 때문에, 단지 할 수 있는 한 최선을 다해서 나의 이성으로 하나님께 말했습니다.

그러나 내가 성령충만 받고 방언을 하기 시작한 이래로, 나는 결코 내 영이 만족스럽지 않은 상태로 기도 장소를 떠난 적이 없습니다. 왜 일까요? 이제 나의 영은 성령님의 영감 아래, 그가 원하는 대로 말할 수 있기 때문입니다!

## 우리는 두 종류의 기도가 모두 필요합니다

　우리는 기도에 있어서 교회가 얼마나 뒤쳐지고 부족한지를 쉽게 알 수 있습니다. 많은 그리스도인들이 오직 지적인 기도만 하려고 하기 때문에, 그들이 더 이상 영적으로 진보하지 않는 것은 이상한 일이 아닙니다. 하나님께서는 그의 자녀들에게 영으로 기도할 능력과 이성으로 기도할 능력을 다 주셨음에도 불구하고, 그들은 한 가지 종류의 기도만 하려고 합니다!

　오직 한 자기 방법으로만 기도하는 것은 두 바퀴 자전거를 한 바퀴만 가지고 타는 것과 같습니다. 보장하건데, 그걸로 멀리 가기에는 문제가 있을 것입니다! 우리는 기도의 "두 바퀴" (또는 두 종류), 즉 이성으로 기도하는 것과 영으로 기도하는 것에도 이러한 예를 적용할 수 있습니다. 이들은 기도를 앞으로 추진시키고 오래 지속되는 영적인 결과를 만들어내는 두 개의 바퀴입니다.

　교회의 다수가 방언 기도("앞 바퀴")는 사도들과 함께 죽었다고 판단한다면, 믿는 자들에게는 오직 기도의 한 바퀴만 남으며 더 이상 영적으로 더 멀리 나아갈 수 없을 것입니다. 그러므로 대부분의 그리스도인들이 외바퀴 자전거(이성으로 기도하는 것)를 자전거 고정대에 세워 놓고 페달을 밟고 있습니다. 그리고 그 결과, 이들 그리스도인들은 결코 큰 진보를 보이지 않고 수 년 간 같은 지점에 머물러 있습니다. 그들은 자신이 앞으로 움직이고 있다고 생각할지 모르지만, 하나님께서 그들이 도달하도록 정하신 목적지에 비하면 그들은 근처에 가지도 못했습니다!

이것이 바울이 이렇게 말한 이유입니다. "그러면 어떻게 할까 내가 **영으로 기도하고 또 마음으로 기도하며**…"(고전 14:15) 우리의 삶에서 하나님의 최상과 최고를 이루기 위해서, 우리는 기도의 "두 바퀴"가 모두 필요합니다!

많은 사람들은 이 주제에 대해 성경이 말하는 바를 배우지 못했습니다. 어떤 사람들은 여전히 방언은 **오늘날** 믿는 자들을 위한 것이 아니라고 당신에게 말하려 할 것입니다. 그러나 옛날 신자들이 자신의 이성과는 별개로 자신의 영으로 하나님께 기도해야 했다면, 이는 오늘날 우리도 그렇게 해야 한다는 논리를 지지합니다!

우리는 우리의 이성으로 기도해야 하지만, 오직 그런 종류의 기도만 할 수는 없습니다. 왜냐하면 우리는 마땅히 해야 할 기도할 바를 모르기 때문입니다.

> 이와 같이 성령도 우리의 연약함을 도우시나니 **우리는 마땅히 기도할 바를 알지 못하나** 오직 성령이 말할 수 없는 탄식으로 우리를 위하여 친히 간구하시느니라　　　　　　　　　　　　롬 8:26

한편, 우리는 영으로 기도하는 것에 대해서도 같은 이야기를 할 수 있습니다. 우리는 오직 방언 기도만 할 수도 없습니다. 때때로 우리는 우리의 필요를 우리의 모국어로 하나님께 분명하게 표현해야 할 필요가 있습니다. 그러므로 우리는 두 종류의 기도가 **모두** 필요합니다.

성령의 도움으로 당신의 기도 생활을 발전시킬 수 있는 방법을 배우십시오. 당신의 이성으로 꼭 기도하십시오. 그러나 당신이 성령충만 받지 않았다면, 그 값없이 받는 선물을 구하십시오. 그리고 그분이 주신 신성하고 초자연적인 수단을 통해 당신의 하늘 아버지와 소통하는 방법을 배우십시오.

# 11

## 영적인 세움의 수단
(A MEANS OF SPIRITUAL EDIFICATION)

고린도 교회 및 그가 설교한 다른 교회들을 향한 편지에서, 바울은 방언으로 말하기를 계속하라고 신자들을 독려합니다. 고린도전서 14:4에서, 바울은 이런 식으로 기도하는 것이 왜 그렇게 중요한지 설명합니다. **방언은 영적인 세움을 위한 신성한 도구이기 때문입니다.**

> 방언을 말하는 자는 **자기의 덕을 세우고**edifieth[자기 자신을 건축하고]
> 예언하는 자는 교회의 덕을 세우나니                    고전 14:4

바울은 고린도 신자들에게, 영적인 세움의 수단으로써 개인 경배 중에 방언으로 말하는 습관을 지속하라고 독려했습니다.

이것을 연구하면서, 나는 수 년 전에 그리스어 학자들이 "세우다edify"라는 단어에 대해 말한 것에 주목했습니다. 그들은 그리스어의 원래 뜻에 가까운 현대어가 있다고 했습니다. 그 단어는 "충전하다charge"

입니다. "충전하다"라는 이 단어는 배터리와 함께 자주 쓰입니다. 자동차 배터리가 다 닳으면, 우리는 그것을 전원에 연결하여 충전합니다. 다시 말해, 우리는 배터리가 원래 하도록 만들어진 그 일을 할 수 있는 힘을 가질 때까지 배터리를 세워주는 것입니다!

그러므로 고린도전서 14:4은 이렇게 바꾸어 말할 수 있습니다. "방언을 말하는 자는 자기의 덕을 세우고, 자기를 건축하고, 자기를 배터리처럼 충전하고" 다시 말해, 방언으로 기도 할 때 우리는 성령의 능력으로 우리의 영을 충전하는 것입니다!

"세움edification"이라는 단어는 정신이나 육체적인 세움을 말하는 것이 아닙니다.

그렇습니다. 이 구절은 **영적인** 세움의 놀랍고 초자연적인 도구를 말하고 있는 것이며, 이는 모든 믿는 자들이 쓸 수 있는 것입니다. 물론, 무엇이든 사람을 영적으로 세우거나 건축하는 것이라면, 정신적으로나 육체적으로도 도움을 줄 것입니다.

바울은 방언이 믿는 자를 충전하고 강건하게 한다는 사실을 알았습니다. 그래서 그는 말했습니다. "내가 너희 모든 사람보다 방언을 더 말하므로 하나님께 감사하노라"(고전 14:18) 다시 말해, 바울은 이렇게 말한 것입니다. "나는 방언을 말함으로 너희 모든 사람보다 더 나 자신을 세우고 배터리처럼 충전하노라!"

나는 하나 이상의 성경적 증거를 얻기 원하므로, 유다가 말한 것도 봅시다.

사랑하는 자들아 너희는 너희의 지극히 거룩한 믿음 위에 **자신을 세우며** 성령으로in the Holy Spirit 기도하며            유 20

만약 당신의 영적인 배터리가 다 닳았다면, 이 구절이 어떻게 충전해야 할지를 말해줍니다. **성령으로 기도하십시오.**

"자신을 세우며"라는 부분에 주목하십시오. 당신이 방언으로 기도할 때, 당신의 이웃을 세우는 것입니까? 아닙니다. 당신의 동료 그리스도인을 세우는 것입니까? 아닙니다. 방언은 영적인 세움의 역동적인 수단으로서, 바로 **당신**을 위하여 역사합니다!

또한 유다가 "성령으로 기도하면 믿음이 생길 것이다."라고 말하지 않은 것에 주목하십시오. 그렇습니다. 믿음은 들음에서 오며, 들음은 하나님의 말씀으로 말미암는 것입니다(롬 10:17). 그러나 방언 기도는 당신을 당신의 가장 거룩한 믿음 위에 세워줄 것입니다.

그러므로 방언을 말하는 것은 우선 당신 자신의 영적인 세움을 위한 것입니다. 이는 당신의 거듭난 영 안에서 당신을 세우고 강건하게 함으로 **당신에게** 유익이 됩니다!

스미스 위글스워스는 영국 설교자로서, 그는 지구상의 인적이 있는 모든 대륙에서 대단한 성령의 부흥 운동들을 경험했습니다. 위글스워스의 사역에는 놀라운 일들이 일어났습니다. 예를 들어, 한 번은 영국에서 온 한 나이 지긋한 오순절파 사역자가 이 강력한 하나님의 사람의 사역을 통해 죽음에서 일어난 사람 여러 명을 개인적으로 알고 있다고 나에게 말한 적도 있습니다.

위글스워스는 영국에서 겨우 여섯 살 때, 순무를 뽑는 일을 하러 갔습니다. 이후 아동노동법이 제정되기 전까지 그는 공장에서 일했습니다. 그는 어른이 될 때까지 자기 이름도 쓸 줄 몰랐습니다! 위글스워스는 성령으로 충만해지고 방언을 하기 전까지 평생 읽지를 못했습니다. 그런데 성령께서 그에게 성경 읽는 것을 가르치셨습니다.

스탠리 하워드 프로샴Stanley Howard Frodsham은 위글스워스의 전기에서 이렇게 썼습니다. "방언의 은사는 그에게 값없는 보물이었고, 매일 여러 번 그의 심령은 이 땅의 불경한 언어가 아니라, 하나님께서 그에게 자비롭게 부여하신 성령이 주는 사랑의 언어로 하나님에 대한 사랑과 경배 속으로 드나들었습니다. 그는 방언이 언제나 영적인 세움의 근원이라는 것을 발견했습니다. 그는 유다서 20절의 '사랑하는 자들아 너희는 너희의 지극히 거룩한 믿음 위에 **자신을 세우며** 성령으로 기도하며' 라는 이 구절대로 살았습니다."[2]

당신은 스스로 세워지지 않고 다른 사람들을 세울 수 없습니다. 그러나 일단 당신이 영적으로 세워지고 나면, 당신은 다른 사람들을 도울 수 있습니다.

너무나 많은 경우, 사람들은 위글스워스와 같은 사람들의 성공을 경험하고 싶어 하지만, 이런 위대한 하나님의 사람들이 치른 값을 지불하고 싶어 하지는 않습니다. 그들은 지름길, 즉 즉석 "패스트푸드" 식의 해결책을 원합니다. 그러나 하나님은 그런 "인스턴트 음식"을 취급

---

2) 스탠리 하워드 프로샴, 『믿음의 사도 스미스 위글스워스』

하지 않으십니다! 그분은 그분의 말씀에서 말한 진리를 따라 항상 역사하시던 방법대로 역사하십니다.

고린도전서 14:4와 유다서 20절이 그러한 진리 중의 하나입니다. 하나님은 우리에게 영적인 세움을 위한 신성하고 초자연적인 수단을 주셨습니다. 이제 매일 성령으로 많이 기도함으로, 우리의 가장 거룩한 믿음 위에 우리 자신을 세우는 것은 우리에게 달렸습니다!

## '나 자신을 충전하는 것' 의 개인적인 사례

"세우다"라는 단어가 "배터리와 같이 당신 자신을 충전함"이라는 뜻을 지닌다는 것을 처음 읽었을 때, 나는 과거에 내가 하고 있는 모든 일을 잘 이해하지도 못한 채 기도했다는 것을 깨달았습니다. 나는 하나님의 말씀이 그에 대해 말하시는 바를 전혀 알지 못한 채로, 성령으로 기도함으로 "나 자신을 세워" 왔습니다. 나는 다만 그렇게 하는 것이 옳다는 것만 알았습니다.

그러나 돌아보면서, 나는 이전에 있었던 하나님 안에서 나의 모든 위대한 경험들 – 이전에 있었던 가장 극적인 치유, 가장 초자연적인 재정적 기적들, 그리고 귀신을 쫓았던 가장 두드러진 경험들에 대해 깨달았습니다. 나는 언제나 스스로 방언으로 기도하는 시간을 따로 구별하도록 인도를 받았던 것 같습니다. 주님은 당신에게 무슨 일이 생길지 아십니다. 당신은 거기에 무엇이 있는지 모르지만, 그분은 아십니다.

나는 아내와 내가 텍사스 북중앙 블랙랜드의 작은 순복음 교회에서 목회를 할 당시, 1943년 5월 첫째 주 토요일에 있었던 특별한 일을 기억합니다. 그 날 오레사와 나는 주일 예배 준비 외에 아무런 계획이 없었습니다. 평소대로 나는 설거지와 부엌 청소를 하고 오레사는 이불을 개고 침실 청소를 했습니다.

그 날 아침 일상적인 집안일을 하고 있는데, 어쩐지 나는 방언을 해야만 한다는 느낌이 들었습니다. 크게 기도하지는 않았고, 다만 서서 설거지를 하며 조용히 방언으로 기도했습니다.

그리고 나서 모든 것이 잘 정리되었는지 확인하기 위해 바로 옆에 있는 교회로 갔습니다. 우리는 유급 관리인이 없었기 때문에, 사람들이 자원하여 교회를 청소했습니다. 때때로 그들은 철저하게 일하지 않았기 때문에, 나는 전체를 점검하고 아직 마무리되지 않은 것을 청소하러 교회에 가보았습니다. 그 일을 하는 동안, 나는 계속 방언으로 기도했습니다.

주일 예배를 위해 교회를 다 정돈하고 나서, 나는 교회에 한 시간 더 머물렀습니다. 나는 교회의 통로를 왔다갔다하면서, 방언으로 기도했습니다. 그러다 제단에 무릎을 꿇고 방언으로 기도했습니다. 나는 방언으로 기도하는데 시간을 넉넉히 쓰기 위해 일부러 교회에 평소보다 더 오래 머물렀습니다.

그리고 나서 우체국에 우편물을 찾으러 갔습니다. 그 때는 봄이어서, 조용히 방언으로 기도하면서 시내 공원을 통해 우체국으로 걸어가기로 했습니다.

우체국에 도착하자 모든 우편물이 제 자리에 들어갈 때까지 로비에서 기다려야 했습니다. 나는 다른 몇 사람들과 함께 거기서 기다리면서, 계속 소곤소곤 방언으로 기도했습니다. (이것이 방언 기도의 너무나 탁월한 점입니다. 만약 주위에 누가 있다면, 큰 소리로 기도할 필요가 없습니다. 아무리 조용히 기도하더라도, 하나님께서는 들으십니다.) 마침내, 나는 우편물을 찾았습니다. 사택에 돌아와서도 나는 계속 방언으로 기도했습니다.

나는 아침 8시부터 낮 2:30까지 말을 했는데, 그 시간의 90퍼센트, 그러니까 거의 6시간 동안 방언으로 기도했습니다. 그러나 교회에서 기도했던 특별한 시간을 제외하고, 나는 내가 해야만 하는 일들을 중단하지 않았습니다.

기도하는데, 내 안에 엄청나게 큰 용수철이 있는 것 같았고, 방언으로 기도하면 할수록 그 용수철은 점점 더 촘촘하게 조여지는 것 같았습니다! 나는 그 당시 방언의 목적에 대해 너무나 몰랐지만, 내 자신을 세우고 있다는 것을 느꼈습니다. 나는 나의 영적 배터리를 충전하고 있었습니다.

나는 혼잣말을 했습니다. "하나님께서 내일 예배를 위해 나를 준비시키고 계신 것이 분명해. 주일에 진짜 명설교를 하게 될 거야!" (그 예배가 좋은 예배가 될 거라는 뜻이었습니다!)

그러나 오후 2:30에, 오레사와 나는 예기치 못한 손님을 맞았습니다. 그 숙녀는 우리 집에 자기의 언니를 데리고 왔는데 이들 두 자매도 다른 여성을 따라 온 것이었습니다.

그 언니는 텍사스 정신 병원의 입원 환자였습니다. 그녀는 자살을 시도하는 폭력적인 정신 이상자로서, 본인과 다른 사람에게 위험하다고 여겨져 2년 반 동안 독방에 감금당했습니다.

이 불쌍한 여성은 2년이 넘도록 벽에 완충물을 댄 방에 갇혀, 운동도 못 하고 햇볕도 쬐지 못하여, 건강이 악화되었습니다. 그래서 그 병원 당국에서는 그녀의 부모에게 이렇게 적어 보냈습니다.

"저희는 댁의 따님이 2주 간 휴가를 받아 집에 다녀오면 좋아질 거라 믿습니다. 따님에게 더 이상 폭력 성향은 없지만, 따님은 여전히 정신 질환자이며, 항상 병원의 관리가 필요합니다. 그러나 저희가 드릴 수 있는 도움은 부족합니다. 저희는 따님을 데리고 나가 햇볕과 신선한 공기를 맡게 할 충분한 인력이 없습니다.

오셔서 몇 주간 따님을 집으로 데리고 가시겠습니까? 가까이서 지켜 보시고, 시내 공원에 데리고 나가십시오. 따님이 종일 햇볕을 쪼이게 하십시오. 따님과 함께 걸으며 운동을 시키는데 최선을 다하십시오. 환경의 변화도 따님의 식욕을 증가시키지 못한다면, 따님은 얼마 살지 못할 것입니다."

그리하여 이 여성은 병원으로 가서, 정신 질환이 있는 자기 언니를 데리고 집으로 왔습니다. 그리고 며칠 후 그 토요일 오후에, 이 여성은 언니를 우리 사택에 데리고 온 것이었습니다.

사실, 나는 전에는 정신 이상자를 다뤄 본 적이 없었습니다. 내 사역 중에 사람들이 낫기는 했지만, 나는 정말 이런 상황에서 어떻게 해야 하는지 몰랐습니다. 물론, 나는 사람이 위장에 이상이 있는 것처럼,

머리에도 이상이 있을 수 있다는 것은 알았습니다. 이런 경우, 기도하고 이 사람에게 기름을 바르면 나을 수 있다는 것도 알았습니다.

그러나 한편으로 나는, 이따금 악한 영이 사람의 생각을 사로잡을 수 있다는 것을 알았습니다. 이런 경우, 그 악한 영을 쫓아야만 하는데, 이는 그에게 사역하는 사람이 매 순간 인도하시는 성령께 의지해야만 한다는 것을 뜻합니다.

그리하여 이 두 자매와 그들의 친구는 그 날 오후 우리 집에 왔고, 우리는 그들을 모두 안으로 들였습니다. 그 숙녀는 정신 이상자인 자기 언니에게 말했습니다. "이 분들은 해긴 목사님과 사모님이야. 이 분들이 내가 말한 사역자분들이셔."

그 여성이 "이 분들이 내가 말한 사역자분들이셔."라고 말하자마자, 정신 이상자 자매는 성경 말씀을 인용하기 시작했습니다. 말씀의 모든 구절이 이 정신 이상자 자매의 입에서 수도꼭지에서 나오는 물처럼 흘러 나왔습니다!

정말, 나는 뭘 해야 할지 몰랐습니다. 그런 사람들 사이에서는 어떻게 했어야 할까요? 그리고 나서 나는 입을 열고 잘못된 것을 말해 버렸습니다. (누구든지 입을 열어 잘못된 말을 한 적이 없는 사람이 있다면 내게 먼저 돌을 던지도록 하겠습니다.)

나는 말했습니다. "누구든지 이렇게 성경 말씀을 아는 사람이라면 정말로 하나님을 아는 것이 틀림없습니다."

그 즉시 자매는 손을 뻗어 자기 머리카락을 잡아당기기 시작했고, 눈을 불 같이 번쩍거리며 이렇게 소리쳤습니다. "오, 아니야, 아니야,

아니에요! 나는 하나님을 알 수 없어요. 아니야, 아니야, 나는 하나님을 알 수 없어. 나는 용서받을 수 없는 죄를 지었어요!"

동생은 정신 이상자 언니의 어깨를 잡고 흔들다가 결국은 그녀의 뺨을 때렸습니다. 후에 이 여성이 우리와 나누기를, "저는 그렇게 하는 걸 너무 싫어하지만, 의사 선생님이 언니의 발작을 멈추려면 이렇게 하라고 말해 주었어요."

정신 이상자 자매가 진정하고 난 후, 우리는 그녀를 거실의 의자에 앉힐 수 있었습니다. 그녀는 눈도 깜빡이지 않고 정면을 응시하면서, 아무런 움직임 없이 거기에 동상같이 앉아 있었습니다.

나는 우리에게 도움이 필요하다는 것을 깨닫고, 정신 이상자 자매의 동생에게 말했습니다. "여기 계십시오. 제 아내와 저는 실비아 자매를 데려 오겠습니다."

실비아 자매는 우리 교회의 작은 빨간 머리 여성으로서 하늘의 일이나 땅의 일이나 동일하게 기도할 수 있는 자매였습니다. 내 말이 무슨 말인지 아시겠습니까? 그녀는 진정으로 하나님과 연결되어 상황을 변화시키는 방법을 알고 있었습니다! 그렇게 할 수 있는 사람은 많지 않았고, 그녀가 그 중 한 명이었습니다. (나는 다른 사람들도 이렇게 하나님께 기도하는 법을 배울 수 있기를 바랍니다!)

그래서 내 아내와 나는 실비아 자매의 집으로 갔고, 나는 오레사에게 말했습니다. "당신이 가서 실비아 자매에게 그녀가 왜 필요한지 말해요. 나는 여기 차 안에서 기다릴 테니까."

기다리는 동안, 나는 신약을 조금 읽었습니다. 그리고 기도했습니다.

"주님, 나는 오직 당신께 의지해야만 합니다."

어쨌든 그것이 우리가 할 수 있는 전부였습니다! 우리는 그분께 의지해야만 했습니다. 왜냐하면 우리 스스로는 아무 것도 할 수 없기 때문이었습니다. 하나님께 감사하게도, 우리 안에 사시는 성령께서 다가올 일을 위해 우리를 준비시키십니다. 이렇게 하는 방법들 중에 하나가 바로 우리가 방언으로 할 때입니다!

그래서 나는 주님께 말했습니다. "저는 이 여성이 치유가 필요하다는 것을 압니다. 저는 그녀에게 기름을 바르고, 안수하여 당신이 그녀를 고쳐주실 것을 바랄 수도 있습니다. 그러나 여기에 악한 영이 관련되어 있다면, 내가 그것을 다루는 데 당신께서 도와주셔야만 합니다. 당신께서 보여주지 않으시면 저는 무엇을 해야 할지 알 수가 없습니다."

나의 아내가 실비아 자매와 함께 차로 왔고, 우리 셋은 사택으로 돌아갔습니다. 정신 이상자 자매는 여전히 거실 중앙의 수직의자에 앉아 있었습니다. 그녀는 내 아내와 내가 떠난 이후로 1센티미터도 움직이지 않았습니다. 그녀는 그 자리에 동상처럼 앉아서 앞을 보고 있었습니다.

내 아내와 실비아 자매와 정신 이상자 자매의 동생과 그들을 데려온 친구는 모두 무릎을 꿇은 채 방을 가로질러 서쪽으로 갔습니다. 나는 방의 동쪽 구석에서 무릎을 꿇었고, 우리는 전부 기도하기 시작했습니다. 얼마나 오래 기도했는지 정확히는 모르겠지만, 우리는 꽤 오랫동안 기도했습니다.

그리고 나서 하나님의 영이 내게 말씀하셨습니다. "저 여자 앞으로 가서 이렇게 말해라. '너 더러운 영아. 예수 이름으로 나와라!'"

나는 전에 평생 그런 것은 해 본 적이 없었습니다. 긴 이야기를 짧게 하자면, 나는 주님께서 시키신 일에 대해 그분과 잠시 논쟁을 벌였지만, 결국 순종했습니다. 나는 정신 이상자 자매에게 가서, 앞에 서서 말했습니다. "너 더러운 영아, 예수 이름으로 나와라!"

당신은 이렇게 물을 것입니다. "당신이 그렇게 하자 무슨 일이 일어 났습니까?" 어떤 일도 일어나지 않은 것 같았습니다. 그 여성은 전처 럼 정신 이상자처럼 보였고, 그렇게 행동했습니다!

그러나 나는 이것을 잘 알고 있었습니다. 내가 그 말을 했을 때, 기름부음이 내게 임했습니다. 나는 내가 기름부음 아래에서 믿음의 말을 한다는 것을 알았습니다.

그래서 정신 이상자 자매의 동생은 언니를 감싸서 집으로 데리고 갔습니다. 그 때가 토요일 오후였습니다. 월요일 오후에, 정신 이상자 자매와 그 동생을 데리고 왔던 숙녀가 우리 집에 와서 매우 심란해하며 말했습니다. "해긴 형제님, 사모님, 기도해요, 기도해요, 기도하세요!"

내가 물었습니다. "뭘 위해서요?"

"그 정신 이상 자매가 처음 정신을 잃었을 때와 같은 공격을 또 받고 있어요!"

나는 입을 열고 다른 말을 하려고 했지만 너무나 놀랍게도, 내 입에서 나온 말은 이것이었습니다. "그래서요? 당신은 성경에서 예수님이 어린 소년에게서 악한 영을 떠나게 하는 것을 읽지 못했습니까? 성경에 이르기를 그 영은 떠나기 전에 소년을 넘어뜨리고 경련을 일으켰습니다."(막 9:17-29)

그리고 나는 선포했습니다. "그것이 그녀가 받는 마지막 공격이 될 것입니다! 아시다시피, 저는 토요일 오후에 악한 영이 떠날 것을 믿음으로 명했습니다. 그러면 그것은 복종해야만 합니다!"

그리고 정확히 그 일이 일어났습니다! 그 정신 이상자 자매는 그 날 완벽하게 해방되었습니다. 의사들은 모든 검사를 시행한 후 그녀가 나았음을 선언했고, 그녀는 영원히 집으로 돌아갔습니다!

19년이 지난 후, 내 아내와 나는 전에 정신 이상이었던 자매의 동생이 살던 도시에서 설교하고 있던 중에, 그녀와 함께 점심 식사를 했습니다. 우리는 그녀의 언니가 지난 19년 동안 어떻게 지냈는지 물었습니다. 그 여자가 말했습니다. "오, 언니는 좋아요! 언니의 정신은 완벽하게 정상으로 19년 동안 계속 유지되어 왔어요. 언니는 회사에 다니면서 교회에서 주일 학교의 한 반을 맡아 가르쳐요. 언니는 항상 하나님을 향해 불타고 있어요!"

이 이야기에서 제가 말하고 싶은 요점은 이것입니다. **성령님은 내가 평소보다 더 방언으로 기도하도록 촉진함으로써 이 정신 이상 여성과의 만남을 준비시키셨습니다.** 나는 그 당시 무슨 일이 일어나는지 정말 몰랐습니다. 그러나 이제 되돌아보며 나는 그분이 앞으로 올 일을 위해 나를 준비시키셨다는 것을 알 수 있습니다. 나는 몰랐지만, 성령님은 다가오는 일을 아셨습니다. 그분은 내가, 그분이 방언 기도를 통해 제공하시는 영적인 세움의 신성한 수단으로 구비되어야 할 필요가 있음을 아셨습니다.

앞서 말한 바와 같이, 하나님과 동행하는 가운데 나에게 일어났던 가장 위대한 일들 – 가장 위대한 치유 기적들, 재정적 돌파들, 축사들은 모두 내가 방언으로 긴 시간 동안 기도한 후에 나타났습니다.

성령으로 기도하는 특권으로 인해 하나님께 감사드립니다! 우리의 가장 거룩한 믿음 위에 우리 자신을 세우는 이 초자연적인 수단으로 인해 하나님께 감사드립니다! 그렇습니다, 우리는 성경을 읽음으로 세워질 수 있습니다. 그렇습니다, 우리는 다른 종류의 기도를 통해서도 크게 도움을 받을 수 있습니다. 그러나 이것이 하나님께서 우리의 영을 세우고 건축하시는 주된 방법이며, 다른 어떤 것도 이것을 대신할 수 없습니다!

## 속사람에 능력 받기

우리는 방언 기도를 통한 영적인 세움이 필요합니다. 또한 사도 바울은 믿는 자들이 그들의 속사람 가운데 강건하게 하는 강력한 능력을 받아 삶에서 성공하도록, 우리에게 에베소서 3장에서 성령의 기도를 주었습니다.

이러므로 내가 하늘과 땅에 있는 각 족속에게 이름을 주신 아버지 앞에 무릎을 꿇고 비노니 그의 영광의 풍성함을 따라 **그의 성령으로 말미암아 너희 속사람을 능력으로 강건하게 하시오며**   엡 3:14-16

나는 바울이 여기에서 성령충만한 신자들에게 쓰고 있다는 사실에 주목하고 싶습니다. 기억하십시오, 우리는 이미 사도행전 19장에서 바울이 에베소의 신자들에게 "너희가 믿을 때에 성령을 받았느냐?"(2절)라고 묻는 것을 읽었습니다. 6절은 계속 말합니다. "바울이 그들에게 안수하매 성령이 그들에게 임하시므로 방언도 하고 예언도 하니"

그러므로 이들 에베소 교회의 신자들은 거듭나서 죄사함을 받았을 뿐만 아니라, 성령세례도 받았습니다. 그럼에도 불구하고, 바울은 에베소서 3:16에서 **하나님의 영으로 말미암아** 그들의 속사람이 능력으로 강건하게 되도록 기도했습니다.

단지 당신이 거듭나고 성령세례를 받았다는 것이, 신앙생활에서 "다 이루었다"라거나, 더 이상 필요한 것이 없다는 뜻이 아닙니다! 당신의 속사람, 즉 거듭난 영은 여전히 하나님의 영으로 말미암아 능력을 받아야 합니다. 그리고 그렇게 하는 주된 방법 중 하나가 방언으로 기도하는 것입니다.

당신이 말씀을 알고 그것을 인용하여 하나님의 약속대로 고백해야 하는 것은 사실입니다. 이 모든 것들은 중요합니다. 그러나 당신은 또한 **하나님의 영으로 말미암아** 당신의 속사람에 능력을 불어넣어야 합니다. 원수는 당신의 믿음과 당신의 삶에 대한 공격 개시를 결코 멈추지 않을 것이므로, 당신은 당신의 영의 사람을 강건하게 해야 합니다.

하나님께 감사하게도, 당신의 속사람이 성령의 능력으로 강건해지면, 당신의 원수는 물러갈 수밖에 없습니다! 요한일서 4:4는 "너희 안에 계신 이가 세상에 있는 자보다 크심이라"라고 말합니다. 그러나 당신은 어떻게 당신의 강력한 내적 능력을 이용하고 영적으로 세워질 수 있을까요? 방언으로 많이 기도하면 됩니다!

# 12

# 하나님의 온전하신 뜻대로 기도하기

(PRAYING IN LINE WITH GOD'S PERFECT WILL)

방언이 믿는 자에게 그렇게나 가치 있는 이유를 더 이야기해 보겠습니다. **방언 기도는 하나님의 온전하신 뜻대로 기도하는 것입니다.** 성령님은 하나님의 뜻이 무엇인지 알 뿐만 아니라, 우리를 말씀에서 벗어나서 인도하지 않으십니다. 이는 우리가 성령께 우리의 기도를 돕도록 성경께 내어드리고 허락하면, 그분은 언제나 하나님의 말씀을 따라 우리를 인도하실 것입니다.

바울은 성령께서 우리가 삶에서 하나님의 온전하신 뜻을 기도하도록 돕는 이런 특별한 역할에 대해 말하고 있습니다.

이와 같이 성령도 **우리의 연약함을 도우시나니** 우리는 마땅히 기도할 바를 알지 못하나 오직 성령이 말할 수 없는 탄식으로 우리를 위하여

> 친히 간구하시느니라 마음을 살피시는 이가 성령의 생각을 아시나니
> 이는 성령이 **하나님의 뜻대로** 성도를 위하여 간구하심이니라
>
> 롬 8:26-27

26절의 "우리의 연약함을 도우시나니"라는 구절에 주목하십시오. 사람들은 자주 이 "연약함infirmity"이라는 단어가 언제나 육체적 질병이나 질환만을 뜻한다고 오해합니다. 그러나 이 경우에 "연약함"이라는 단어는 우리의 **부족함**shortcoming과 관련하여 사용되었습니다. 그리고 우리의 연약함 중의 하나가 이어서 나옵니다. "우리는 마땅히 기도할 바를 알지 못하나" 우리가 하는 기도의 "약점"은 우리가 마땅히 기도해야 할 바를 항상 아는 것은 아니라는 것입니다!

때때로 누군가의 말을 이해하기 위해서는, 당신은 우선 그가 **말하지 않은** 것을 파악해야 합니다. 보십시오, 바울은 우리가 기도할 **방법**을 알지 못한다고 말하지 않았습니다. 우리는 기도하는 방법을 알고 있습니다. 어떻게 압니까? 예수께서 직접 우리에게 가르치셨기 때문에, 우리는 예수의 이름으로 아버지께 기도해야 한다는 것을 압니다.

> 그 날에는 너희가 아무 것도 내게 묻지 아니하리라 내가 진실로 진실로 너희에게 이르노니 너희가 무엇이든지 아버지께 구하는 것을 내 이름으로 주시리라
>
> 요 16:23

그러나 단지 우리가 기도하는 방법을 아는 것이 우리가 마땅히 기도

해야 할 내용을 안다는 뜻은 아닙니다. 비록 때때로 우리가 기도하는 방법을 어느 정도까지는 안다고 하더라도, 우리는 **마땅히 기도해야 할 바**대로 기도하는 법을 알지는 못합니다.

왜 그렇습니까? 우리에게는 주어진 상황에 대해 모든 것을 알 방법이 전혀 없기 때문입니다. 우리는 오직 자연적인 관점에서만 상황을 볼 수 있습니다. 심지어 우리가 중보하는 대상자들조차 자신의 필요를 위해 어떻게 기도해야 할지 정확히 알지 못합니다!

심지어 당신은 당신이 마땅히 알아야 할, 당신 자신을 위한 기도 방법도 모릅니다. 물론, 배고플 때 먹을 것을 달라고 기도해야 한다는 것 정도는 알겠지요. 집세가 연체되고 있다면, 재정을 위해 기도해야 한다는 것도 알 것입니다. 그러나 당신은 미래를 알지 못합니다. 때때로 당신은 당신의 문제를 야기하는 숨은 사정들을 알지 못합니다. 그리고 하나님께서 보여주지 않으시면, 당신은 영적인 세계를 들여다보지 못하며, 당신을 방해하려고 하는 귀신의 역사를 보지 못합니다.

> 우리의 씨름은 혈과 육을 상대하는 것이 아니요 통치자들과 권세들과 이 어둠의 세상 주관자들과 하늘에 있는 악의 영들을 상대함이라
>
> 엡 6:12

보이지 않는 배후에는 우리를 대항하려는 악한 세력이 있습니다. 그러므로 효과적인 기도가 되기 위해서 우리는 기도 가운데 이들 보이지 않는 세력들을 다루어야만 합니다.

이것이 우리가 마땅히 알아야 할 바대로 무엇을 기도해야 할지 알지 못하는 이유입니다. 예를 들어, 우리는 동료 그리스도인이 겪고 있는 시련에 대해서 뭔가를 알고, 하나님께서 그 사람을 축복하시고 도우시도록 기도할 수 있습니다. 그러나 그 이상은, 그 일에 대해 하나님의 온전하신 뜻대로 어떻게 기도해야 할지 실제로 정확하게 알 수 없을 것입니다. 그러나 하나님께 감사하게도, 성령님은 아십니다!

내 삶에서 실제 예를 들어 보겠습니다. 나는 쿠바 미사일 위기[3] 때 남 캘리포니아에서 집회를 열고 있었습니다. 그 때는 내 아들 켄이 막 군에 입대한 때이기도 했습니다.

내 아내와 나는 그 위기 동안, 우리 아들과 나라 모두를 몹시 염려하였습니다. 나는 내가 집회를 열던 남 캘리포니아의 교회 강단에 무릎을 꿇고 이렇게 기도했던 것을 기억합니다. "주님, 저는 쿠바 위기에 대해 염려가 됩니다. 우리는 전쟁을 하게 될까요? 성령님, 나는 이 문제에 대해 어떻게 기도해야 할지 모르겠으니, 저를 도와주세요." 그리고 나는 방언으로 기도하기 시작했습니다.

하나님의 영이 나의 심령에 말씀하시는 데는 오래 걸리지 않았습니다. "걱정하지 말라. 이 위기는 하루 이틀 안에 끝날 것이다. 다 괜찮아질 것이다." 그리고 그대로 무사하게 해결되었습니다. 하나님을 찬양합니다!

---

[3] 쿠바 미사일 위기 the Cuban Missle Crisis : 1962년 10월 22일~11월 2일 11일 동안, 소련이 핵미사일을 쿠바에 배치하려 하자 미국과 소련이 대치하여 핵전쟁 발발 직전까지 갔던 냉전 시대의 국제적 위기.(역자 주)

그러므로 우리 자신을 하나님의 영에 예민하도록 훈련합시다! 그러면 우리가 모르는 문제들이 나타날 때, 우리는 무릎을 꿇고 성령님께 이야기할 수 있습니다. 우리는 이렇게 말할 수 있습니다. "성령님, 저는 이 상황에 대해 기도해야 할 바를 알지 못하지만, 당신은 아십니다. 그러니 제가 기도하는 것을 도와주세요." 그러면 그분께서 신실하게 당신을 도우실 것입니다!

### 성령님은 우리의 기도를 대신 해주시지 않습니다

로마서 8:26-27로 다시 가서, 우리가 아무 것도 모르는 것에 대해 어떻게 기도하는지 좀 더 살펴봅시다.

… 오직 성령이 말할 수 없는 탄식으로 우리를 위하여 친히 간구하시느니라 마음을 살피시는 이가 성령의 생각을 아시나니 이는 성령이 하나님의 뜻대로 성도를 위하여 간구하심이니라      롬 8:26-27

내가 처음 사역을 하던 시기에, P.C. 넬슨(우리 젊은 사역자들은 그분을 "아버지 넬슨"이라고 불렀습니다)이라는 분은 미국 최고의 그리스어 권위자로 여겨졌습니다. 나는 아버지 넬슨의 성경 학교에 가지는 않았지만, 그분의 설교를 여러 번 들었고, 그분이 낸 책을 거의 다 모았습니다. 그분은 12년의 고등 교육을 받았고, 나는 그분이 32개의 언어를 말하고 쓸 줄 안다고 말하는 것도 들은 적이 있습니다. (이 말은 나보다 31개나 더 많은 언어를 안다는 말입니다!)

이 구절을 언급하면서, 아버지 넬슨은 이렇게 말했습니다. "사실, 그리스어 원어는 '성령이 **인간의 말로는 말할 수 없는** 탄식으로 우리를 위하여 간구하시느니라' 라고 말합니다." 그분은 이어서 "인간의 말 articulate speech"이란 우리의 일상어를 가리킨다고 설명했습니다.

아버지 넬슨은 계속해서 "탄식groanings"은 또한 방언 기도를 포함한다고 지적했습니다. 바울은 "인간의 말로는 말할 수 없는" 말 또는 탄식으로 기도하는 것에 대해 말하고 있습니다. 아버지 넬슨은 성령께서 우리를 제쳐두고 탄식을 하는 것이 아니라고 강조했습니다. 오히려, 성령은 우리가 탄식하며 기도하는 것을 도와주십니다.

고린도전서 14:14의 확대번역본은 방언 기도에서 성령님과 우리의 관계를 더 명확하게 보여줍니다. "내가 만일 [모르는] 방언으로 기도하면 나의 영이 [내 안의 성령에 의해] 기도하거니와…" 다시 말합니다. 당신이 방언으로 기도할 때, 당신 안의 성령에 의해 당신의 영이 기도하는 것입니다. 당신 안의 성령님은 당신에게 말을 주시고, 당신은 당신의 영에서부터 그것을 소리 내어 말하는 것입니다. 그분이 말을 주시면, 당신은 말합니다.

그리하여, 성령님은 이런 식으로 우리가 하나님의 온전하신 뜻대로 기도하도록, 그리고 하나님의 온전하신 뜻을 기도하도록 도와주십니다. 이것이 바로 우리가 기도해야 할 것을 기도하는 방법입니다!

> 마음을 살피시는 이가 성령의 생각을 아시나니 이는 성령이 **하나님의 뜻대로** 성도를 위하여 간구하심이니라  롬 8:27

성령으로 탄식하며 기도하는 것은 또한 **성령께서 당신을 제쳐두고 혼자 하시는 일이 아닙니다.** 그 탄식은 성령에 의해 촉진되어 당신 안의 깊은 곳에서부터 나오는 것입니다. 그러나 **당신은** 입을 열어 기도함으로써 그것들이 당신의 입술에서 나가도록 허락해야 합니다.

수년 전에 우리가 레마 성령 훈련소 초창기에 열었던 세미나 기간 동안, 예배가 끝나고 내가 강단에서 내려오는데, 한 여성이 와서 말했습니다. 그녀는 전통 교단 소속인데 최근에 막 성령충만을 받은 사람이었습니다. 그녀가 말했습니다. "저, 해긴 형제님, 저는 로마서 8:26과 27에서 성령께서 나를 위해 기도하신다고 말한 것을 발견한 후로, 더 이상 기도를 많이 하지 않습니다."

이 여성처럼, 어떤 사람들은 이렇게 따로 분리된 본문 위에 교리를 세워서, 그 구절로 하여금 본래 말하는 바가 아닌 것을 말하게 하려고 합니다. 그들은 말합니다. "봐, 성령께서 나를 위해 기도하신다면, 그분이 어떻게 해야 할지 다 아시겠네. 그러니까 우리는 기도할 필요가 없어."

그러나 당신은 이 말이 비성경적이라는 것을 즉시 알 수 있습니다. 왜냐하면 성경은 계속해서 우리에게 기도하라고 권면하고 있기 때문입니다. 그리고 로마서 8:26은 성령께서 우리 대신 기도해 주신다고 말하고 있지 않습니다. 그분은 우리가 하나님의 온전하신 뜻대로 탄식을 내며 기도하도록 도와주십니다.

**이와 같이 성령도 우리의 연약함을 도우시나니** 우리는 마땅히 기도할 바를 알지 못하나 오직 성령이 말할 수 없는 탄식으로 우리를 위하여 친히 간구하시느니라                                   롬 8:26

바울은 성령께서 우리가 기도하도록 도우신다고 말하면서 시작합니다. 그리고 바울은 성령께서 우리를 돕는 한 방법을 보여 줍니다. 바로 '탄식으로' 입니다!

하나님의 영은 우리에게 기도하라고 주의를 주시지만, 우리가 그에 반응해야만 합니다. 그분은 어떤 것도 당신이 억지로 하도록 만들지 않으십니다. 그분은 당신 대신 기도하지 않으시며, 억지로 당신을 기도시키지도 않으십니다. 그렇다면 당신의 기도 생활에 대한 책임을 그분이 지게 될 것입니다. 그러나 그분은 책임이 없으십니다. 책임은 당신에게 있습니다. 그분은 당신의 중보자이자 기도를 돕는 자로 당신 안에 살도록 보냄 받으셨습니다. 이제 그분과 동역하여 기도하는 것은 당신에게 달렸습니다!

## 기도해야 할 것 같은 부담에 반응하기

우리의 기도를 돕는 신성한 조력자로서의 성령님을 설명하는 한 간증이 떠오릅니다. 그것은 성령충만을 받고 오순절파로 온 전통 교단 사역자가 말했던 것입니다. 우리는 둘 다 여러 다양한 순복음 실업가

총회에 연사로 초청되었습니다.

어느 날 그 사역자가 내게 말했습니다. "해긴 형제님, 당신이 방언에 대해 가르치는 동안 전에 몰랐던 것을 깨달았습니다. 내 아내와 나는 이 성령충만한 삶에 있어서는 아직 상대적으로 초보이지요. 그런데 우리 둘 다 성령충만 받고 방언 한 직후, 세 아이의 엄마인 우리 교회의 어떤 젊은 자매가 심장 수술을 받아야 했어요."

그 당시 그런 심각한 수술은 오늘날처럼 항상 성공하는 것이 아니었습니다. 그래서 수술이 진행되는 동안, 어떤 이유로 이 젊은 여성의 심장이 멈췄습니다. 의사들은 결국 그녀의 심장이 다시 뛰게 했지만, 그녀는 의식불명 상태로 남았습니다.

그 사역자가 말했습니다. "마침내, 의사들은 우리에게 그 여성의 뇌에 너무 오래 산소가 공급되지 않았다고 말했습니다. 그들은 그녀가 의식을 되찾더라도 식물인간과 다름없고 지적 능력이 전혀 없을 것이므로, 죽게 두는 것이 나을 것이라고 했습니다."

그 날 밤, 이 사역자는 탄식하는 소리에 깨어났습니다. 그는 반대쪽으로 손을 뻗어 그의 아내가 거기 없다는 것을 알았습니다. 마침내, 그는 그것은 그녀가 거실에서 탄식하는 소리임을 알았습니다.

처음에 그 사역자는 아내가 아프다고 생각했습니다. 그래서 그는 침대에서 나가 거실로 갔습니다. "여보, 무슨 일이야? 아파?" 그가 물었습니다.

"오, 아니에요," 그녀가 말했습니다. "단지 그 젊은 엄마와 세 아이를 위해서 기도해야 한다는 중압감과 부담 같은 게 있어요. 그녀는 죽기엔 너무 젊어요! 그 아이들은 엄마가 필요해요."

그 사역자는 계속 말했습니다. "제 아내가 할 수 있는 건 방언으로 탄식하고 기도하는 것뿐이었지요. 저는 이해가 안 됐습니다. 누구도 그런 식으로 기도하는 것을 보지 못했거든요. 저는 성령충만 받고 방언을 했지만, 아내가 그 날 밤 기도 중에 경험하는 것은 또 다른 것이었습니다. 성령충만 받았을 때, 제 안에는 기쁨과 즐거움이 있었지요. 그러나 그 날 밤 제 아내는 기도해야 한다는 중압감과 강한 부담을 영 가운데 너무나 많이 느껴서, 깊이 탄식하며 기도했습니다. 그래서 저는 이렇게 결심했습니다. '뭐가 어떻게 되는지 모르겠으니, 아내를 내 버려 둬야겠어.'"

"해긴 형제님, 저는 오늘 당신이 모임에서 가르치신 것을 듣기 전까지, 그 날 밤 아내에게 무슨 일이 생겼는지 정말 이해가 안 됐습니다." 그 사역자가 말했습니다. "하지만 제 아내는 약 한 시간 반 동안 그런 식으로 계속 기도했습니다. 마침내, 아내는 일어나서 침대로 갔어요. 아내는 제게 이렇게 말했지요. '이제 부담이 사라졌어요. 짐이 덜어졌어요.' 그리고 우리가 다음 날 아침 그 자매를 찾아갔을 때, 그녀는 완전히 나아서 웃으면서 침대에 앉아 있었어요! 이제 몇 년이 지났는데, 그 자매는 아직도 건강하고 가족과 교회에 잘 다닌답니다."

보다시피, 성령님은 그 날 밤 이 사역자의 아내가 효과적으로 기도하도록 도우셨습니다. 그녀는 무엇을 위해 기도해야 할지는 알았지만, 기도해야 할 방법은 몰랐습니다. 그러나 성령님께서 그녀가 해야 할 일을 할 수 있도록 도와주러 오셨습니다.

그녀는 방언으로 탄식하고 말함으로 그 상황에 대한 하나님의 온전하신 뜻을 기도했습니다.

성령님은 우리의 중보자이십니다. 그분은 우리의 모든 삶의 영역에서 우리를 돕는 것과 마찬가지로, 우리의 기도를 도우십니다.

## 성령님은 우리를 돕는 분이십니다

예수님은 당신을 돕는 성령님을 보내주겠다고 약속하셨습니다. "돕는 자"는 당신이 어떤 일을 할 수 있도록 도와주는 사람입니다.

> 내가 아버지께 구하겠으니 **그가 또 다른 보혜사를 너희에게 주사** 영원토록 너희와 함께 있게 하리니      요 14:16

"보혜사comforter"라는 단어는 그리스어로 "파라클레트paraclete"를 말합니다. 확대번역본은 "파라클레트"라는 단어의 일곱 가지 뜻을 주는데, 이는 우리 삶에서 성령님의 역할을 정의하는 것입니다. "파라클레트"라는 단어는 그분이 우리의 **위로자, 상담자, 돕는 자, 중보자, 변호자, 능력 주는 자, 비상대기자**로 보내지셨음을 뜻합니다. 성령님은 이 모든 것이 되시며, 우리 안에 살고 계십니다!

성령님은 기도의 분야에서 **파라클레트** 또는 돕는 자로 보냄 받으셨습니다. 이는 우리가 방언으로 기도할 때, 승리에 이르기까지 기도하도록 **우리를** 도우실 것이라는 뜻입니다. 그분은 우리 **대신** 그 일을 하시는 것이 아니라, 우리를 **통하여** 그 일을 하십니다.

성경 어디에서도 성령이 당신을 제쳐두고 당신 대신 어떤 일을 하러 오셨다고 하는 것은 찾을 수 없습니다. 당신이 말하는 것이 삶의 어떤 영역이든, 그분은 다만 당신이 그것을 하도록 **도우러** 오신 것입니다.

당신은 사도행전에서 성령님이 직접 길에서 누군가를 만나서 구원했다는 이야기를 결코 읽을 수 없습니다. 언제나, 사람이, 성령님의 도움을 받아서, 다른 사람을 구원하는 것입니다.

예를 들어, 사도행전 8장에서 천사가 빌립에게 가사로 내려가라고 말하는 것을 볼 수 있습니다. 빌립이 순종하자, 그는 수레를 타고 이사야서를 읽는 에디오피아 내시를 만나게 되었습니다. 그 남자를 구원받게 한 것은 성령님이나 천사가 아니라, 빌립이었습니다. 성령님은 빌립에게 수레에 가까이 가서 그에게 말을 걸라고 가르쳐 주셨습니다(사도행전 8:26-29를 보십시오). 빌립은 성령님의 인도와 도움을 받아 이 남자를 구원했습니다.

만약 성령님께서 사람을 직접 구원하신다면, 선교사를 선교지에 보낼 필요도 없을 것입니다. 우리는 단지 성령님을 보내서 그분이 구원받지 못한 사람들에게 사역하시고, 복음을 전하시고, 그들을 구원하시게 하면 될 것입니다. 그러나 예수님은 **하나님의 사람들에게** 온 세상에 나가서 모든 피조물에게 복음을 전하라고 하셨습니다(마 28:19). 그분은 성령님께 하라고 말씀하지 않으셨습니다!

또한 당신은 사도행전 어디에서도 성령님이 직접 길에서 누군가 만나서 치유하신 이야기를 볼 수 없습니다. 그러나 당신은 성령이 자신을 통해 일하시도록 허락한 성령충만한 신자들의 사역을 통해, 사람들이 낫는 이야기는 볼 수 있을 것입니다!

그리고 결정적으로, 당신은 성경에서 성령님이 어디론가 혼자 직접 가셔서 신자들에게 성령충만을 주었다는 이야기를 볼 수 없습니다. 그러나 당신은 성령으로 충만한 사람이 복음을 전하고 성령이 그들에게 임한 것은 볼 수 있을 것입니다. 또한 다른 사람들이 신자에게 안수하여 성령이 그들에게 충만하게 된 것도 볼 수 있을 것입니다.

하나님은 그분의 영적인 법칙에 따라 일하시며, 우리가 그 법칙을 이해할 때, 우리는 그분과 동역할 수 있습니다. 그것이 성경이 우리를 두고 그리스도와 함께 한 공동 상속자 또는 동역자라고 부르는 그 내용입니다(롬 8:17). 우리는 하나님과 **함께** 일하는 자들입니다(고후 6:1).

예수님은 우리에게 우리가 그분과 동역할 수 있는 한 방법을 알려주셨습니다. "제자들이 나가 두루 전파할새 주께서 함께 역사하사 그 따르는 표적으로 말씀을 확실히 증언하시니라"(막 16:20) 제자들은 복음을 전하고, 주님은 그들과 **함께** 역사하시며 따르는 표적으로 그들의 말을 확증하셨습니다.

우리는 하나님과 함께 일하는 자들이며, 그분은 우리와 함께 역사하십니다! 이것은 우리 삶의 모든 분야에서 진리이며, 특별히 기도 분야에서 가장 확실합니다!

## 우리와 함께 기도하심

『육체적 치유와 속죄』의 저자인 T.J. 맥크로산McCrossan 박사는 유명한 그리스어 학자이자 대학 교수였습니다. 그는 "이와 같이 성령도 우리의 연약함을 도우시나니"라는 구절에서 "돕다"라는 단어가 사실 세 가지 다른 그리스어 어원에서 나왔다고 지적합니다. 이들 어원은 첫째는 '함께 버티다to take hold together', 둘째는 '함께with', 세 번째는 '대항하여against' 입니다. 그러므로 이 구절은 어원적으로 이렇게 읽을 수 있습니다. "이와 같이 성령도 우리와 함께 대항하여 버티고 계시나니" 이는 성령께서 기도 가운데 우리가 삶에서 만나는 장애물과 방해물에 대항하여 함께 버티고 있다는 뜻입니다.

성경의 "돕다"라는 단어를 설명하기 위해 자연적인 예를 하나 들어 보겠습니다. 내가 교회 강단에 서 있는데, 예배 후에 피아노를 강단에서 예배당 바닥으로 옮기고 싶어 한다고 가정해 봅시다. 나는 회중에게 이렇게 말할 것입니다. "이 피아노를 바닥으로 옮기도록 도와주실 남자 분 여덟 분 정도 남아 주시면 좋겠습니다."

이 경우에 나는 "돕다"라는 말을 무슨 뜻으로 사용했습니까? 나는 "우리는 저 피아노의 무게에 대항하여 우리와 함께 버텨서 바닥으로 옮길 여덟 명의 남자 분이 필요합니다."라고 말한 것입니다.

이것이 26절에서 "돕다"라는 단어가 뜻하는 것입니다. 성령님은 기도 가운데 우리의 연약함 또는 우리의 부족함을 도우십니다. 그러므로 우리가 기도하지 않으면, 우리가 기도하기 시작함으로 우선 버티지 않으면, 성령님은 **우리와 함께 대항하여 버티고** 있을 수 없습니다. 왜냐하면 그분의 역할은 우리가 방해물을 옮기도록 돕는 것이기 때문입니다!

몇 년 전 레마 성경 훈련소 초창기에, 어느 날 밤 나는 학생들에게 특별 기도 모임을 하자고 요청했습니다. 우리는 병원에 위독한 상태에 있는 어떤 사람을 위해 기도하려던 참이었습니다. 나는 중환자실에 있는 그 사람을 막 만나고 나서 우리가 그를 위해 충분히 기도할 수 없다면, 그가 죽게 될 것임을 감지했습니다.

그리하여 그 날 밤 우리는 모두 이 사람을 위해 충분히 기도했습니다. 다음 날, 우리는 다른 반에도 우리가 두 번째 특별 기도 모임을 열 것임을 알렸고, 그 날 밤 많은 학생들 무리가 참석했습니다. 그리고 우리는 다음 날 밤 세 번째 기도 모임을 열었고, 수 백 명의 더 큰 무리가 참석했습니다.

셋째날 밤, 나는 그 전의 이틀 동안 그랬듯이 강단에 무릎을 꿇고 방언으로 기도하고 있었습니다. 그런데 방언으로 기도하면서, 나는 나의 내부를 향해 이렇게 말했습니다. "성령님, 당신은 이 일에 대해 나와 함께 버티고 계시지 않네요."

그러자 내 안에서, 성령님의 세미한 소리가 그 무엇보다 분명하게 이렇게 말하는 것이 들렸습니다. "그래. 나는 너와 함께 하지 않을 것이다."

내가 대답했습니다. "왜 이 사람을 위해 그의 질병과 죽음에 대항하여 함께 버텨 주시지 않나요?"

성령께서 말씀하셨습니다. "왜냐하면 그는 죽을 것이기 때문이다."

물론 나는 그 남자의 상황에 대해 자세히 알지 못했지만, 성령님은 다 아셨습니다. 아마도 이 남자는 이 시점에서는 어떻게 할 수 없는, 어떤 오래 전에 했던 일 때문에 영향을 받고 있었는지도 모릅니다. 그러나 상황이야 어찌되었든, 나는 사역 초기에 주님께 속한 감추어진 일들을 그대로 두는 것을 배웠습니다(신 29:29). 이 경우에는, 성령께서 그 문제에 대하여 나와 함께 해 주시지 않으셨기 때문에, 이는 곧 내가 그것에 대해 계속 기도할 아무런 충분한 이유가 없음을 의미했습니다!

나는 일어나서 말했습니다. "우리 모두 손을 들고 하나님을 찬양합시다." 나는 설명하지 않았습니다. 어차피 많은 사람들이 이해하지 못했을 것이고, 아마도 더 많은 혼란만 만들어냈을 것입니다. 그래서 우리는 집으로 돌아갔고, 다음 날 그 사람은 주님이 계신 본향으로 갔습니다.

그러나 성령께서 문제들에 대항하여 나와 함께 버텨주신 그 모든 날들로 인하여 하나님께 감사드립니다! 그분의 신성한 도움과 조력이 모든 변화를 가져왔습니다!

### 방언 기도는 이기적인 기도를 없애줍니다

그리스도인들이 자기가 이성으로 하는 기도를 분석해 본다면, 그들 기도의 대다수가 이기적인 기도임을 깨닫게 될 것입니다. 너무나 자주 그들의 기도는 항상 이렇게 기도하는 늙은 농부와 같습니다. "하나님, 나와 내 아내와 내 아들 존과 며느리, 우리 넷을 축복해 주세요. 그것 뿐이에요!"

그리스도인들이 정확히 그와 같은 단어를 사용하지 않지만, 그들의 기도의 핵심을 살펴보면, 자기가 "이성으로 하는 기도"가 저 늙은 농부의 기도와 같다는 것을 알게 될 것입니다. 다시 말해, 그들의 기도 시간의 대부분이 오직 자기 자신과 자기가 사랑하는 사람들에 관한 일을 기도하는데 드려지고 있다는 것입니다.

이 지점에서 우리는 하나님의 온전하신 뜻대로 방언으로 기도하는 것의 또 다른 유익과 가치를 보게 됩니다. 방언 기도는 성령께서 지도하시는 기도이기 때문에, **이는 우리의 기도에 이기심이 들어올 가능성을 제거합니다.**

당신이 생각으로 기도하면, 당신의 기도는 비성경적이거나 이기적이 될 가능성이 있습니다. 당신이 이것을 깨달았는지 모르겠지만, 실제로 당신이 자연적인 사고방식대로 기도함으로써 당신을 향한 하나님의 뜻과 최고의 계획이 아닌 것으로 변화시키는 일이 일어날 수도 있습니다.

성경은 하나님의 **선하시고 기뻐하시고 온전하신** 뜻이 있다고 말합니다.

> 너희는 이 세대를 본받지 말고 오직 마음을 새롭게 함으로 변화를 받아 하나님의 **선하시고**good **기뻐하시고**acceptable **온전하신**perfect 뜻이 무엇인지 분별하도록 하라
> 롬 12:2

만약 당신이 당신의 육신적인 생각으로 이기적으로 기도하기를 고집한다면, 당신은 하나님의 온전하신 뜻이 아니라, 하나님의 기뻐하시는 뜻만을 구하고 있는 당신 자신을 발견할 것입니다. 반면, 우리는 당신이 영으로 기도할 때, 하나님의 온전하신 뜻을 기도한다는 것을 알고 있습니다.

만약 하나님의 사람들이 그것이 그들을 위한 하나님의 최고나 온전하신 뜻이 아님에도 불구하고, 어떤 특정한 방식의 응답만을 기도하고 구한다면, 하나님께서는 때때로 그것을 허락하십니다. 많은 사람들이 이 말을 의심하므로, 성경을 통해서 그것을 증명해 보겠습니다. 그들은 주장합니다. "하지만 하나님께서 들어주셨다면, 그건 하나님의 온전하신 뜻인 것이 확실합니다."

하나님께서는 때때로 그분의 온전하신 뜻이 아닌 기도에도 응답하신다는 것을 보여주기 위해 성경의 한 예를 들어 보겠습니다. 그것은 사무엘상 8장에 있습니다.

하나님께서는 이스라엘 민족이 주변의 다른 모든 나라들처럼 왕을 갖는 것을 원치 않으셨습니다. 하나님께서는 자신이 스스로 그들의 왕이 되기 원하셨지만, 이스라엘 백성은 다른 나라들처럼 되기 원하여, 계속 왕을 달라고 졸랐습니다. 결국, 하나님께서 말씀하셨습니다. "좋다, 그렇게 해라. 나는 너희가 왕을 갖도록 허락하노라." 그러나 이스라엘 민족은 이 때부터, 하나님께서 할 수 있는 한 그들을 축복하고 도우셨음에도 불구하고 결코 다시는 하나님의 온전하신 뜻 가운데 있지 못했습니다.

이것이 많은 사람들이 놓치는 부분입니다. 하나님께서는 여러 번 그들을 다루시고 그들 삶을 향한 하나님의 뜻이 무엇인지 말씀하십니다. 그러나 그들은 자신이 원하는 것에 대해 자신의 자연적인 이해 수준에서 계속 기도하고 하나님께 조릅니다. 결국, 하나님께서는 "좋다, 네가 그렇게 하기를 원한다면, 그렇게 해라."라고 말씀하십니다.

그러나 나라면 하나님의 허락하신permissive 뜻 가운데 보다는 온전하신perfect 뜻 가운데 있겠습니다. 당신도 그렇지 않습니까? 그것이 당연히 훨씬 낫습니다!

나는 이스라엘 백성이 하나님의 온전하신 뜻이 아닌 것을 구한 것과 같이, 동일한 실수를 저지른 한 가엾은 젊은 여인을 기억합니다. 그녀는 그 실수로 인해 엄청난 고통을 받았습니다. 이 젊은 여인은 내가 텍사스에서 목회할 때 우리 교인 중 한 명이었습니다. 그녀는 젊은이들에게 하나님에 대해 증거하는 놀라운 능력을 가진 빼어난 가수였습니다.

그러나 이 젊은 여인은 구원받지 않은 청년과 사귀었습니다. 그는 가끔 교회에 가면서 그리스도인이라고 주장했지만, 그는 절대 그리스도인이 아닌 것이 분명했습니다. 그녀는 그것이 하나님의 뜻이 아님을 계속 알고 있었음에도 불구하고, 결국 이 젊은이와 약혼했습니다.

어느 날 밤, 우리 모두 강단 주위에서 기도하고 있을 때, 이 젊은 여인은 강단에 나와서 그 문제에 대해 기도했습니다. 하나님께서는 그녀에게 그 남자와 결혼하지 말라고 분명하게 말씀하셨습니다. 그러자 그녀는 일어나서 모든 자매들과 포옹하고 형제들과 악수했습니다. "드디어 해결됐어요." 그녀가 선언했습니다. "저는 그와 끝낼 거에요!"

이 젊은 여인은 그 청년과 헤어졌습니다. 그러나 시간이 지나고 그녀는 그에게 돌아갔고, 그와 결혼해 버렸습니다! 당신은 이렇게 물을지 모릅니다. "그녀가 **왜** 그렇게 했을까요?" 그녀는 주님께서 마침내 "네가 원한다면 그와 결혼해라."라고 말씀하실 때까지 계속 기도했기 때문입니다.

만약 당신이 이스라엘 백성과 이 젊은 여인이 그랬듯이 하나님을 계속 물고 늘어진다면, 그것이 당신의 삶을 향한 하나님의 온전하신 뜻이 아닐지라도, 그분은 결국 당신이 원하는 대로 허락하실 것입니다. 그분의 지시가 성경에 있든, 성령께서 당신의 심령에 직접 말씀하셨든, 하나님께서 당신에게 무언가를 말씀하셨다면 당신은 더 이상 그것에 대해 기도할 필요가 없습니다. 당신은 그것을 그대로 **하면 됩니다**!

하나님께서 그 젊은 여인에게 그 남자와 결혼하지 말라고 확실히 말씀하셨으므로, 그녀는 그것에 대해 더 이상 기도해서는 안 되는 것입니다. 그녀는 그저 하나님께 순종했어야만 합니다. 그러나 그녀는 하나님께서 마침내 "네가 원한다면 그와 결혼해라."라고 말씀하실 때까지, 계속 기도하고 기도하고 또 기도했습니다.

주님께서 그녀에게 "네가 그와 결혼하는 것은 나의 뜻이다."라거나 "그와 결혼해라, 나는 괜찮다!"라고 하지 **않았다**는 것을 명심하십시오!

결국 그 젊은 여인은 그와 결혼했고, 이내 동네에서 가장 불쌍한 사람이 되었습니다! 우리 모두는 몇 달 동안 그녀를 보지 못했습니다. 그녀는 그 동네에 살고 있음에도 불구하고 교회에도 오지 않았습니다.

마침내 그녀는 우리 회중 중에서 자기가 어머니같이 여기던 한 나이 든 여성에게 편지를 썼습니다. 그 여성이 나를 불러서 말했습니다. "케네스 형제님, 제가 이 편지를 읽어드려야만 되겠어요!"

그 젊은 여인은 편지에 이렇게 썼습니다. "저는 다섯 달 동안 갇혀 있었어요. 남편은 너무나 질투가 심해서 일하러 나갈 때 저를 집에 가두어 놓습니다. 저는 열쇠가 없어 혼자서는 밖에 나갈 수도 없어요. 저는 남편 없이는 아무데도 갈 수가 없어요. 그는 내가 기타 치는 것에 질투가 나서 미쳐 날뛰면서 기타를 산산조각 내버렸어요. 그리고는 피아노 치는 것도 질투해서 그것도 부셔버렸어요."

하나님께서 이 젊은 여인에게 그와 결혼하지 말라고 한 것은 당연한 일입니다!

편지는 계속되었습니다. "저는 우리 집에서 다섯 달 동안 죄수로 지내왔어요." 그녀는 드디어 이 편지를 밖으로 내보낼 길을 찾아 친구에게 이 편지를 전해달라고 한 것이었습니다. 얼마나 비참한 상황입니까!

이 젊은 여인은 이렇게 생각했을지 모릅니다. '도대체 하나님께서 왜 나를 이런 궁지에 몰아 넣으셨을까?' 그러나 하나님께서 그녀를 그런 궁지에 넣으신 것이 아닙니다. 그분은 분명히, 그녀가 계속 고집을 부리며 하나님께 간구했기 때문에, "네가 원한다면, 그렇게 해라."라고 말씀하신 것입니다. 그러나 그분은 결코 그 여인에게 "그것이 나의 뜻이다. 가거라, 복이 있으리라."라고 하지 않으셨습니다. 아닙니다, 그분은 "알겠다! 알겠어! 네가 원한다면, 가거라."라고 하셨습니다.

이것이 당신이 기도하기 전에, **먼저** 하나님의 말씀을 당신 안에 넣어야 하는 이유입니다. 말씀이 당신 안에 거하게 하십시오! 예수께서 "너희가 내 안에 거하고 **내 말이 너희 안에 거하면** 무엇이든지 원하는 대로 구하라 그리하면 이루리라"(요 15:7)라고 말씀하셨듯이 말입니다. 그리고 매일 방언으로 기도하는 시간을 구별해야만 합니다. 하나님의 말씀이 당신 안에 거하고, 당신이 방언으로 기도함으로 당신의 영을 세우면, 당신은 모든 상황에서 하나님의 뜻대로 기도하는 자신을 발견할 것입니다!

기도할 때, 당신 자신을 하나님의 말씀 밖에 두지 마십시오. 당신의 기도 생활에 말씀으로 단단한 기초를 세우십시오. 당신에게 기초가 없다면, 당신은 당신을 위한 하나님의 뜻이 아닌 열망을 쫓게 될 것입니다. 그러면 결국, 하나님께서는 이스라엘에 응답하신 것처럼 당신에게 응답하실지 모릅니다. "좋다, 그렇게 해라. 그게 네가 원하는 거라면, 그걸 가져라."

왕을 갖는 것은 이스라엘을 향한 하나님의 최고의 뜻이 아니었지만, 그들은 그것을 원했고, 그래서 그들은 왕을 갖게 되었습니다. 그리고 그 때부터, 그들은 하나님의 온전하신 뜻 가운데 다시는 들어가지 못했습니다. 이는 하나님께서 줄 수 있는 축복을 계속 주지 않으셨다는 뜻이 아니라, 그분이 원하시는 완전한 분량의 축복을 주실 수 없었다는 뜻입니다.

당신은 어떤지 모르지만, 나는 하나님의 허락하신 뜻이나 그분의 차선책에 만족하지 않습니다. 나는 하나님의 **최선**을 따를 것입니다!

그것이 방언 기도의 은사에 높은 가치를 두는 이유입니다. 방언으로 기도할 때, 나는 내가 이기적인 기도를 할 가능성이 없다는 것을 전적으로 확신합니다. 하나님의 온전하신 뜻을 기도할 수 있는 능력으로 인해 하나님께 감사드립니다!

# 13

# 방언 기도의 다른 성경적 목적
(MORE SCRIPTURAL PURPOSES FOR SPEAKING WITH OTHER TONGUES)

지금까지 우리는 방언 기도의 세 가지 주된 목적에 초점을 맞추었습니다.

첫째, 방언은 하나님과 소통하는 신성하고 초자연적인 수단입니다. 둘째, 방언은 사람의 영을 개인적, 영적으로 건축 또는 세워 줍니다. 셋째, 우리는 방언 기도를 통해 우리가 하나님의 온전하신 뜻을 기도하고 있음을 압니다.

그러나 우리가 성령께 우리 자신을 내어 드리고 그분이 우리에게 초자연적인 말을 주시도록 허락할 때, 더 많은 놀라운 유익이 우리를 기다리고 있습니다. 방언의 커다란 가치를 나타내는 몇 가지 유익들을 더 살펴봅시다.

### 하나님을 높이는 수단인 방언

사도행전 10장은 우리에게 방언을 말하는 것의 또 다른 목적을 제시합니다. **방언은 우리가 하나님을 높일 수 있는 수단입니다.**

고넬료와 그의 집안이 초자연적인 체험을 할 때 어떤 일이 있었는지 읽어 봅시다.

> 베드로와 함께 온 할례 받은 신자들이 이방인들에게도 **성령 부어 주심으로** 말미암아 놀라니 이는 **방언을 말하며 하나님 높임**을 들음이러라
>
> 행 10:45-46

46절에서 "방언을 말하며 하나님 높임을"이라는 부분에 주목하십시오. 우리는 "높이다magnify"라는 단어가 어떤 것을 더 크게 한다는 뜻인 것을 압니다. 그러나 하나님께서 이미 그러하신 것보다 더 커지실 수가 있을까요? 그분의 입장에서는, 당연히, 정답은 '**아니오**' 입니다. 그러나 우리의 입장에서는, 하나님께서 우리의 생각보다 더 높아지시거나 커지실 수 있고, 방언은 그분이 우리에게 더 크게 되시는 한 수단입니다.

나는 방언의 이 특별한 목적을 사역 초기에 알았습니다. 성령충만 받기 전에, 나는 18살에서 20살 사이의 십대였지만, 이미 전통 교단의 작은 교회에 목사로 있었습니다. 그리고 당연하게도 나는 여느 젊은이들이 겪은 모든 시험과 유혹을 겪었습니다.

그러나 성령충만을 받고, 방언을 하고, 매일 방언 기도를 하기 시작한 이후, 나는 어떤 변화를 알아챘습니다. 내가 동일한 시험과 유혹에 직면했을 때, 그 시험을 통과하고 유혹에 대항할 능력이 내게 더해져 있었습니다. 성령충만 받고 매일 방언으로 기도하기 전에는, 나는 때때로 그냥 대충 넘겼습니다. 그러나 그 이후에는, 그러한 분야에서 승리하는 것이 훨씬 쉬워졌습니다. 왜일까요? 내가 하나님을 높였고, 그분이 내 삶에서 더 커지셨기 때문입니다.

앞에서 내가 성령을 받은 후, 목회하던 작은 지역 교회에서 일어났던 일을 이야기한 것을 기억하실 것입니다. 나는 2년 동안 (콕스 씨에게 개인적으로 이야기한 것 외에는) 아무에게도 내가 성령충만 받고 방언한다는 것을 말하지 않았습니다. 그러나 얼마 후에, 회중들이 나에게 이렇게 말하기 시작했습니다. "목사님께 뭔가 일어났어요. 목사님께 예전보다 더 큰 능력이 있어요. 지금은 당신이 설교할 때, 그 말들이 너무나 능력 있어서, 우리를 교회 의자에서 떨어지게 할 정도랍니다!"

내가 성령충만 받고, 방언으로 말하기 시작한 후, 나의 설교 가운데 예수님이 높여지셨습니다. 그분은 내 삶에서 더 커지셨습니다!

사람들이 **당신의 삶**을 볼 때, 내가 들었던 말과 같은 말을 해야만 합니다. 매일 방언으로 기도하고, 당신의 삶에서 하나님을 더욱 더 높여드리기로 결단하십시오. 그 결과, 당신은 당신이 이전에 보지 못한 정도의 그분의 능력 가운데로 들어가게 될 것입니다. 사람들은 다른 점을 알아채고, 당신이 가진 그 것을 원하게 될 것입니다!

### 방언은 성령의 임재를 항상 의식하도록 도와줍니다

여기 방언의 가치에 대한 중요한 사실이 있습니다. 방언이 성령충만의 최초의 표적 또는 증거이지만, **방언으로 계속 기도하고 하나님을 경배하는 것은 우리가 내주하시는 그분의 임재를 항상 의식하도록 도와줍니다.** 이 유익 하나만으로도 우리가 사는 방식에 영향을 미칠 수밖에 없습니다.

요한복음 14장에서, 예수님은 믿는 자들의 삶 속에 거하시는 성령의 임재에 대해 이야기하셨습니다.

> 내가 아버지께 구하겠으니 그가 또 다른 보혜사를 너희에게 주사 **영원토록 너희와 함께 있게** 하리니 그는 진리의 영이라 세상은 능히 그를 받지 못하나니 이는 그를 보지도 못하고 알지도 못함이라 그러나 너희는 그를 아나니 그는 너희와 **함께** 거하심이요 또 너희 속에 계시겠음이라      요 14:16-17

그분은 늘 우리와 **함께** 계시고, 우리 **안에** 사시기 때문에, 우리는 삶 속에서 성령의 신성하고 거룩한 임재를 항상 의식해야 합니다.

나는 몇 년 전에 한 복음전도자가 이에 관해 매우 유익한 간증을 하는 것을 들었습니다. 그것은 내가 방언 기도의 이 특별한 유익을 이해하도록 도와주었고, 나는 그 때 이후로 그 간증을 예로 사용해 왔습니다.

그 복음전도자는 그가 어떤 교회에서 집회를 여는 동안, 그 교회 담임 목사 가족과 지낼 때 일어난 사건에 대해 이야기했습니다. 그 복음전도자는 이렇게 말했습니다. "저는 보통 점심을 먹고 간단히 운동을 하고자 한 시간 정도 걸었습니다. 그리고 나서 저는 숙소로 돌아가 저녁 예배를 준비하곤 했지요. 그러나 그 특별한 날에는, 제가 답장을 보낼 편지가 몇 개 있어서, 식사 후에 먼저 방으로 들어갔습니다. 나중에 나갈 때 그 편지들을 보내려고 계획했거든요."

그 목사님과 사모님은 12살짜리 딸이 하나 있었습니다. 그 딸은 손님이 계속 집에 있는 것을 모르고, 그가 평소처럼 산책을 나갔다고 생각했습니다. 그래서 엄마가 그녀를 화나게 하자, 그 소녀는 성질을 내며 엄마에게 험한 말을 했습니다.

그 때, 그 복음전도자는 침실에서 나와 거실로 들어갔습니다. 손님이 서서 그녀가 성질내는 것을 듣고 있는 것을 보자, 그 딸은 하얗게 질려서 울기 시작했습니다. 그녀는 울면서 말했습니다. "오, 용서해 주세요, 용서해 주세요! 제가 이런 식으로 말하고 행동하는 것을 보시다니 너무 부끄럽네요!"

복음전도자는 그 소녀의 손을 잡고 무릎을 꿇게 했습니다. 그리고 말했습니다. "그래, 나는 너를 용서한단다. 하지만 네 안에는 항상 네 말을 듣는 더 크신 분이 계셔. 그리고 네가 회개하면, 주님도 너를 용서하실 거야."

그러자 소녀는 회개하고 울면서 기도하기 시작했습니다. "주님, 제발 저를 용서해 주세요."

얼마 후에, 소녀는 방언으로 기도하며 하나님을 찬양하기 시작했고, 성령 가운데 들어갔습니다. 그러자 복음전도자가 그녀에게 물었습니다. "너는 자주 이렇게 방언으로 기도하고 하나님을 찬양하니?"

"아니요, 거의 그렇지 않아요." 그녀가 대답했습니다.

"그럼, 약속해 주렴. 나는 네가 오늘부터 매일 방언으로 기도했으면 좋겠다. 방언으로 그냥 몇 마디 하는 것을 말하는 게 아니야. 하루에 최소 30분씩, 하나님을 기다리고, 방언으로 기도하는 데 시간을 들이면 좋겠다."

"그렇게 한다면, 그게 네 안에 계신 성령의 임재를 더 의식할 수 있도록 도와줄 거고, 네 삶의 방식에 영향을 미칠 거야. 내주하시는 그분의 임재를 의식하면, 너는 더 이상 자제력을 잃거나 혈기를 부리지 않게 될 거야." 그 소녀는 눈물을 흘리며, 매일 방언으로 기도하기로 동의했습니다.

물론, 우리는 거듭나고 성령충만한 사람이 혈기를 부리고 하지 말아야 할 말들을 많이 하는 경우를 알고 있습니다. 그러나 그것은 당연한 일이 아닙니다. 그들은 자기 안에 계신 성령의 임재를 의식하지 않기 때문에, 육신적으로 행동하는 것입니다.

2년 반 후에, 복음전도자는 또 집회를 열러 그 교회에 다시 갔습니다. 이제 소녀는 15살 정도 되었습니다. 예배가 끝나고, 그녀는 복음전도자를 한 쪽으로 데리고 가더니 물었습니다. "몇 년 전에 여기 오셨을 때, 저한테 하신 말 기억하세요?"

"그럼, 기억하지."

"저, 목사님이 하라고 하신 대로 했어요." 소녀가 말했습니다. "매일 매일 최소 30분 동안 방언으로 기도했어요. 그리고 그 이후로 단 한 번도, 엄마한테나 다른 누구한테도 험한 말을 하거나 성질을 내지 않았답니다!"

매일 방언 기도가 이 소녀로 하여금 내주하시는 성령의 임재를 더 의식하도록 도와주었고, 그녀의 삶의 방식에 영향을 미쳤습니다.

우리가 방언 기도를 매일의 습관으로 할 때, 우리에게도 같은 일이 일어날 수 있습니다. 우리가 우리 안에 계신 성령의 임재를 더 의식한다면, 우리는 하지 말아야 할 많은 말과 행동을 하지 않게 될 것입니다.

### 방언은 하나님을 경배하는 것을 도와줍니다

방언을 말하는 것은 당신의 삶 속에서 성령의 임재를 더 인식하게 할 뿐 아니라, **당신이 하나님을 경배하는 것을 도와줍니다.** 그 과정에서, 당신의 영은 하나님의 일들에 더 예민해지고, 자연적인 일들에 대한 당신의 취향도 영향을 받을 것입니다. 심지어 그 자체로는 꼭 나쁜 것이라고 할 수 없는 것들조차도 말입니다.

설명을 해 보겠습니다. 예를 들어, 내가 목회하던 시절에는 요즘같이 텔레비전이 없고, 라디오만 있었습니다. 우리 사택은 교회 바로 옆에 있었는데, 나는 많은 경우 성령 안에서 하나님을 경배하고 방언으로 기도하며 교회에서 시간을 보낸 후, 집으로 들어갔습니다. 때때로 집안으로 들어가면, 라디오에서 음악이 흘러 나왔는데 그것이 나에게 어떤 영향을 끼쳤는지 생각납니다.

내 아내와 나는 라디오에서 쓸데없는 것들은 듣지 않았고, 후에 TV에서도 쓸데없는 것들은 보지 않았습니다(그리고 확실히 라디오와 텔레비전에는 쓸데없는 것들이 많이 있습니다!). 그런데 그 시기에 나는 방언으로 기도하고 하나님을 경배하는 것이 나에게 미치는 영향에 대해 뭔가를 발견했습니다.

하나님과 친밀한 교제의 시간을 갖고 난 후, 하나님의 임재를 강하게 의식하면서 집으로 돌아가면, 아내는 집을 청소하고 있고, 라디오에서는 소위 복음성가가 나오고 있었습니다. 그것은 나쁜 음악이 아니었습니다. 그런 음악은 좋고, 순수한 오락거리입니다. 그러나 내게는, 그 소리가 누가 양동이의 뚜껑을 때리는 것처럼 들렸습니다! 어떤 노래들은 심지어 성경적이지도 않았습니다. 나는 그 음악을 들을 수가 없었습니다. 왜냐하면 방금까지 성령님의 거룩하고 신성한 임재에 있다 와서, 내 안에 계신 그분의 임재를 강하게 의식하고 있었기 때문입니다.

부디 내가 그런 오락거리가 나쁘다고 하는 것이 아님을 이해해 주십시오. 나는 다만 방언이 당신이 하나님을 경배하고 찬양하도록 돕기 위해 주어진 기도 은사라는 견해를 당신에게 전달하고자 한 것입니다. 방언으로 하나님을 경배하는 것은 당신으로 하여금 내주하시는 성령님의 임재를 더 의식하게 할 것입니다. 이는 당신을 하나님께 더 갈급하게 하며, 자연적인 분야의 것들에는 덜 나아가게 할 것입니다.

하워드 카터는 오순절 운동의 개척자이며 수년 동안 대영제국 하나님의 성회의 감독이었습니다. 그는 또한 세계에서 가장 오래된 오순절파 성경 학교의 설립자이자, 세계 순복음계에 뛰어난 교사로 인정되었습니다.

한번은 카터가 방언의 이러한 목적에 대해 결코 잊을 수 없는 말을 했습니다. 그는 이렇게 말했습니다. "우리는 방언이 성령충만의 최초의 증거일 뿐 아니라, 한 사람이 그의 남은 삶을 살아가는 동안 하나님에 대한 경배를 돕는 지속적인 경험인 것을 절대 잊어서는 안 됩니다." 그리고 그는 계속 말했습니다. "방언을 말하는 것은 흐르는 샘물과 같으며, 이는 결코 마르지 않고 한 사람의 삶을 영적으로 부요하게 합니다."

우리 중에 계속해서 방언으로 기도하고 하나님을 경배하는 사람들은 이 초자연적인 선물을 통해 영적인 부요를 경험합니다!

## 방언은 믿음을 자극합니다

당신은 **방언 기도가 믿음을 자극한다**는 것을 발견할 것입니다.

우리는 이미 유다서 20절을 보았습니다. 이는 "사랑하는 자들아 너희는 **너희의 지극히 거룩한 믿음 위에 자신을 세우며** 성령으로 기도하며"라고 말합니다. 그리고 우리는 성령으로 기도하는 것 또는 성령 안에서 기도하는 것이, 최소한 부분적이라도, 방언 기도를 가리킨다는 사실을 확증했습니다.

그렇다면, 우리는 방언으로 기도할 때, 우리 자신의 믿음을 자극하는 것이라고 결론지을 수 있습니다. 그러나 로마서 10:17에서 "믿음은 들음에서 나며 들음은 그리스도의 말씀으로 말미암았느니라"라고 말하는 것처럼, 방언이 우리에게 믿음을 **주는** 것은 아닙니다.

만약 당신이 신자라면, 당신은 이미 믿음을 가졌습니다. 그러나 이제 당신은 당신의 지극히 거룩한 믿음 **위에** 당신 자신을 세워야만 합니다. 믿음 안에서 당신 자신을 충전하십시오! 어떻게 충전하냐고요? 성령 안에서(성령으로) 기도함으로 충전할 수 있습니다.

당신이 성령으로 기도할 때, 성령님은 우리가 하는 말을 초자연적으로 지도하십니다. 우리는 방언을 말함으로 우리의 믿음을 훈련해야만 합니다. 우리는 다음에 어떤 말을 할지 모르기 때문에, 성령께서 말을 주실 것을 계속 신뢰해야만 합니다. 어떤 한 분야에서 하나님을 신뢰하는 것은 다른 분야에서도 그분을 신뢰하도록 도와줄 것이며, 이것이 바로 우리의 믿음을 자극하는 것입니다.

어떤 사람들은 믿음에 대한 가르침을 수년 간 듣고 또 듣습니다. 그들은 하나님께서 자신의 필요를 채우실 것을 믿으려고 애쓰면서, 어떤 결과를 얻기도 합니다. 그러나 많은 경우 그들은 받아야 할 결과를 받지 못합니다. 왜냐하면 그들은 성령으로 기도함으로 자신의 지극히 거룩한 믿음 위에 그들 자신을 세우는 것에, 다시 말해 이미 가진 믿음을 자극하는데 시간을 들이지 않기 때문입니다.

당신이 좋은 몸매를 유지하기 원한다면, 몸을 훈련시켜야 하며, 그 결과 당신의 몸은 보다 날렵하고 민첩하게 될 것입니다. 마찬가지로,

당신의 영이 민첩하고 날렵하기를 원한다면, 당신의 영 또한 훈련해야 합니다. 그리고 방언으로 기도하는 것은, 당신의 영을 하나님의 말씀으로 먹이는 것과 함께, 가장 훌륭한 훈련 중의 하나입니다.

방언 기도는 믿음을 자극하기 때문에, 또한 당신이 모든 분야에서 하나님을 더 신뢰하는 것을 배우도록 도와줍니다.

이미 말한 바와 같이 내가 처음 사역에 들어 와 작은 동네 교회에서 목회를 시작했을 때, 우리 교회의 한 여자 성도는 위궤양으로 극심한 고통을 받고 있었습니다. 그녀와 그녀의 남편은 전통 교단의 배경을 가지고 있었습니다.

이 여성의 남편이 내게 말했습니다. "아내에게는 아직 말하지 않았지만, 아내의 위에 암이 있고 의사는 그들이 더 이상 할 수 있는 일이 없다고 말했습니다. 저는 그녀를 고치려고 이미 10,000달러를 썼습니다."

지금은 별로 큰 돈이 아닌 것 같습니다. 그러나 1930년대 당시에, 10,000달러는 **매우** 큰 돈이었습니다. 그때는 캐딜락을 풀옵션으로 875달러에 살 수 있었습니다. 방 세 개짜리 집은 한 달에 10달러였습니다. 매월 전기세는 1달러 정도밖에 되지 않았습니다. 가스비는 50센트 정도였고, 빵 한 덩이는 단 돈 5센트였습니다!

과거 대공황 시기에, 남자들은 30달러를 받고 30일 동안 일했고, 하루에 1달러는 좋은 급여로 쳤습니다. 그러므로 이 남편이 아내의 병을 고치기 위해 10,000달러를 쓴 것은 실제로 전 재산을 쓴 것입니다!

그 남편은 계속 말했습니다. "우리는 이제 막 집세를 완납했지만, 팔아서 아내의 치료비를 대야만 했습니다. 저는 치료비 때문에 자동차도

팔았고, 가구도 다 팔았습니다. 이제 우리는 작은 아파트에 살고 있습니다."

이 가엾은 여인은 가족을 위해 요리를 했지만, 그녀의 위가 어떤 음식도 받지 못했기 때문에 자신은 음식을 먹을 수 없었습니다. 그녀는 어린아기 이유식을 조금 먹었지만, 그조차 토해내곤 했습니다. 그녀는 피골이 상접했습니다.

그때 그 가족은 '오순절 장막 교회'에 출석하기 시작했고, 나는 얼마 동안 그들을 보지 못했습니다. 어느 날 나는 그들을 찾아가기로 작정했지만, 그 집에 들어갈 때 그런 광경을 보게 될 것이라고는 기대하지 않았습니다. 거기에는 바로 그 여자가, 기름진 음식을 먹으며 대단히 즐기고 있었습니다!

내 눈은 쟁반만큼 커졌습니다. 그 여자는 나를 올려다보고 웃었습니다. 그녀가 말했습니다. "그래요, 맞아요! 저는 먹고 싶은 건 뭐든지 먹어요. 사실, 어젯밤에는 거의 10년 만에 처음으로 칠리를 먹었답니다! 먹는데 조금도 힘들지 않았고요, 아무 통증도 없어요. 제 위는 완벽하게 나았어요!"

나는 그 여인에게 안수하고 치유를 기도했고, 다른 사역자들도 그렇게 했던 것을 알고 있었습니다. 나는 그 당시 내가 아는 대로 그녀의 믿음을 증가시키도록 가르치려 했습니다. 그러나 기억하십시오, 나는 그 때 그저 어린 목사였습니다. 그녀에게 별 도움이 되지 않았던 것 같습니다.

나는 그 여인에게 물었습니다. "어떻게 치유를 받으셨어요?"

"저는 오순절 교회에서 성령 침례를 받았어요!" 그녀가 소리쳤습니다. "강단에서 성령을 구하며 기도하는데 하나님의 능력이 제게 임했어요. 저는 쓰러지지는 않았지만, 서 있는 것보다는 그 능력 아래 누워 있는 것이 더 편했어요. 그래서 눈을 감고 제단과 강단 사이에 누워서 영어로 하나님을 계속 찬양했지요."

그 여인은 계속 말했습니다. "눈을 감고 있는데, 갑자기 연필 굵기의 빛 한 줄기가 천정을 뚫고 와서 제 이마를 쳤어요. 그리고 저는 전혀 모르는 단어로 말하기 시작했고, 치유를 받았어요!"

나는 몇 년 후 그 여인을 또 보았는데, 그녀는 여전히 완벽하게 치유 받은 상태였습니다!

나는 이 여인과 같은 간증을 계속 듣고 있습니다. 그 이후에 나도 성령 침례 받고 방언을 말하게 되었습니다. 그 이후 몇 년 간, 나는 이런 류의 치유가 일어나는 것을 보고 또 보았습니다. 겨우 한두 번을 말하는 것이 아닙니다. 성령 침례를 받는 순간에 육체적인 치유가 같이 일어나는 것은 빈번한 일입니다!

나는 이 여인처럼, 수년간 치유를 구했지만 받지 못한 사람을 만났습니다. 많은 사람들은 방문하는 복음전도자마다 안수해달라고 하지만, 무슨 이유에서 인지 그들은 치유를 받지 못합니다. 그러나 성령 침례를 받는 순간, 그들은 **즉시** 치유됩니다!

나는 그것을 이해할 수는 없었지만, 그냥 해보기로 했습니다. 나는 원래 이런 사람입니다. 이해하지 못하는 무언가에 대한 답을 발견하는 데는 며칠, 몇 주 또는 몇 달이 걸릴 수 있지만, 결국은 답을 찾게 됩니다!

그리하여 나는 계속 연구하고 묵상하고 질문했습니다. 마침내, 나는 "너희의 지극히 거룩한 믿음 위에 자신을 세우며 성령으로 기도하며"라는 유다서 20절 말씀에 대한 계시를 얻었습니다.

방언을 말하는 것은 개인의 믿음을 자극하고, 한 분야에서 하나님을 믿는 것은 그 사람이 다른 분야에서도 하나님을 믿는 것을 도와줍니다. 그것이 치유를 구했던 사람들에게 일어난 일이었습니다. 그들이 성령충만 받고 방언을 하기 시작했을 때, 그것이 그들의 믿음을 자극했습니다. 다시 말해 그것이 그들이 이미 가진 믿음을 일깨워서stir up, 그들이 이전에는 받을 수 없던 치유를 받도록 도와준 것입니다.

## 방언은 영적 상쾌함을 줍니다

방언 기도에서 얻을 수 있는 또 다른 가치가 있습니다. **방언을 말하는 것은 우리에게 영적 상쾌함을 줍니다.** 이사야 28장에서 방언의 성경적인 목적을 찾아봅시다.

> 그러므로 **더듬는 입술과 다른 방언**으로 그가 이 백성에게 말씀하시리라 전에 그들에게 이르시기를 이것이 너희 **안식**이요 이것이 너희 **상쾌함**이니 너희는 곤비한 자에게 안식을 주라 하셨으나…     사 28:11-12

"안식rest"과 "상쾌함refreshing"이라는 두 단어에 주목하십시오.

참 좋은 말이지요, 안 그렇습니까? 그러나 여기 성경의 단락에서 말하는 안식과 상쾌함이 **무엇**입니까? 정답의 힌트는 11절 "더듬는 입술"과 "다른 방언"이라는 단어에 있습니다. 그러나 정답은 신약 전체에 충분히 계시되어 있습니다. 성령충만을 받고 다른 방언을 말할 때, 우리는 하나님의 안식과 상쾌함을 경험합니다(행 2:4).

어떤 경우, 의사는 자기 환자에게 휴식rest을 권합니다. 때때로 사람들은 안식 요법rest cure을 위해 휴가를 가기도 하지만, 집에 돌아오면 직장에 복귀하기 전에 여독을 풀기 위해 또 휴식을 해야 합니다!

그러나 나는 세상에서 가장 좋은 안식 요법을 알고 있습니다. 우리는 이 안식 요법을 매일 취할 수 있으며, 그것은 어떤 값도 치를 필요가 없습니다! "더듬는 입술과 다른 방언으로", **이것이야말로** 당신의 피로를 안식으로 바꿀 수 있는 휴식 방법입니다!

나는 심지어 이렇게까지 말할 수 있습니다. 날마다 하나님의 안식 요법을 이용하는 사람은 결코 신경 쇠약에 걸리지 않을 것입니다. 이 말을 당신이 어떻게 받아들이든 이것은 절대적으로 진리입니다!

잘 들어 보십시오, 요즘 같은 혼란과 불안과 근심의 시기에, 우리는 전에 없던 영적 안식과 상쾌함을 필요로 합니다. 하나님께서는 우리에게 필요한 상쾌함을 주는 방언이라는 도구를 주셨습니다. 우리는 안식과 상쾌함이 필요합니다! 그리고 하나님께 감사하게도, 우리는 이러한 영적인 안식 요법을 삶에서 매일매일 누릴 수 있습니다. 원할 때는 언제든지 우리는 성령 안에서 말함으로 안식과 상쾌함을 누릴 수 있습니다!

### 하나님께 감사드리는 최고의 방법

바울은 우리에게 방언으로 기도해야 하는 또 다른 이유를 제시합니다. **방언은 하나님께 감사드리는 최고의 방법입니다.**

내가 만일 방언으로 기도하면 나의 영이 기도하거니와 나의 마음은 열매를 맺지 못하리라 그러면 어떻게 할까 내가 영으로 기도하고 또 마음으로 기도하며 내가 영으로 찬송하고 또 마음으로 찬송하리라 그렇지 아니하면 네가 영으로 축복할 때에 알지 못하는 처지에 있는 자가 네가 무슨 말을 하는지 알지 못하고 네 감사에 어찌 아멘 하리요 **너는 감사를 잘하였으나** 그러나 다른 사람은 덕 세움을 받지 못하리라
　　　　　　　　　　　　　　　　　　　고전 14:14-17

바울이 "구원받지 못한 처지에 있는 자"라고 하지 않고, "알지 못하는 처지에 있는 자"라고 말한 것에 주목하십시오. "알지 못하는"이라는 단어를 어떤 뜻으로 쓴 것일까요? 그는 **영적인 것을 알지 못하는 자들**을 의미한 것입니다. 바울은 만약 당신이 방언으로 감사를 드리면, 영적인 것을 알지 못하는 자는 당신과 함께 할 수 없다고 말하고 있습니다.

예를 들어, 당신이 나를 초청해서 내가 당신의 저녁 초대를 받아들였는데, 당신이 다른 사람들도 같이 초대했다고 가정해 봅시다. 저녁 식탁에서, 당신은 나에게 음식을 축복하는 기도를 요청했고, 내가 방언으로 기도하면서 영으로 감사했다고 합시다.

그러나 식사 자리에 있는 다른 사람들은 성령 침례와 방언에 대해서는 알지 못하는 사람들이었습니다. 이러한 일들에 대한 그들의 지식이 부족하므로, 그들은 나의 감사 기도에 "아멘"이라고 할 수 없을 것입니다. 왜 그럴까요? 그들은 내가 말한 것을 이해하지 못했기 때문입니다! 그것이 이런 상황에서는 이성으로 감사를 드리는 것이 더 나은 이유입니다. 그러면 주위 사람들도 나의 감사 기도를 이해하고 내가 한 말에 심령으로 동의할 수 있을 것입니다.

물론 우리가 방언으로 하나님께 감사드리는 것은 여전히 좋은 것입니다. 실제로 17절은 "너는 감사를 잘 하였으나…"라고 말하고 있습니다. 바울은 여기에서 방언으로 감사드리는 것은, **특별히 우리가 혼자 있을 경우에, 기도하고 감사드리는 가장 완벽한 방법이라고 말하는 것입니다.**

영적인 것을 아는 사람들은 우리가 방언으로 감사를 드릴 때 이해할 것입니다. 그들은 우리가 하는 말의 내용은 이해하지 못할 수 있지만, 영적인 것을 이해하기 때문에 "아멘"이라고 말할 수 있습니다. 그들은 우리가 우리의 영으로 감사를 잘 하고 있다는 것을 압니다!

그러나 영적인 것을 알지 못하는 사람들이 있을 때에는, 모국어를 통해 우리의 이성으로 감사하는 것이 가장 좋을 것입니다. 그렇게 할 때 다른 사람들도 우리가 말하는 바를 이해하고 세워질 수 있습니다. 그리스도인으로서, 우리는 사랑 안에서 행하도록 명령받았고, 사랑은 언제나 다른 사람들을 배려하고 그들을 세울 수 있는 방법을 찾는 것입니다.

### 영으로 기도하는 것은 당신의 혀를 제어합니다

방언을 해야 하는 여러 이유에 대해 논하는 중에, 한 가지 중요한 이유를 추가하겠습니다. **방언은 당신의 혀를 제어합니다.** 나는 우리의 혀가 제어되어야 한다는 데 대해 모두가 동의하리라 생각합니다!

혀는 능히 **길들일 사람이 없나니** 쉬지 아니하는 악이요 죽이는 독이 가득한 것이라                                             약 3:8

방언을 말하는 것이 이 구절과 무슨 상관이 있을까요? 이 말씀에 따르면, 혀는 우리의 몸에서 가장 제어하기 힘든 부분입니다. 이 말씀에서 혀를 길들일 **사람**이 없다고 말하는 것에 주목하십시오. 그러나 하나님은 하실 수 있습니다!

그러므로 당신이 당신의 혀를 성령께 내어드려 방언을 하면, 당신은 당신의 모든 신체 부분을 온전히 양보하기 위한 위대한 첫 걸음을 내딛는 것입니다. 당신이 가장 통제하기 힘든 부분을 하나님께 내어드리면, 당신은 몸의 **어떤** 부분이라도 하나님께 내어드릴 수 있습니다!

생각해 보십시오. 성경은 혀를 "쉬지 아니하는 악"이요 "독이 가득한 것"이라고 일컫습니다! 많은 그리스도인들이 성적인 신체 기관들을 가장 통제하기 어려운 부분이라고 봅니다. 그리고 그들은 성적 욕구를 제어하지 못한 다른 그리스도인들을 정죄할 수 있습니다. 그러나 그들은 자신의 통제되지 않은 혀로, 그와 같이 중대한 죄를 심지어 더

심한 죄를 짓고 있습니다!

어떤 사람들은 항상 동료 그리스도인들에 대해 말하고 다니면서 그들을 깎아 내립니다. 예를 들어, 어떤 목사가 부도덕한 일을 저지르면, 교회의 모든 사람들이 그것에 대해 말하기 시작합니다. "목사님이 한 일 들었어요? 그 끔찍한 일을 자세히 말해 줄게요!"

그러나 당신이 다른 사람의 촛불을 끈다고 해서 당신의 촛불이 켜지는 것은 아닙니다! 다른 사람에 대해 비방하고 뒷말하는 것도 중대한 죄입니다. 성경은 혀의 죄들을 하나님께서 몹시 싫어하신다고 말합니다.

> 여호와께서 미워하시는 것 곧 그의 마음에 싫어하시는 것이 예닐곱 가지이니 … 거짓을 말하는 망령된 증인과 및 형제 사이를 이간하는 자이니라
> 잠 6:16, 19

결론은 이것입니다. 당신은 몸의 다른 어떤 부분보다 혀로 더 큰 피해와 죄를 일으킬 가능성이 있습니다. 그러나 당신이 방언으로 기도를 많이 할수록, 당신의 혀를 성령께 더 내어드리게 되어, 모든 상황에서 다른 사람을 세우는 말만을 하기가 더 쉬워질 것입니다.

### 방언 기도는 당신을 세상적인 오염으로부터 보호합니다

여기, 모든 그리스도인들이 방언을 해야만 하는 또 다른 이유가

있습니다. 그것은 우리가 직장이나 다른 공적인 상황에서 우리 주변의 모든 불경하고 세속적이고 저속한 말과 같은 세상적인 오염을 피하게 합니다.

방언 기도가 어떻게 세상적인 오염으로부터 우리를 영적으로 정결하게 할 수 있을까요? 이제, 바울이 공중 모임에서 방언의 적절한 사용에 대해 말한 부분으로 돌아가 봅시다. 믿는 자들은 "교회에서는 잠잠하고 자기와 하나님께 말"해야 합니다(고전 14:28).

어떤 공적인 상황에서도 같은 원리가 적용됩니다. 당신은 방언할 때 당신 자신과 하나님께 말하는 것입니다. 그러므로 교회 예배에서 자신과 하나님께 말하듯이, 다른 공적인 상황에서도 방언을 크게 말하지 않음으로 똑같이 할 수 있습니다. 당신은 "잠잠하게" 말하면 됩니다.

근무 중에도 당신은 이런 식으로 기도할 수 있습니다. 당신은 지하철, 버스, 비행기를 타면서도 영으로 기도할 수 있습니다. 당신은 자신과 하나님께만 조용히 말하기 때문에, 다른 사람에게 방해가 되지 않을 것입니다. 당신은 당신 자신을 세우고, 동시에 세상적인 오염으로부터 당신 자신을 정결하게 유지하는 것입니다.

수년 전에 젊은 목사 시절, 나는 이발하러 가서 앉아서 순서를 기다리곤 했습니다. 기다리는 동안, 이발소에는 남자들로 가득 차서 모든 종류의 대화가 오고 갔는데, 대부분은 저속한 농담과 세속적인 말들이었습니다. 그러나 나는 기다리는 동안, 앉아서 조용히 하나님께 방언으로 말했고, 머리를 자르려고 앉은 후에도 방언을 멈추지 않았습니다. 그 결과, 내 주위의 모든 육신적이고 저속한 말들은 내 영에 하나도 남지 않았습니다. 방언으로 기도하면서, 나는 세상적인 오염으로부터 자유한 상태를 유지했습니다.

당신도 그렇게 할 수 있습니다. 하루 종일, 어디를 가든 당신은 자신과 하나님께 방언으로 조용히 말할 수 있습니다. 그렇게 할 때, 당신은 모든 세상적인 오염으로부터 당신을 보호함으로, 당신의 거듭난 영 가운데 성령의 능력으로 강건해질 것입니다.

## 방언 기도는 성령의 은사로 들어가는 문입니다

또한 성령충만과 방언은 성령의 은사로 들어가는 문입니다(고전 12:1-11). 나는 종종 이렇게 이야기합니다. **방언은 하나님의 초자연적인 영역으로 들어가는 입구입니다.** 다시 말해, 성령충만과 정기적인 방언 기도 습관은 우리에게 주어진 모든 다른 유익들과 영적 장비로 들어가는 입구입니다.

그러나 계속 나가기 전에 명확히 해야 할 것이 있습니다. 방언은 믿는 자의 삶에 나타나는 (성)령의 **열매**the fruit of the spirit로 들어가는 문은 아닙니다(갈 5:22-23). 나는 이 점을 짚고 넘어 가야겠습니다. 많은 경우에 사람들이 내게 "저는 방언은 하지만, 마땅히 그래야 할 성령의 열매가 없는 순복음 사람들을 많이 봤어요."라고 말하기 때문입니다.

다른 사람들은 이렇게 말합니다. "나는 방언을 하지 않는 훌륭한 그리스도인들을 알고 있는데, 그들은 성령의 열매를 훌륭하게 나타내고 있어요!"

분명히, 이 말들은 사실입니다. 그러나 갈라디아서 5:22-23의 (성)**령**의 열매the fruit of the spirit라고 번역된 단어는 **성령**의 열매the fruit of the Holy Spirit가 아닙니다. 성령님은 열매를 만들어내지 않습니다.

예수께서는 "나는 포도나무요 너희는 가지라"(요 15:1-8)라고 말씀하셨습니다. 열매는 가지에서 자라며, **우리**가 바로 가지입니다. 그러므로, 이 영의 열매the fruit of the spirit는 우리의 삶에서, 우리 안에 있는 그리스도의 생명으로 인해 자라나는 거듭난 우리 영의 열매를 가리킵니다!

> 오직 **영의 열매**는 사랑과 희락과 화평과 오래 참음과 자비와 양선과 충성과 온유와 절제니 이같은 것을 금지할 법이 없느니라
>
> 갈 5:22-23

누군가는 이렇게 말할지 모릅니다. "좋아요, 하지만 내 성경의 갈라디아서 5:22에는 '성령의 열매'라고 되어 있단 말이에요."

그러나 그리스어로는 **영**spirit이라는 단어 하나밖에 없으며, **영**이라는 단어 앞에 "거룩한Holy"이라는 단어가 없다면, 그것이 사람의 영을 말하는지, 성령을 말하는지 문맥으로 결정해야 합니다. 바울은 여기에서 주로 **사람**의 영에 대해 말하고 있습니다.

바울은 육신의 열매와 영의 열매의 차이를 묘사하고 있습니다. 여기서

영이란 재창조된 사람의 영을 말합니다. 영의 열매는 모든 그리스도인의 삶에서 개발되어야만 합니다. 그러나 기억하십시오, 영의 열매는 성령 침례나 성령의 은사와 아무 관련이 없습니다.

나는 이것을 성경으로 입증할 수 있습니다. 예를 들어, 열거된 영의 열매 중 첫 번째는 **사랑**입니다. 요한일서 3:14는 말합니다. "우리는 형제를 사랑함으로 사망에서 옮겨 생명으로 들어간 줄을 알거니와" 사랑은 거듭난 사람의 첫 번째 증거입니다. 영의 또 다른 열매는 **화평**입니다. 로마서 5:1은 말합니다. "그러므로 우리가 믿음으로 의롭다 하심을 받았으니 우리 주 예수 그리스도로 말미암아 하나님과 화평을 누리자" 이 구절은 화평이 의롭다 하심의 열매 또는 결과이므로, 우리는 하나님 앞에서 의로울 수 있다고 말합니다.

나는 영의 아홉 가지 열매의 목록을 읽어 내려가면서, 각 열매가 재창조된 인간의 영의 열매임을 입증하는 말씀의 장절을 찾을 수 있습니다. 열매는 가지에서 자랍니다. 믿는 자들은 가지이며, 예수님은 포도나무이십니다. 가지의 생명이 나무에서 비롯되었듯이, 가지는 열매를 만들어냅니다(요 15:1-7). 열매는 거룩함과 인품character을 위해 주어진 것입니다. 그러나 은사는 **능력**을 위해 주어진 것입니다.

당신은 거룩하지만 능력은 없을 수 있고, 능력 있지만 거룩하지 않을 수 있습니다. 물론 당신을 향한 하나님의 이상향은 거룩하고 동시에 능력 있는 것입니다!

바울은 고린도 사람들에게 사랑 안에서 행하는 것에 대해 이렇게 말합니다. "내가 사람의 방언과 천사의 말을 할지라도 사랑이 없으면 소리 나는 구리와 울리는 꽹과리가 되고"(고전 13:1) 바울은 본질적으로 이렇게 말한 것입니다. "너희에게는 영적인 은사가 있지만, 은사는 능력을 위한 것이고, 열매는 거룩함과 인품을 위한 것이다."

나는 몇몇 훌륭한 하나님의 성도를 알고 있습니다. 그들은 신성하고 헌신된 그리스도인들로서 영의 열매가 충만하지만, 삶에는 어떤 능력도 없습니다. 나는 그들의 삶에서 그 어떤 초자연적인 은사도 나타나는 것을 보지 못했습니다. 반면, 하나님의 능력발전소로서, 영적 은사가 놀랍게 나타나는 사람들도 알고 있습니다. 그러나 그들은 영적으로 성장하지 못했고, 그들 삶에 영의 열매가 더 자라나야만 합니다.

영적 어린 아이들도 영적 은사들을 가질 수 있습니다. 성령께서 어떤 사람을 통해 성령의 은사로 역사하시기 위해서 그 사람이 성숙한 그리스도인이어야만 하는 것은 아닙니다. 나는 이것도 성경을 통해 쉽게 증명할 수 있습니다. 바울은 고린도 신도들에게 그들이 모든 은사에 부족함이 없다고 말합니다(고전 1:7). 그러나 후에 바울은 같은 신도들에게 영적 어린 아이라고 부릅니다(고전 3:1).

생각해 보십시오. 우리는 어린 나무가 열매를 맺으리라고 기대하지 않습니다. 우리는 나무가 가지에 열매를 맺을 수 있도록 성숙하기까지는 시간이 걸린다는 것을 압니다.

그렇다면, 아기 그리스도인들에게도 마찬가지입니다. 아기 그리스도인들이 상당한 분량까지 영의 열매를 나타내기 시작하려면 잠시 시간이 걸립니다. 그러나 아기 그리스도인들도 성령으로 충만해지고 그들의 삶에서 역사하는 신성한 능력을 가질 수 있습니다!

우리가 좀 정직해진다면, 아무리 주님과 동행한지 오래되었더라도, 우리 모두 영의 열매에 있어 완전히 성숙하지 않다는 것을 받아들여야만 할 것입니다. 우리는 수년간 선하고, 성령충만하여, 방언을 말해 온 그리스도인일 수 있습니다. 그러나 우리가 '이봐, 나는 아주 잘 하고 있다구! 나는 내 육신을 아주 잘 통제하고 있어!' 라고 생각할 때 즘, 어떤 기대에 못 미치는 환경이 나타나면 우리는 결코 우리가 생각하는 것만큼 거룩하지 않다는 것을 발견하게 됩니다! 그런 때 우리는 우리가 여전히 육신 가운데 살고 있으며 여전히 육체와 싸우고 있다는 것을 또 다시 새롭게 깨닫게 됩니다.

**내가 내 몸을 쳐 복종하게 함**은 내가 남에게 전파한 후에 자신이 도리어 버림을 당할까 두려워함이로다  고전 9:27

성화는 과정이며, 우리는 우리 몸을 복종시키는 법을 배워야만 합니다. 바울이 "내가 내 몸을 쳐 복종하게 함은…"이라고 말할 때, 그는 자신의 몸을 속사람에게 복종시키는 것을 가리키고 있습니다. 다시 말해, 바울은 이렇게 말하는 것입니다. "내 육신이 나를 지배하게 하는 대신, **나의 영**이 나의 육신을 지배해야만 한다."

한편 자신의 영이 자신의 육신을 지배하도록 허락하지 않는 육신적인 그리스도인도 성령충만을 받을 수 있습니다. 그리고 사실을 말하자면, 그들이야말로 그 누구보다 성령충만 받을 필요가 있습니다!

방언은 이 모든 것의 시작이며, 하나님과의 동행에 있어 새로운 능력의 영역으로 들어가는 입구입니다. 그렇다면 당신은 일단 하나님의 초자연적인 능력으로 들어가는 문을 일단 통과하고 나서, 성령의 일들 안에서 계속 발전하시겠습니까? 아니면 문의 안쪽에 멈춰 서서, 다른 많은 그리스도인들처럼 영적 성장을 멈추시겠습니까?

나는 개인적으로 수년간 방언으로 더 많이 기도하고 경배할수록, 나의 삶과 사역 가운데 다른 영적 은사들이 더 많이 나타나는 것을 발견했습니다. 그리고 반대의 경우 또한 사실인 것을 발견했습니다. 내가 방언을 덜 말할수록, 영적 은사 체험이 덜 나타납니다.

바울은 믿는 자들에게 영적인 은사를 갈망하고 더욱 큰 은사를 사모하라고 가르칩니다(고전 12:31). 그러나 기억하십시오, 이 말은 이미 방언을 말하는 사람들을 향해 쓰인 것입니다!

마지막으로, 다시 말하겠습니다. **방언을 말하는 것은 하나님께서 당신을 위해 예비하신 모든 영적인 은사와 초자연적인 장비로 들어가는 입구입니다.** 그러나 입구에서 멈춰 서 있지 마십시오! 계속해서 기도에 정진함으로써 스스로 하나님의 강력한 영적 장비를 완비하도록 하십시오!

### 방언의 측량할 수 없는 가치

성경에 제시된 방언의 모든 목적을 고려할 때, 우리는 각각의 목적이 우리의 유익과 이익을 위해 만들어진 것임을 즉시 알 수 있습니다.

그러므로 사람들이 나에게 "우리가 방언을 말하면 뭐가 좋은 거죠?"라고 묻는 것은 놀라운 일입니다.

하나님께 초자연적으로 말하는 것에 어떤 가치가 있냐고요? 단연코 있습니다! 가치 있는 일이 아니라면, 하나님께서 그런 도구를 주지 않으셨을 것입니다!

만약 하나님께서 방언이 그분과 소통하는 초자연적인 수단이라고 말씀하셨다면, 우리에게는 이 초자연적인 소통 수단이 결단코 필요합니다!

만약 하나님께서 방언이 말하는 당사자를 세운다고 말씀하셨다면, 방언하는 사람에게는 성령 안에서 자기에게 능력을 주는 이 초자연적인 능력이 필요합니다. 믿는 자가 느끼든 못 느끼든, 방언을 할 때 그 사람은 세워지고 있습니다!

그리고 만약 하나님께서 방언이 가치 있다고 말씀하셨다면, 그것은 우리가 주 안에서 지금껏 상상하거나 경험했던 것들을 뛰어넘는, 탁월하고 놀라운 가치가 있는 것입니다.

제 3 부

■ ■ ■

# 방언의 범위
## THE SCOPE OF SPEAKING WITH TONGUES

# 14

# 방언에 대한 다섯 가지 오해
(FIVE COMMON MISCONCEPTIONS ABOUT SPEAKING IN TONGUES)

이 책의 맨 앞에서, 나는 심지어 성령충만하고 방언을 하는 신자들도 방언의 **가치**뿐 아니라 **범위**에 대해서 무지한 경우가 많음을 이야기했습니다. 어떤 신자들은 하나님의 말씀이 방언에 대해 말하는 바를 알지 못합니다. 결과적으로, 그들은 하나님께서 이 초자연적인 은사를 통해 그들이 누리게 하려는 모든 유익들을 빼앗깁니다.

나는 앞으로의 장에서, 당신이 경건한 사람들의 능력 있는 기도 생활과 말씀을 통해 증명된 대로 방언의 진짜 **범위**를 이해하도록 돕기 원합니다. 그러나 우선, 오랫동안 많은 신자들이 방언이라는 주제에 대해 진실로 받아들이고 있는 몇 가지 오해와 비성경적인 과잉들을 규명해야 하겠습니다. 그럼 첫 번째 오해를 다뤄 보겠습니다.

### 오해 1 : 성령 침례 받고 방언을 하지 않으면 구원받지 않은 것이다

성령으로 침례 받고 방언을 하지 않았다면, 진정 구원받지 못한 것이라고 말하는 사람들이 교계에 있습니다. 또한 이런 사람들은 보통, 특정한 침례법에 따라 침례 받아야만 한다는 신념을 매우 강조합니다.

그러나 요한복음 14장에서 예수께서 말씀하신 바에 따르면, 이는 성경적인 근거가 없습니다. 사람들이 성령으로 충만하여 방언을 하기 전에는 구원받지 못한다면, 예수께서는 이 구절에서 거짓말을 하신 것이 됩니다. 왜냐하면 그분은 구원받지 못한 사람은 성령을 받을 수 없다고 단호하게 선언하셨기 때문입니다!

> 내가 아버지께 구하겠으니 그가 또 다른 보혜사를 너희에게 주사 영원토록 너희와 함께 있게 하리니 **그는 진리의 영이라 세상은 능히 그를 받지 못하나니** 이는 그를 보지도 못하고 알지도 못함이라 그러나 너희는 그를 아나니 그는 너희와 함께 거하심이요 또 너희 속에 계시겠음이라   요 14:16-17

예수께서는 세상, 또는 구원받지 못한 사람들은 보혜사, 진리의 영인 성령님을 충만하게 받지 못한다고 말씀하셨습니다. 왜 세상은 성령을 받지 못할까요? "이는 그를 보지도 못하고 알지도 못함이라" 보다시피, 구원받지 못한 사람이 예수님을 받아들일 때, 그는 새로운 탄생 가운데 성령에 의해 재창조됩니다. 그러나 세상, 즉 구원받지 못한 사람들은 예수님을 모르기 때문에, 성령을 **받을 수 없습니다.** 만약 구원받지 못한 사람이 먼저 예수를 받아들이지 않고 성령충만을 받기 위해 기도한다면, 영의 영역에는 다른 영들이 더 있으므로, 그는 아마도 다른 종류의 영을 받을 것입니다. 거기에는 악한 영들도 있습니다!

세상에서 가장 위험한 일 중의 하나는 죄인들에게 성령 침례를 구하게 하는 것입니다. 죄인들은 영을 구별할 줄을 모릅니다. 그리고 먼저 예수를 영접하지 않고 하나님의 말씀을 어기면서 구하면, 그들은 **잘못된** 영에 자신을 내어주게 될지 모릅니다.

수년간, 나는 이런 일이 여러 사람에게 일어나는 것을 보아왔습니다. 그들이 먼저 예수님을 영접하고 거듭나지 않았기 때문에 그들은 실제로 악한 영을 받았고, 나는 그 악한 영을 쫓았습니다. 그 후에, 나는 그들을 주께 인도하여 그들이 거듭났고, 그런 후에 그들은 성령으로 충만해졌습니다!

예를 들어, 나는 한 집회에서 여러 사람이 성령으로 충만해지기 위해 앞으로 나왔던 것을 기억합니다. 그런데 나는 기도줄에 있는 어떤 여자의 안에 악한 영이 있다는 것을 영으로 감지했습니다. 나는 그녀에게 손을 얹고 물었습니다. "그리스도인이십니까?" 그녀가 말했습니다. "그럼요. 전 성령까지 받았는데요. 제가 방언하는 거 들어보실래요?" 갑자기 그녀는 뭔가를 지껄이기 시작했지만, 그것은 그저 헛소리일 뿐이었습니다. 나는 그것이 방언이 아니라는 것을 알았습니다.

어떤 사람에게는 귀신이나 악령에 대해 이야기하는 것이 무서운 일입니다. 그러나 믿는 자라면 두려워하지 않아야 합니다. 그들은 우선 성경을 읽어야 합니다! 성경은 악한 영을 다음과 같이 정의합니다. "예수를 시인하지 아니하는 영마다 하나님께 속한 것이 아니니 이것이 곧 적그리스도의 영이니라"(요일 4:3) 하나님께 감사드립니다. 그분은 하나님의 영에서 난 것이 아닌 어둠 속에 우리를 내버려 두지 않으십니다!

만약 악한 영이 드러나지 않았을 때 내가 이 여자를 다루었다면, 그녀는 자기 생각으로 "그리스도께서 육체로 오셨다."라고 말할 수 있었을 것입니다. 이것이 내가 악한 영이 나타난 그 때 바로 그것을 다루어야만 했던 이유였습니다.

그래서 나는 그녀에게 말했습니다. "자매님, 나를 따라서 이 기도를 해 보세요." 나는 기도했습니다. "하나님 아버지." 그녀는 나를 따라서 말했습니다. "하나님 아버지."

그리고 나는 말했습니다. "나는 당신이 하나님이신 것을 인정합니다." 그녀는 나를 따라했습니다. "나는 당신이 하나님이신 것을 인정합니다."

그리고 나는 말했습니다. "주 예수 그리스도께서 당신의 아들이며, 그분이 육신으로 오신 것을 인정합니다." 그녀는 말했습니다. "예수 그리스도는 당신의 아들이 아니고, 그는 육신으로 오지 않았어요."

그녀가 "**주 예수 그리스도**"라고 **말하지 않은 것**에 주목하십시오. 그녀는 예수 그리스도가 하나님의 아들이라는 것과 그분이 주님이시라는 것과 그분이 육신으로 오신 것을 고백할 수 없었습니다.

이 여자가 옳은 영을 받지 않았다는 것이 너무나 분명했습니다. 그녀는 사람은 성령충만 받고 방언을 하지 않으면 진정으로 구원받은 것이 아니라고 말하는 사람들과 교제했던 것입니다. 그 사람들이 아직 죄인인 그녀로 하여금 성령 침례를 구하도록 했고, 그녀는 성령 대신 잘못된 영을 받았습니다!

마침내 이 여자가 내게 말했습니다. "여기 내 안에 뭔가가 내가 당신의 말을 따라하지 못하게 해요."

내가 말했습니다. "알고 있습니다. 자유케 되기를 원하시지요?"

그녀가 말했습니다. "원해요." 그래서 나는 그녀에게서 악한 영을 내쫓았고, 예배가 끝나기 전에 그녀는 거듭나고 성령의 말하게 하심을 따라 방언을 말했습니다!

다시 한 번 말하겠습니다. 죄인들이 성령충만을 구하는 것은 위험합니다. 그들은 우선 그리스도 예수 안에서 새로운 피조물이 되어야만 합니다. 그런 후에야 그들은 성령으로 충만해질 수 있습니다.

한편, 전에 말한 바와 같이 당신이 주 예수를 당신의 구원자로 알 때, 새로운 탄생 가운데 하나님이 당신의 아버지가 되시면, 당신은 주께 성령충만을 구하는 것에 대해 전혀 걱정할 필요가 없습니다. 당신은 성령을 구하면, 절대 잘못된 영을 받을 수 없다는 것을 어떤 의심의 여지도 없이 알 수 있습니다!

### 확증하는 꿈

나는 어떤 큰 교회에서 집회를 열고 있었고, 주일 아침 예배에서 할 설교를 모두 준비해 놓았습니다. 그런데 일요일 아침에 일어나기 직전에, 나는 내 메시지를 바꾸는 꿈을 하나 꾸었습니다.

나는 내가 강단에 서 있는 것을 보았고, 내가 말하는 것도 들었습니다. "어떤 사람들은 당신이 성령충만하고 방언을 하지 않으면, 구원받지 않은 것이라고 말합니다. 그러나 그것은 맞는 말이 아닙니다."

그리고 나는 내가 요한복음 14:16-17을 인용하는 것을 들었습니다. 나는 이렇게 말했습니다. "성경은 '그는 진리의 영이라 세상은 능히 그를 받지 못하나니'라고 말합니다. 하나님께서는 세상을 위한 선물을 가지고 계십니다. 요한복음 3:16에 따르면, 그 선물은 영생입니다. 그러나 하나님의 자녀를 위한 그분의 선물은 성령 침례입니다."(행 1:5)

이어서 꿈에서 나는 누가복음 11:13을 인용했습니다. "너희가 악할지라도 좋은 것을 자식에게 줄 줄 알거든 하물며 너희 하늘 아버지께서 구하는 자에게 성령을 주시지 않겠느냐?"

이것이 내가 꿈에서 본 전부입니다. 나는 일어나서 생각했습니다. '그래, 이건 내가 원래 설교하려던 건 아니지만, 꿈에서 내가 말한 것에 대해 전하는 것이 해가 되지는 않을 것 같군.'

그리하여 아침에 설교 시간이 되자, 나는 회중에게 이렇게 말했습니다. "제가 전하려던 설교가 있었지만, 저는 어젯밤 꿈에서 제가 강단에서 말한 것을 전하고 싶습니다. 이게 누군가에게는 도움이 될 것 같습니다." 그리고 나는 내가 꿈에서 말한 대로 이야기했습니다.

예배가 끝나고, 아내와 나는 그 교회 목사님과 식사를 하러 나갔는데, 그분이 말했습니다. "해긴 형제님, 당신이 꿈에서 보고 회중에게 전한 메시지는 하나님께서 주신 것이었습니다! 오늘 아침에 우리 교인 중 한 젊은 남자가 예배 전에 나에게 찾아왔었습니다. 그는 좋은 사람이고, 좋은 남편이자 세 아이의 아버지로서, 5년 전에 우리 교회에서 구원받고 성령충만을 받은 후로 죽 출석하고 있지요. 그런데 오늘 아침에 이 남자가 내게 와서 말했습니다. '목사님, 오늘이 이곳에서 마지막 주일입니다. 저는 다른 교회로 가려고 하는데, 목사님께 알리는 것이 예의인 것 같아 오늘 찾아 왔습니다. 제 어머니는 아무개 교회 교인이신데, 그분께서 성령충만 받고 방언을 하지 않으면 진정으로 구원받은 것이 아니라고 하셨습니다.'"

그 목사님은 계속 말했습니다. "하지만 예배가 끝나고 그 젊은 남자는 내게 와서 말했습니다. '목사님, 제 가족과 저는 떠나지 않겠습니다! 해긴 형제님의 꿈은 확실히 저를 위한 것이었어요. 저는 하나님께서 제게 하시고자 하시는 말씀을 이해했습니다.' 그리고 그 젊은 성도는 이렇게 말했습니다. '해긴 형제님께서 꿈에서 했던 말씀을 하신 후에, 저는 생각하기 시작했습니다. 나는 저 강단에서 구원받고, 몇 달 후에 성령충만을 받았어! 나는 성령 침례를 받았을 때, 내가 이미 구원받았다는 것을 알았어. 나는 항상 성령의 증거하심을 갖고 있었어. 목사님, 저의 어머니는 좋은 분이시고 구원받으셨습니다. 그러나 그분의 심령이 바르다고 해도, 그분의 생각은 잘못됐습니다!'"

그 젊은 성도는 정확히 옳았습니다. 세상을 향한 하나님의 선물, 즉 예수 그리스도를 영접함으로 얻는 영생의 선물과 하나님의 자녀를 위한 성령충만의 선물 사이에는 큰 차이가 있습니다!

## 오해 2 : 모든 사람이 다 방언하는 것은 아니다

또 다른 오해는 믿는 자들이 방언이라는 증거 없이 성령 침례를 받을 수 있다는 생각입니다.

방언은 성령충만이 아니며, 성령충만은 방언이 아닙니다. **그러나 그들은 손을 잡고 가듯 함께 나타납니다.** 당신은 성령으로 채워질 때, 방언을 받는 것이 아닙니다. 당신은 하나님의 삼위the Third Person of the Godhead이신 성령님의 충만함을 받는 것입니다.

어떤 사람들은 이렇게 잘못 말합니다. "당신이 성령충만 받을 때 방언을 할 수도 있고 안 할 수도 있습니다." 그러나 그것은 성경적이지 않습니다! 우리는 이미 성령 침례를 받으면 방언을 하는 성경적인 모범을 보았습니다(행 2:1-4). 그리고 당신이 만약 성령충만을 받았다면, 당신은 성경에서 그것과 함께 나타난 증거도 기대할 수 있고 기대해야만 합니다!

방언tongue의 증거와 함께하는 성령충만은 남성 신발의 구두 혀tongue[4] 같은 것입니다. 만약 내가 구두 한 켤레를 샀다면, 나는 그 안의 구두 혀를 따로 구입할 필요가 없습니다. 그러나 동시에, 나는 결코 구두 혀만 따로 사지 않습니다! 나는 **구두**를 산 것이지만, 그 안에는 분명히 구두 혀가 들어있습니다. 가게에서 가장 비싼 신발이라 할지라도 구두 혀를 따로 팔지는 않습니다!

---

4) 구두 혀tongue : 구두 끈 아래 발등을 감싸는 혀같이 생긴 부분.(역자 주)

다른 사람들은 이렇게 말합니다. "나는 방언을 믿습니다만, 방언은 모든 사람을 위한 것이 아니에요." 그리고 그들은 고린도전서 12:29-30을 자신의 의견을 뒷받침하는 성경의 증거로 지목합니다.

다 사도이겠느냐 다 선지자이겠느냐 다 교사이겠느냐 다 능력을 행하는 자이겠느냐 다 병 고치는 은사를 가진 자이겠느냐 다 방언을 말하는 자이겠느냐 다 통역하는 자이겠느냐           고전 12:29-30

29절과 30절의 다른 모든 질문들에 대한 잠정적인 대답이 '아니다'이기 때문에, 이 사람들은 "모든 사람이 사도나 선지자나 교사나 능력 행하는 자가 아니니까, 모든 사람이 방언하는 것은 아닌 것도 사실이야. 그러니까, 방언은 모두를 위한 것이 아니야."라고 결론내립니다.

그러나 당신은 한 구절이나 한 부분을 문맥에서 떼어 성경의 다른 구절과 함께 놓고, 당신이 증명하고 싶어 하는 어떤 것을 증명하려고 할 수 있습니다.

그러므로 이 구절들의 전체 문맥을 읽고 바울이 정말 말하고 있는 것이 무엇인지 봅시다.

너희는 그리스도의 몸이요 지체의 각 부분이라 하나님이 교회 중에 몇을 세우셨으니 첫째는 사도요 둘째는 선지자요 셋째는 교사요 그 다음은 능력을 행하는 자요 그 다음은 병 고치는 은사와 서로 돕는 것과 다스리는 것과 각종 방언을 말하는 것이라 다 사도이겠느냐 다

> 선지자이겠느냐 다 교사이겠느냐 다 능력을 행하는 자이겠느냐 다 병 고치는 은사를 가진 자이겠느냐 다 방언을 말하는 자이겠느냐 다 통역하는 자이겠느냐               고전 12:27-30

누군가는 이렇게 말할지 모릅니다. "보세요, 바울은 모든 사람이 방언하는 것이 아니라고 말하고 있잖아요!"

그러나 바울은 여기에서 영적 은사에 대해 말하고 있는 것이 아닙니다. 그것에 대해서는 이미 고린도전서 12:1-11에서 말했습니다. 그는 성령의 은사가 아니라, **사역**의 은사에 대해서 말하고 있습니다. 사역의 은사는 오중 사역으로 부름 받고, 성령의 은사로 **구비된** 사람들입니다(엡 4:11-12). 예를 들어, 사도는 사역의 은사입니다. 선지자도 사역의 은사입니다. 복음전도자, 목사, 교사들도 사역의 은사입니다. 부름 받고 사역 은사의 직무를 맡도록 구비된 사람들에게는 그들의 삶에서 그들이 사역하고 다른 사람들을 축복할 수 있게 하는 특정한 부르심이 있습니다.

바울은 이어서 말합니다. "… 다음은 능력miracles을 행하는 자요 그 다음은 병 고치는 은사와 …"(고전 12:28). 이제 바울은 입장을 바꾸지 않고, 이 절 중간에 다른 어떤 것을 말하기 시작합니다. 그는 비논리적이지 않습니다. "능력 행하는 자요 그 다음은 병 고치는 은사"라는 이 부분은 실제로 복음전도자 직분을 가리키고 있습니다.

우리는 빌립이 사마리아에서 사역한 것을 통해 복음전도자 직분을 볼 수 있습니다.

> 빌립이 사마리아 성에 내려가 **그리스도를** 백성에게 **전파하니** 무리가 빌립의 말도 듣고 행하는 **표적**miracles도 보고 한마음으로 그가 하는 말을 따르더라 많은 사람에게 붙었던 더러운 귀신들이 크게 소리를 지르며 나가고 또 많은 중풍병자와 못 걷는 사람이 **나으니**
>
> 행 8:5-7

복음전도자의 사역은 사람들에게 그리스도를 전하여 구원받게 하고, 능력miracle을 행하고, 치유의 은사를 행하는 것으로 이루어집니다.

다음에 오는 것은 **돕는** 사역입니다. 돕는 사역은 오중 사역자들을 돕도록 하나님께 부름 받은 사람들이 해당됩니다. 다스리는 것은 목사 직분을 말합니다. 왜냐하면 목사 직분은 지역 교회를 관리하고 이끌기 때문입니다. 그리고 마침내, 바울은 다른 사역을 언급합니다. 바로 **각종 방언**입니다.

그러므로 고린도전서 12:27-30의 이 단락에서, 바울은 성령충만하여 성령의 말하게 하심을 따라 방언하는 것을 말하고 있지 **않습니다**. 또는 그는 방언으로 주를 높이거나, 그분께 신성한 비밀을 말하는 것을 이야기하지 **않습니다**. 그리고 그는 가끔 공중 모임에서 방언으로 메시지를 전하여 교회를 세우는 평신도들을 말하는 것도 **아닙니다**.

방언 은사의 이러한 용도와 사용에 대해서도 하나님께 감사드리지만, 바울은 이 단락에서 이 중 어떤 것에 대해서도 말하고 있지 않습니다. "각종 방언"이 사역의 직분들과 함께 열거된 것에 주목하십시오. 이것 또한 사역의 은사입니다! 바울은 하나님께서 누군가,

즉 각종 방언의 사역을 하는 특정한 사람을 교회에 세우신다고 말하고 있습니다.

각종 방언의 사역 은사는 선지자 직분에 가깝습니다. 이는 공중 모임에서 방언과 통역으로 사역하도록 부름 받은 사람을 말합니다.

바울은 계속 질문합니다. "다 사도이겠느냐?" 아닙니다. "다 선지자이겠느냐?" 아닙니다. "다 교사이겠느냐?" 아닙니다. "다 능력을 행하는 자이겠느냐? 다 병 고치는 은사를 가진 자이겠느냐?" 다시 말해, "다 복음전도자이겠느냐?" 아닙니다. "다 방언을 말하는 자이겠느냐? 다 통역하는 자이겠느냐?" 다시 말해, "다 각종 방언의 사역으로 선지자의 직분을 감당하겠느냐?" 물론, 당연히, 정답은 '아니다' 입니다!

그러므로 성경적인 문맥과 결론에서 벗어난 의문을 갖지 마십시오. "이 구절에서는 모든 사람이 방언하지는 않을 거라는 말이 바로 보이는군." 이 단락은 방언처럼 각 개인에게 주어지는 영적 은사에 대해 말하고 있지 않습니다. 그렇습니다, 이는 **교회**에 주어지는 사역의 은사에 대해 말하고 있습니다. 그리고 고린도전서 12:30에서는, 각종 방언과 통역을 통한 선지자 직분의 사역 은사에 대해 말하고 있습니다.

내가 처음으로 각종 방언과 통역의 사역을 하는 사람을 본 것은 굿윈 형제 부부였습니다. 굿윈 부부는 우리 부부가 알고 지내는 영광을 갖게 된 소중한 친구이자 동료 사역자입니다. 그들은 방언과 통역 분야에서 특출한 사역을 하고 있었습니다.

한 예로, 나는 내 아내와 내가 서부 텍사스에서 가졌던 집회를 기억합니다. 과거에 우리는 그 도시에 사는 어떤 가정과 교제를 가졌는데, 나는 그 남편이 교회 예배에 나오지 않고 있음을 알아챘습니다.

한 날은 그 남자의 아내가 우리에게 점심을 먹으러 가자고 청했습니다. 함께 하는 시간 중에, 그녀가 말했습니다. "제 남편은 좋은 사람이에요. 그를 깎아 내리고 싶은 뜻은 아니에요. 그런데 교회에 어떤 일이 생겨서 그에게 상처를 주었고, 남편은 교회를 가지 않아요. 그는 더 이상 거기 가기를 거부해요."

어떤 사람이 교회를 떠나면, 그는 하나님과의 교제에서도 떠나게 됩니다. 왜냐하면 다른 신자와 교제하지 않는 신자는 하나님의 말씀에 비추어 행하고 있지 않기 때문입니다(요일 1:7). 당연히 이 남자는 기도가 필요했고, 우리는 그 날 그의 아내와 함께 그를 위해 기도했습니다.

우리는 집회를 마치고 다른 도시에서 사역하기 위해 수 마일을 이동했습니다. 굿윈 부부는 그 집회에 참석하고 있었습니다.

그 때, 그 남자가 자기 아내와 세 대의 차에 사람들을 가득 싣고 나타났습니다. 그는 자기 지역의 집회에는 오지 않고, 이 다른 집회에 참석하기 위해 수 마일을 달려 온 것입니다!

이 집회에서, 주님께서 내게 말씀하셨습니다. "저 남자와 그 아내에게 사역하라." 그래서 나는 그들을 앞으로 불렀습니다. 갑자기 내가 짧은 장면 환상mini-vision flash이라고 부르는 것이 앞에 보였습니다. 나는 이 커플이 함께 걷는 것을 보았는데 그의 아내는 아래를 보고 있었습니다.

환상 중에 그 남편이 아내에게 물었습니다. "뭐가 잘못됐어?"

아내는 대답했습니다. "해긴 형제님이 내게 예언적으로 모든 것을 말해 주실 거예요, 하지만 내가 우리 상황에 대해 말씀드렸기 때문에 이미 부분적으로는 알고 계세요."

그런 후에 주께서 내게 말씀하셨습니다. "너도 이 남편과 아내에게 사역할 수 있지만, 굿윈 부부가 와서 이들에게 사역하는 것이 더 좋겠다. 그러면 이들도 굿윈 부부가 자기들에 대해 아무 것도 모른다는 것을 알기 때문에, 사탄이 그들에게 틈탈 수 없을 것이다."

그리하여 찬양 인도자가 회중의 찬양을 인도하는 동안, 나는 굿윈 부부에게 가서 그들에게 사역해줄 것을 청했습니다. 굿윈 자매가 이 커플에게 방언을 말했고, 굿윈 형제가 그것을 통역했습니다. 당신이 그 자리에 있었다면 당신은 내가 굿윈 부부에게 그들의 정확한 상황에 대해 다 말했다고 생각했을 것입니다! 굿윈 부부는 그들에게, 그 아내가 점심 때 우리 부부에게 말했던 것을 그대로 말했습니다. 굿윈 부부는 그 커플에게 그들의 문제가 무엇인지와 그들이 각자 놓치고 있는 부분이 어디인지 말하고 있었습니다. 그리고 그 커플에게 그들 상황에 대한 하나님의 응답을 주었습니다.

나는 수년 동안 굿윈 부부가 그렇게 사역하는 것을 여러 번 보았습니다. 평신도가 공중 모임에서 방언으로 메시지를 전할 경우에는, 그 수가 최소 두 세 사람으로 제한됩니다(고전 14:27). 그러나 고린도전서 12:30에서 언급된 각종 방언의 사역에서는, 성령님이 사역자에게 기름 붓고 인도하시기 때문에 제한이 없습니다.

내가 주관하는 집회에서 사람들이 사역을 받기 위해 앞으로 나오면, 성령께서는 자주 이렇게 말씀하셨습니다. "굿윈 형제와 자매가 이들에게 사역하도록 해라." 그러면 굿윈 부부는 그들 모두에게 방언과 통역으로 사역했습니다. 그들은 그 사람들에 대해 아무 것도 몰랐지만, 각 사람에게 정확하게 문제에 대해 말하고 하늘로부터 온 정확한 하나님의 응답을 주었습니다.

그러므로 공중 모임에는 각종 방언과 통역 사역자로 부름 받은 사람들이 있습니다. 모두가 이런 사역에 부름 받은 것은 아닙니다. 사람들을 택하여 이런 사역의 은사 직분에 세우시는 분은 **하나님**이십니다.

그러나 **모든** 신자들은 **반드시 기필코 꼭** 성령충만 받고 하나님의 영이 말하게 하심을 따라 방언을 말해야 합니다. 이들 방언은 교회에서 공적인 통역을 위한 것이라기보다는, 신자들의 하나님에 대한 개인 경건 생활에 쓰이는 것입니다.

## 오해 3 : 방언 기도는 자신이 원할 때 할 수 있는 것이 아니다

전통 교단의 젊은 목사 시절, 나는 4월 8일 목요일 저녁 6시 8분에 텍사스 맥킨니 북체스트넛 거리 309번지의 '순복음 장막 교회' 사택에서 성령 침례를 받았습니다. 그 날 이후로, 나는 방언으로 기도하고 노래하며 홀로 하나님 앞에서 기다리고, 주를 경배하고 그분과 교제하는 것을 습관으로 삼았습니다.

전에 말한 바와 같이, 오순절파 사람들은 나에게 그렇게 하라고 가르치지 않았습니다. 사실, 사람들은 그들이 성령 침례 중에 받은 기도 언어로 해야 할 바에 대해 아주 조금밖에 또는 전혀 가르침을 받지 못했습니다. 그러므로 나는 실은 매일 꾸준히 방언으로 기도하는 것이 맞는지 틀린지도 몰랐습니다.

나는 오순절파 사람들이 이렇게 말하는 것을 들었습니다. "방언 기도는 당신이 원할 때 할 수 있는 것이 아닙니다. 당신은 황홀경이 올 때까지 기다려야만 합니다. 당신은 모든 것을 불러일으켜야 합니다!" 그러나 **내** 경험은 그렇지 않았습니다. 방언으로 기도하고 노래하기 위해 혼자 있을 때, 나는 모든 것을 불러일으키지 않았습니다. 거기에는 나 혼자만 있었습니다. 게다가, 나는 그런 것을 성경 어디에서도 찾아볼 수 없었습니다.

그래서 내 마음 속 깊은 곳에는 언제나 계속되는 의심이 있었습니다. '내가 원할 때마다 방언으로 기도하는 것이 맞는 걸까?' 나는 수년간 이 문제로 계속 고심했습니다.

(나는 이것이 하나님께서 나로 하여금 1970년대에 레마 성경 훈련소를 시작하도록 인도하신 이유 중 하나라고 믿습니다. 하나님께서는 사역자로 부름 받은 젊은이들이 이러한 성경적 진리들을 배워서, 우리 대부분이 오랜 세월 동안 그랬던 것처럼 이러한 문제로 고심하지 않기를 바라셨습니다. 이제 우리 학생들은 선배 사역자들이 사역하면서 수년에 걸쳐 올라간 그 기름부음의 수준에서 공부하고 출발할 수 있습니다!)

누구도 방언의 성경적 사용에 대해 가르쳐주지 않았기 때문에, 나는 이 주제에 대한 성경 말씀을 몰랐고, 마귀는 고소하는 생각들로 나를 괴롭혔습니다. 그는 내 마음에 이렇게 속삭였습니다. "너는 다른 모든 사람들과 다르게 행동하고 있어! 다른 사람들은 황홀경에 빠지지 않으면 방언을 못하는데, 너는 내키는 대로 하고 있잖아. 넌 틀렸어! 솔직히 넌 잘못된 영을 받았어! 너는 그들과 같은 성령을 받지 않았다구."

나는 개인적으로 방언 기도하는 것을 멈추지는 않았지만, 오순절파 사람들이 이렇게 말할 때면 여전히 괴로웠습니다. "우리는 원할 때 기도할 수 없어요. 우리는 오직 황홀경에 빠져 차원 높은 성령의 영역으로 올라가는 특별한 경우에만 방언 기도를 할 수 있어요." 그래서 나는 내가 맞는지 틀린지 내 자신에게 계속 자문했습니다. 이후 수년 동안, 방언으로 기도하고 노래하며 주님을 기다릴 때마다 나의 기도 생활에서 동요가 되었습니다.

우리가 왜 이러는지는 모르겠습니다. 중심은 좋은데 생각은 어리석습니다. 우리는 때로 이렇습니다. 우리는 사람의 의견을 구하고 이러저러한 사람들이 그 문제에 대해 하는 말들을 찾으려고 애쓰지만, 모두가 다른 의견을 내놓습니다. 우리는 왜 가장 먼저 하나님의 말씀으로 가서 답을 찾지 않는 걸까요!

그리하여 마침내 1943년 2월에, 나는 답을 찾았습니다. 나는 6년간 성령충만하였고, 동부 텍사스 그렉튼의 작은 순복음 교회의 목사였습니다. 어느 날 책상에서 공부하면서, 나는 이렇게 결단했습니다. '나는 이 의문을 말씀으로 해결하겠어. 나는 다른 사람들이 하는 말을 잊고 하나님께서 말씀하시는 바를 찾겠어!'

그리하여 나는 성경의 고린도전서 14장을 폈습니다. 나는 바울이 말한 것을 읽었습니다. "방언을 말하는 자는…" 내가 맨 처음 주목한 것은 바울이 "성령이 그를 통해 방언을 말하는 자는…"이라고 말하지 않았다는 것입니다!

**방언을 말하는 자**는 사람에게 하지 아니하고 하나님께 하나니 이는 알아 듣는 자가 없고 영으로 비밀을 말함이라           고전 14:2

나는 이 구절을 모팻Moffat 번역본에서 찾아보고, "비밀mystery"이라고 번역된 단어가 "신성한 비밀"을 뜻함을 알았습니다. 그러고 나서 나는 "방언을 말하는 자는…"이라고 시작되는 4절도 읽었습니다. 다시 한 번, 나는 방언을 말하는 주체가 성령님이 아니라 **사람**이라는 것에 주목했습니다. 이 절은 이렇게 이어집니다. "방언을 말하는 자는 자기의 덕을 세우고…" 이는 즉시 나의 주의를 집중시켰습니다. 방언을 말하는 사람은 **자기 자신을** 세우는 것입니다!

이어서, 나는 고린도전서 14:14-15를 읽었습니다. 이 구절은 나에게 결정적이었습니다!

내가 만일 방언으로 기도하면 **나의 영이 기도하거니와** 나의 마음은 열매를 맺지 못하리라 그러면 어떻게 할까 **내가** 영으로 기도하고 또 마음으로 기도하며 내가 영으로 찬송하고 또 마음으로 찬송하리라
           고전 14:14-15

누가 기도합니까? 성령님이 기도합니까? 아닙니다! 나를 통해서 성령님이 기도하시는 것입니까? 아닙니다! 그분은 내가 기도하는 것을 **도우실** 뿐입니다.

15절이 내게 도움이 되었습니다. 바울은 이렇게 말했습니다. "내가 영으로 기도하고 또 마음으로 기도하며…" 나는 스스로에게 말했습니다. "가만! 바울은 '내가 마음understanding으로 기도한다' 라고 했어. 나는 언제든지 원할 때 내 마음, 그러니까 내 이성으로 기도할 수 있지? 그래!"

나는 결론지었습니다. "나는 언제나 원할 때 이렇게 말할 수 있어. '이제 나는 10분 동안 이성으로 기도할 거야. 아버지, 저는 예수의 이름으로 당신 앞에 무릎을 꿇었습니다. 우리 주 예수 그리스도의 아버지, 영광의 아버지, 당신께 내 목소리를 올려 드립니다. 당신의 속량의 계획으로 인해 감사드립니다…' 내가 그렇게 하기로 작정하면, 나는 그 시간 내내 하나님께 기도할 수 있어!"

그리고서 나는 15절의 첫 부분을 다시 읽었습니다. 바울이 말했습니다. "**내가** 영으로 기도하고" 다시 말해, 그는 이렇게 말한 것입니다. "나는 내가 내 이성으로 기도하기로 마음먹을 수 있는 것처럼, 영으로 기도하기로 마음먹을 수 있다." 나는 그 전에는 성경에서 이 말을 본 적이 없었지만, 그 때 나는 언제든 원할 때 영으로 기도한 것이 옳음을 깨달았습니다.

그래서 나는 말했습니다. "나는 내가 해야 할 바를 알아. 나는 바로 여기서 무릎을 꿇고 한 시간 동안 방언으로 기도할 거야. 나는 그렇게 하기로 할 거야. 나는 영으로 기도할 거야!"

당신은 방언 기도에 대해 이 점을 반드시 이해해야만 합니다. **마귀가 당신에게 대적할 것입니다.** 그는 당신이 원할 때 언제든 방언으로 기도하는 그 영역으로 들어가기를 원치 않습니다. 분명히 말하겠습니다. 그는 당신에게 대적할 것입니다! 어떻게 그렇게 할까요? 그는 수많은 다른 방법으로 그렇게 할 것입니다. 그러나 이런 종류의 기도는 당신의 생각과 분리되어 있기 때문에, 마귀가 가장 자주 쓰는 전략 중의 하나는 당신이 잘못된 생각을 하도록 낙담시키는 의견들을 일으키는 것입니다.

무릎 꿇고 한 시간 동안 방언으로 기도하기 시작한 순간, 그것이 바로 나에게 일어난 일이었습니다. 어떤 생각이 내 마음에 들어왔습니다. (그리고 나는 그것이 마귀라는 것을 알았습니다.) "누군가 와서 너한테 뭐하고 있는 거냐고 물으면 어떻게 할래? 넌 '나도 몰라'라고 말해야 할 걸."

내가 말했습니다. "잠깐만, 마귀야." 나는 성경을 집어들고 고린도전서 14장을 폈습니다. "누군가 들어와서 내가 방언 기도하는 것을 듣고 '뭐 하시는 건가요?'라고 묻는다면, 나는 이렇게 말할 거다. '나는 아버지께 말하고, 나 자신을 세우고 있습니다!'"

그 즉시 적으로부터 다음 생각이 들어 왔습니다. "넌 네가 하는 말도 못 알아듣잖아?"

"그래, 나는 신성한 비밀을 말하고 있으니까!"

"근데 너, 기도하기 전에 평소와 다른 어떤 느낌을 느끼긴 했니?"

"마귀야, 나는 느낌에 의해 행하지 않아. 나는 성경이 말하는 것에 의해 행한다! 그리고 이건 육체적인 세움이 아니라, 영적인 세움이야. 네가 못 읽는다면, 내가 이 성경말씀을 읽어 주지." 그리고서 나는 마귀의 모든 고소에 대한 대답으로 그에게 다양한 구절을 읽어 주었습니다. 나는 다 읽고 말했습니다. "그러니까 이 마귀야, 나는 한 시간 동안 방언으로 기도할 거니까, 너는 네 갈 길 가라!"

그런 후에 나는 눈을 감고 방언으로 기도하고 기도하고 또 기도하기 시작했습니다. 내 기도에 대한 어떤 열정이나 기름부음은 없었지만, 나는 영으로 기도했습니다.

잠시 후에, 나는 한 시간 넘게 기도한 것 같았습니다. 아주 긴 시간이 지난 것 같았습니다! 그래서 눈을 뜨고 시계를 보았더니, 겨우 10분밖에 기도하지 않았습니다!

그래서 다시 이어서 계속 방언으로 기도했습니다. 시간은 천천히 흘러갔고, 잠시 후, 한 시간 정도 기도한 것 같았습니다. 심지어 한 시간 반은 한 것 같았습니다! 시계를 보았습니다. 겨우 20분이 지났습니다. 오, 주여!

나는 계속했습니다. 절대 한 시간을 방언으로 기도할 수 없을 것 같았습니다. 나는 한 시간이 그렇게 긴지 몰랐습니다!

어쨌거나 나는 한 시간 동안 고군분투했습니다. 일어나서 의자에 앉자, 어떤 음성이 내 마음에 말했습니다. "봐, 넌 시간만 낭비했잖아! 넌 주일 설교 준비를 해야 했어. 그리고 나가서 심방도 해야 했지. 그런데 그 대신 여기서 한 시간을 완전히 낭비했어. 그게 네가 한 짓이야!"

내가 말했습니다. "마귀야, 난 한 시간을 낭비한 게 아니야. 다시 읽어 주마." 내 성경은 여전히 고린도전서 14장에 펼쳐져 있었습니다. 나는 말했습니다. "나는 내 아버지께 비밀을 말한 거다. 넌 그 비밀에 끼어들 수 없으니까 화가 났겠지!"

"하지만 너는 네가 하는 말을 알아듣지도 못하잖아!"

"그래," 내가 말했습니다. "하지만 나는 나한테 기도하는 게 아니야. 나는 하나님께 말하는 거야! 중요한 건 그분은 내가 하는 말을 다 이해하신다는 거지. 게다가 나는 나 자신을 세웠어.

마귀야, 그렇기 때문에 나는 다시 무릎을 꿇고 두 시간 더 방언으로 기도할 거다. 그리고 그 두 시간을 채울 때 네가 또 뭐라고 하면, 나는 **두 배**로 할 거다. 다음에는 네 시간을 해버릴 거다!"

그리하여 나는 다시 무릎을 꿇고 방언으로 기도하기 시작했습니다. 이번에는 좀 더 쉬웠고, 나는 영어는 한 마디도 하지 않고 두 시간을 채웠습니다. 아무런 열정이나 기름부음이 없었지만, 나는 두 시간을 더 방언으로 기도했던 것입니다. 나는 방언으로 세 시간을 기도하고, 일어나서 다시 의자에 앉았습니다. 그 전에는 그렇게 길게 영으로 기도해본 적이 없었습니다.

다시 한 번, 어떤 음성이 내 마음에 들려왔습니다. "그래, 두 시간을 더해서 총 세 시간을 낭비했구나. 그래서 뭐 좋은 게 있니? 기도하기 전보다 좀 기분이 나아졌니?"

나는 말했습니다. "나는 느끼는 것이나 보이는 것으로 행하지 않는다. 나는 믿음으로 행한다."

"좋아, 하지만 네가 무슨 기도했는지 아니?"

"아니," 내가 말했습니다. "하지만 나는 나한테 기도한 게 아니야. 나는 하나님께 비밀들을 말한 거야."

"네가 알지도 못하는 방언으로 기도하는 게 너한테는 무슨 도움이 되지?"

"나는 나 자신을 세우는 거야. 지극히 거룩한 믿음 위에 나 자신을 건축하는 거다."

"그래, 하지만 너는 그 시간에 설교 준비를 끝낼 수 있었어. 이제 시간은 지나갔고, 넌 아무 것도 이룬 게 없어."

내가 말했습니다. "이 마귀야, 내가 경고했지? 네가 또 무슨 소리를 하면, 나는 두 배 더 방언으로 기도할 거라고 했다. 그러니까 난 다시 무릎 꿇고 네 시간 동안 방언으로 기도할거야!"

그래서 나는 무릎을 꿇고 또 다시 방언으로 기도했습니다. 1시간 45분을 더 기도하자, 나는 물줄기가 터져 나오는 분출구를 터트렸습니다! 이것이 내가 아는 한 최고의 묘사입니다. 다시 말해, 나는 기름부음 가운데 내 영과 이성 모두로 기도하기 시작했습니다. 성령께서 내게 장래 일들을 보여주심으로 계시가 임했습니다(요 16:13). (이 기도 시간 중에 그분께서 보여주신 것에 대해서는 후에 더 이야기하겠습니다.)

그 때까지 나는 어떤 열정이나 기름부음 없이, 나의 지극히 거룩한 믿음 위에 자신을 세우면서 방언으로 기도했습니다. 그러나 내가 분출구를 터트리자, 계시가 임하기 시작했습니다. 거기에 내가 할 수 있는 일은 아무 것도 없는 것 같았습니다. **그러나 내가 나의 의지의 행동으로**

**방언 기도를 시작하지 않았다면, 그 "분출구"는 결코 터지지 않았을 것입니다!**

이러한 방언 기도는 마치 유정油井을 파는 것과 같습니다. 유전업자가 유정을 파는 데 노력을 들이지 않는다면, 모든 기름은 땅 속에 그대로 있을 것입니다. 유정을 터트릴 가능성은 여전히 존재하지만, 유전업자가 기름을 파내지 않는 이상, 누구도 기름의 흔적을 볼 수 없을 것입니다.

당신은 이렇게 물을지 모릅니다. "그렇게 4시간 45분 동안 어떤 열정이나 기름부음 없이 방언으로 기도하는 것이 당신에게 유익했습니까?"

확실히 그렇습니다. 나는 수년간 셀 수 없이 많이, 단지 내가 원해서 방언으로 기도했습니다. 그러나 의지의 행동으로 방언 기도하는 것과 기름부음으로 기도하는 것 사이에는 차이가 있음을 이해해야 합니다.

우리가 성령의 기름부음에 의해 기도하면서 더 깊은 기도의 영역으로 들어갈 때, 기적이 일어나고 계시가 임합니다! 영으로 하는 기도로 인해 하나님께 감사드립니다!

그 날 나는 그러한 깊은 기도의 영역으로 들어가는 데 거의 다섯 시간이 걸렸습니다. 그러나 매일 지속적인 방언 기도를 통해서, 나는 성령 안에서 10분 안에 그 자리로 들어갈 수 있는 정도에 왔습니다.

만약 당신도 같은 일, 즉 매일 시간을 늘리면서 방언 기도하는 일을 시작한다면, 당신은 더 깊은 기도의 영역으로 빨리 들어가는 법도 배우게 될 것입니다.

나는 내가 텍사스 휴스턴에서 집회를 열었을 때, 갑자기 기도의 영이 모든 청중들에게 임했던 것을 기억합니다. 바닥에 내 무릎이 닿는 순간, 나는 방언으로 전기톱처럼 기도하고 있었습니다! 나는 거의 숨을 돌리지 못하고 그런 식으로 1시간 45분 동안 기도했습니다. 그리고 나서, 성령께서 내게 내가 기도한 것에 대한 통역을 주셨습니다. (기도한 내용을 전부 알 필요는 없었기 때문에, 모든 것을 통역하지는 않았습니다.)

통역 가운데, 하나님께서는 나의 미래 사역에 반드시 포함되어야 할 활동들에 대해 말씀하셨습니다. 기도 시간 후에, 나는 나의 사역을 완전히 바꾸고 즉시 다른 방향으로 나아가기 시작했습니다. 한 걸음 한 걸음씩, 나는 주께서 그 때 그 때 하라고 지시하시는 것을 했습니다. 그리고 내가 사역의 새로운 분야로 들어갈 때마다, 모든 것이 너무나 잘 이루어졌습니다. 마치 누군가 뒤에서 모든 운행을 인도하고 있는 것 같았고, 실제로 그분이 그렇게 하셨습니다!

그러므로 매일 개인 기도 시간에 방언으로 기도하십시오. 그러나 거기에서 그치지 마십시오. 당신이 성령의 기름부음 아래 기도하기 시작할 때까지, 초자연적인 언어가 당신에게서 능력의 강과 같이 흘러나올 때까지 계속 기도하십시오!

## 오해 4 : 방언은 다 기도이다

당신은 종종 어떤 순복음 교단 사람이 방언은 다 기도라고 말하는 것을 들을 수 있습니다. 그들은 말합니다. "사람이 방언을 할 때, 사실 그는 기도를 하고 있는 것입니다. 그리고 누군가 그 방언을 통역하면, 그는 예언을 하고 있는 거지요."

그러나 모든 방언이 다 기도는 **아니며**, 모든 방언이 기도의 목적으로 주어지는 것은 **아닙니다**. 나는 공중 모임에서 여러 번 방언을 말했고, 또 내가 말한 언어를 알아듣고 내가 한 말을 정확히 이해한 사람이 후에 내게 찾아 온 경우가 몇 번 있었기 때문에 그것에 대해 잘 알고 있습니다.

나는 한 번은 독일어를 말했는데, 나는 독일어를 모릅니다. 나는 또한 스페인어와 아랍어도 말한 적이 있습니다. 회중 가운데 내가 말한 언어를 이해하는 사람들이 내게 찾아 온 적도 몇 번 있었습니다. 그리고 때때로 그들에게 내가 기도를 했냐고 물으면, 그들은 말했습니다. "아니에요, 당신은 회중에게 설교를 했어요."

예를 들어, 한 번은 어떤 남자가 예배 후에 나를 찾아 와서 말했습니다. "나는 목사님이 말씀하신 것을 어떻게 통역하실지 궁금했어요."

나는 물었습니다. "그게 무슨 말이지요?"

그가 대답했습니다. "목사님은 아랍어로 말씀하셨어요."

오, 나는 내가 아랍어로 말했다는 것을 몰랐습니다!

그리고 그 남자가 말했습니다. "아랍어는 제 모국어입니다. 당신은 사람이 일반적으로 들어 볼 수 없는 아랍어로 말씀하셨습니다. 그래서 나는 그것을 어떻게 통역하실지 궁금했습니다."(그는 그리스도인이 아니었고, 성령의 은사에 대해서는 전혀 이해가 없었습니다. 그는 내가 아랍어를 할 줄 알아서, 영어로 그 말을 통역했다고 생각한 것입니다!)

내가 말했습니다. "내 통역이 어땠나요?"

"오, 탁월했어요!" 그가 말했습니다.

"오, 그래요." 내가 말했습니다. "주님을 찬양합니다! 제가 잘 했다니 정말 기쁘네요, 저는 아랍어를 모르거든요."

그 남자가 나를 쳐다보고, 깜짝 놀라서 말했습니다. "뭐라고요! 전에 아랍어를 전혀 해본 적이 없다고 말씀하시는 겁니까?"

내가 말했습니다. "맞습니다."

그 남자는 의혹에 차서 나를 바라보았습니다. 그가 말했습니다. "당신은 아랍어를 못합니까?" 그리고 그는 내게 아랍어로 뭔가 말했습니다. 나는 내가 그런 말들을 했었다는 건 눈치 챘지만, 그가 하는 말은 알 수 없었습니다.

그리고서 그 남자가 물었습니다. "어떻게 당신이 말한 내용도 모르면서 그렇게 완벽한 아랍어를 할 수 있었지요?" 그래서 나는 성경의 고린도전서 12장과 14장을 펴고 방언과 통역의 은사에 대해 그에게 설명했습니다.

그 날 밤 이 남자가 처음 예배당에 들어왔을 때, 그는 예수 그리스도가 메시아임을 믿지 않았었습니다. 그러나 예배 후에 우리가 대화를 하는 중에, 그의 안에서 무언가 변화가 있었습니다. 그는 나에게 말했습니다. "그렇다면, 그리스도가 메시아일 수도 있겠네요!"

내가 대답했습니다. "하나님 감사합니다, 그분은 메시아이십니다!"

내가 아랍어를 말했을 때, 성령께서는 그 남자에게 예수께서 메시아이신 것을 말했던 것입니다! 나는 기도하지 않았습니다. 나는 그 남자에게 그가 들어야 할 특정한 메시지를 하나님께 받아 말했습니다. 나는 사역 중에 이런 일을 여러 번 겪었습니다.

그러므로 모든 방언이 다 기도는 아닙니다. 어떤 것은 기도지만, 어떤 것은 기도가 아닙니다. 기억하십시오, **본질적으로** 모든 방언은 같은 것이지만, 그 **목적**과 **사용**에 따라 다를 수 있습니다. 그것이 하나님께서 "각종 방언"이라고 부른 이유입니다.

### 오해 5 : 방언은 단지 외국어를 말하는 능력이다

내가 말한 바와 같이, 때때로 당신이 공적으로 방언을 할 때 누군가는 그 말을 이해할 수도 있습니다. 그러나 당신이 다른 방언으로 하나님께 신비들을 말할 때는, **누구도** 그 말을 이해할 수 없습니다(고전 14:2). 그리고 나는 이 말을 덧붙이고 싶습니다. 사탄도 당신의 말을 이해하지 못합니다! 그것이 마귀가 방언을 그렇게 싫어하고, 그렇게 열심히 방해하는 이유입니다. 왜냐하면 그는 당신이 기도하는 내용을 알지 못하기 때문입니다. 당신은 아버지께 신성한 비밀을 말하고, 사탄은 둘 사이의 대화에 대해서 하나도 모릅니다.

몇 년 전에 순복음 사업가 친선 모임에서 우리는 신학생들을 연회에 초청했습니다. 14개의 다른 대학교에서 온 학생들은 물론, 많은 전통 교단의 사역자들이 연회에 참석했습니다.

연회 중에, 우리는 공개토론회를 주관했습니다. 우리 사역자 중 몇 명과 패널이 되었고, 정신과 전문의와 다른 의사들이 토론회 강사가 되었습니다. 나는 한 청중이 내놓은 방언에 대한 질문에 답했습니다. 오랄 로버츠 형제는 치유에 대해 답했습니다. 그리고 몇몇 다른 사역자들은 다른 주제에 대해 답했습니다. 방언에 대한 질문이 거의 70퍼센트를 차지했습니다.

선교사가 되려고 준비 중인 몇몇 신학생은 이런 질문을 했습니다. "우리는 하나님이 부르신 그 나라 언어를 배우기 위해서 꼭 학교에 다녀야 합니까? 방언의 은사로 그 외국어를 그냥 하게는 못 하시나요!"

이 학생들은 방언의 성경적인 사용에 대해 오해했습니다. 그들은 방언이 항상 다른 나라의 언어를 하는 것이라고 잘못 생각했습니다.

그러나 그것은 방언의 성경적인 용도가 결코 아닙니다. 방언은 선교사의 외국어 학습을 대신하는 것이 아닙니다. 방언은 우리가 하나님께 이야기할 수 있도록 성령에 의해 주어진 초자연적인 언어입니다!

물론, 성령께서 때때로 당신에게 방언으로 알 수 없는 언어를 말할 수 있도록 해주시기도 한다는 것은 사실입니다. 바로, **당신이** 알 수 없는 다른 언어를 말입니다.

> 내가 만일 [알 수 없는] 방언으로 기도하면 나의 영이 기도하거니와 **나의 마음**understanding**은 열매를 맺지 못하리라**     고전 14:14

'알 수 없는unknown' 이라는 단어는 킹제임스 성경에서 기울어진 글씨체로 쓰여 있습니다. 이는 원문에는 없는 말이라는 뜻입니다. 역자는 명확성을 위해 이 말을 추가했습니다. 원문은 이렇게 말합니다. "만약 방언으로 기도하면, 나의 영이 기도하거니와…" 역자는 당신이 말하는 방언이 다른 사람이 아닌 바로 **당신이** 알 수 없는 것임을 명확히 하기 위해, '알 수 없는' 이라는 단어를 추가했습니다.

바울은 특별히 사람의 방언이라는 말을 했는데, 이는 외국어를 의미합니다. 그는 말했습니다. "내가 사람의 방언과 천사의 말을 할지라도…"(고전 13:1) 하나님께 신성한 비밀을 말할 때, 우리는 대부분 하늘의 언어로 말합니다. 그러나 사람의 방언으로 말하는 것도 가능합니다.

나는 포스퀘어Foursquare 선교단의 어떤 목사님께서 이와 관련된 인상적인 경험을 말씀해 주신 것을 기억합니다. 몇 년 전에, 그분은 멕시코의 포스퀘어 선교 기지에 식량을 가져다주러 갔습니다. 이 목사님은 일주일 간 머물면서 매일 설교했습니다. 설교를 하고 나서, 사람들이 강단 앞으로 나와 기도했습니다.

"강단 주변에서 기도하던 중이었어요." 그 목사님이 말했습니다. "저는 평생 가장 은혜로운 광경을 목격했지요! 이빨이 없는 한 작고 귀한 멕시코인 할머니가 성령충만을 받았어요. 그녀의 얼굴은 어둠 속의 네온사인처럼 밝혀지고, 그녀는 유창한 영어로 하나님을 찬양하기 시작했어요!

그 할머니의 유창한 영어를 듣고, 저는 처음에 그분이 영어를 할 줄 안다고 생각했어요. 그런데 나는 그녀가 평생 학교 근처에도 못 갔다는 걸 들었지요! 그분이 저는 알지만 본인은 하나도 모르는 언어로 하나님을 높이고 경배하고 찬양하는 말을 들으니 전율이 오더군요!"

몇몇 미국 선교사들이 비슷한 간증을 내게 해 주었습니다. 예를 들면, 선교지에서 성령 침례 사역을 하는 중에 현지인들이 자신들은 "알 수 없는 방언"인 영어로 말하는 것을 들었다는 것입니다.

말한 바와 같이, 나 개인적으로는 방언으로 기도하고 메시지를 전하는 중에 여러 종류의 사람의 언어를 말했습니다. 나는 그 당시에는 내가 그랬다는 것을 몰랐지만, 누군가 내 말을 이해한 사람이 나중에 내게 일러 주었습니다.

한 예로, 1954년에 오순절파 원로 목사님인 A. A. 스위프트의 교회에서 집회를 열었을 때입니다. 스위프트 형제는 당시 72세였습니다. 그분과 사모님은 1911년에 중국에 선교사로 나가셨었습니다. 나는 스위프트 형제님의 교회에서 자주 사역했고, 내가 방언으로 메시지를 말할 때마다 그분께서 통역하셨습니다.

스위프트 형제님은 내가 본 그 누구보다 방언 통역의 은사를 발전시키셨습니다. 나의 모든 사역 기간에서 목격한 것 중, 그분이 하신 것이 가장 아름답게 나타난 방언 통역 은사였습니다.

영적 은사는 사용함으로 개발할 수 있습니다. 확실히 누구나 하나님 앞에서 기다리고 성령께 내어드리는 것을 배움으로써 자신의 사역을 발전시킬 수 있습니다. 성령의 은사도 마찬가지입니다.

**당신은 영적 은사를 사용하는 가운데 하나님의 영께 더 내어드리는 것을 배울 수 있습니다.**

스위프트 형제님의 교회에서 예배하는 동안, 방언으로 메시지를 전했는데, 나는 그것이 동양의 어떤 언어라는 것을 알았습니다. 예배 후에,

우리는 요기를 하려고 바로 옆의 사택으로 갔습니다. 자리에 앉자, 스위프트 형제님께서 사모님께 말씀하셨습니다. "여보, 해긴 형제님이 오늘 밤에 중국어로 말한 것 알아들었소?"

스위프트 사모님께서 말씀하셨습니다. "예, 이해했어요."

부부는 거기 앉아 얼마간 중국어로 주거니 받거니 했습니다. 그것을 들으면서, 나는 내가 방언으로 말할 때 했던 말들임을 알아차렸습니다. 스위프트 형제님께서 말씀하셨습니다. "우리가 중국을 떠난 지 많은 세월이 지났지만, 형제는 우리가 살던 곳 근처 지방의 사투리를 말했어요. 나는 형제가 한 말의 반 정도 이해했어요."

나는 내가 중국어 사투리를 말했는지 몰랐습니다. 나는 다만 성령께서 방언으로 초자연적인 말을 주실 때, 그분께 나를 내어드렸을 뿐입니다!

당신이 방언으로 사람의 말을 하든 천사의 말을 하든 상관없습니다. 방언을 할 때, 문제는 당신이 성령의 영감에 의한 말을 한다는 것입니다.

## 표적으로서의 방언

그리하여 사람들은 때때로 자신은 알 수 없지만, 회중 가운데 누군가에게는 모국어인 방언을 할 수 있습니다. 또는 방언 메시지가 말하는 사람은 알 수 없지만, 특별히 그 언어를 아는 특정한 사람을 향하는 경우도 있습니다. 그런데 이 모든 경우에 방언 메시지는 **표적입니다**.

오순절 날 다락방의 120 신도들에게 성령이 부어졌을 때를 잘 생각해 보십시오. 물론 그들 중 일부는 사람이 이해할 수 있는 말을 하지 않았습니다. 그럼에도 불구하고, 그 인파 속에 있던 다양한 사람들이 자신의 모국어를 **들었습니다**.

그러나 거기 모인 모든 사람들이 무슨 일이 일어났는지 보았음에도, 베드로가 일어나 설교하기 전까지는 아무도 구원받지 않았던 것에 주목하십시오! 사람들이 방언하는 것을 들은 것으로는 단 한 사람도 구원받지 않았습니다!

방언 은사를 포함해서, 성령의 은사는 사람을 구원하지 않습니다. 이는 그것들의 용도가 아닙니다. 그렇습니다, 이들 영적 은사들의 용도는 사람들의 주의를 끄는 표적이 되는 것입니다! 하나님께서 일단 누군가의 주의를 끌면, 그는 복음에 대해 더 열리게 됩니다!

우리는 방언에 대한 다섯 가지 일반적인 오해에 대해 살펴보았습니다. 이제 하나님의 말씀에서 **벗어난** 과잉들에 대해 보겠습니다.

# 15

# 방언에 대한 흔히 있는 지나침
(COMMON EXCESSES REGARDING SPEAKING IN TONGUES)

성령충만한 신자들도 종종 방언의 진짜 범위와 가치에 대해서 깨닫지 못합니다. 수년에 걸쳐, 방언의 수많은 오용과 남용이 그리스도의 몸에 문제를 일으켰습니다. 그러나 방언에 대한 교리적인 오류가 진실을 없애지는 못합니다. 우리는 오직 말씀이 말하는 바에 머물러야만 합니다.

## 과잉 1 : 방언으로 마귀와 싸우는 것

예를 들어, 당신은 성경 어디에서도 어떤 사람이 방언으로 마귀와 싸웠다는 이야기를 찾을 수 없습니다. 어떤 사람들은 이를 방언으로 마귀를 "괴롭히기"라고 부릅니다. 그런 성경 구절은 없습니다. 당신이 영으로 기도할 때, 마귀를 다룰 수도 있다는 가능성을 제쳐두는 것은 아닙니다. 그러나 당신은 개인적인 경험에서 나온 교리에 의한 원리가 아니라, 하나님의 말씀에 나타난 원리에 의해 살아야만 합니다.

방언으로 마귀와 싸운다는 성경 구절은 없으므로, 당신은 그러한 관례 위에 교리를 세우고 다른 사람들이 그렇게 하도록 독려하는 데 신중해야 합니다. 성령님은 기도 중에 마귀를 다룰 수 있는 기름부음을 주실 수도 있지만, 반면 그렇지 않으실 수도 있습니다.

나는 무엇이든 성경적인 증거, 특히 성경의 예가 없는 일을 하는 것을 좋아하지 않습니다. 말씀에서 벗어나게 되면, 우리는 자신을 사탄이 속일 수 있는 자리에 두는 것입니다.

고린도전서 14:2에서 바울이 이렇게 말한 것을 기억하십시오. "방언을 말하는 자는 사람에게 하지 아니하고…" 그렇다면 누구에게 말하는 것입니까? 계속해서 말합니다. "…하나님께 하나니…" 물론, 믿는 자는 하나님께 사탄의 활동에 대해 말하고 있을 수도 있습니다. 그것이 하나님께 말하는 비밀의 일부분일 수 있습니다. 그러나 요점은 이것입니다. 바울은 여기에서, 하나님께서 교회에게 **그분과의** 초자연적인 교통의 수단으로서 방언을 주셨다고 말하고 있습니다. 성경은 방언으로 사탄을 다루는 것에 대해서는 언급하지 않습니다.

우리는 이미, 방언이 마귀와 싸우는 무기가 아니라 무엇보다도 기도의 은사라는 것을 확증했습니다. 그러나 어떤 사람들은 그들이 "영적 전쟁"의 방언, 또는 "전투하는" 방언이라고 부르는 것에 심하게 빠져듭니다. 그들은 방언으로 목청껏 소리치며, 때로는 몇 시간씩 "마귀와 싸웁니다!"

그러나 당신은 귀청이 떨어질 정도로 방언을 외치면서 마귀와 싸우는 데 힘을 뺄 필요가 없습니다. **권세는 목소리 크기에 달린 것이 아닙니다.** 마귀는 소음을 무서워하지 않습니다. 세상 음악 몇 곡만 들어봐도 곧바로 알 것입니다!

나는 도로 한 가운데 서서 교통정리를 하는 경찰의 예를 자주 사용합니다. 그는 목소리를 높이지도 않습니다. 그가 단지 손을 들기만 해도, 차들이 멈춥니다. 왜냐하면 그의 제복과 배지가 그가 받아서 가지고 있는 권세를 보여주기 때문입니다.

당신은 오직 마귀에게 이렇게 말하기만 하면 됩니다. "너는 여기까지만 올 수 있다! 예수 이름으로 바로 거기서 멈춰라." 심지어 큰 소리로 말하지 않아도 됩니다. 마귀는 권세를 알아봅니다.

소위 "전투하는 방언"이라는 것 배후에는, 우리 위의 하늘은 귀신의 영으로 가득 차 있고 우리는 어떻게 해서든지 방언으로 그것들을 물리쳐야 한다는 생각이 있습니다. 그러나 이런 사람들은 영적인 일을 하는 데에 비성경적인 방법을 쓰고 있는 것입니다.

나도 확실히 영적 전쟁에 대해 믿지만, 오직 성경에 일치할 때만 그렇습니다. 한번은 내가 소위 "전투하는 방언" 기도 모임의 리더에게 물었습니다. "당신들이 행하는 바를 지지하는 성경 구절을 아십니까?"

그는 오직 단 하나의 구절을 보여줄 수 있었습니다. 그는 말했습니다. "고린도전서 12:10에 각종 방언이 있다고 말하고 있습니다."

이 하나의 구절 때문에, 이 남자는 물론 그와 같은 다른 그리스도인들이 마귀를 향해 말하는 "전투하는" 방언이 있다고 여기는 것입니다. 그러나 이 구절은 당신이 그저께 화성에 갔다 온 우주인이라고 말하지 않습니다. 마찬가지로 각종 방언이 마귀에게 말하는 것이라고 말하지도 않습니다! 게다가 성경은 이렇게 말합니다. "…두세 증인의 입으로 말마다 확증하게 하라"(마 18:16) 그 남자의 입장을 정당화하는 성경 구절은 단 하나(고전 12:10)뿐이었습니다.

어떤 사람들은 영적 체험을 한 후에, 모든 사람들이 그런 체험을 해야 한다고 여기며 그것을 성경적인 교리로 삼습니다. 그 결과, 그리스도인들 사이에서 행해지는 많은 일들이 육신적입니다. 다른 사람의 영적인 현상을 모방하거나 영적인 현상 위에 교리를 세우는 것은 육신적인 일입니다. 당신은 다른 이의 현상을 모방하는 사람들이 빠르게 소진되는 것을 본 적이 있습니까?

사람들은 방언을 통해 마귀와 싸운다면서 도랑에 빠지곤 합니다. 그러나 조심하지 않으면, 방언 기도를 완전히 중단하고 하나님께서 그들이 하기 원하는 방식의 사역을 중단함으로써 반대편 도랑에 빠질 수도 있습니다. 오직 길 한 가운데에 머물고, 축복을 받으십시오!

### 과잉 2 : 방언으로 크게 기도해야 더 능력이 있다

다른 사람들은 방언 기도할 때 큰 소리로 하면 하나님의 음성을 들을 것이라는 생각을 가집니다. 그러나 내가 주 안에서 겪은 가장 두드러지고 극적인 체험은, 나 자신과 하나님께 조용히 방언으로 말할 때 일어났습니다.

나는 사람들이 처음 방언 기도를 하는 사람들에게 이렇게 말하는 것을 들었습니다. "고함치고 외쳐야 하나님께서 들으실 겁니다." 글쎄요, 하나님께서 큰 소리의 기도만 들으실 수 있다는 것이 사실이라면, 기도할 때마다 마이크를 잡고 최대한 소리를 치며 기도해야만 할 것입니다! 이것은 완전히 육신적입니다. **하나님은 소음이 아니라 믿음에 반응하십니다!** 게다가, 그분은 귀가 어두운 분이 아닙니다!

물론, 기도할 때 절대 큰 소리를 내지 말라는 것으로 오해하지는 마십시오. 그러나 그런 식으로 기도하려고 유도하는 것이 느껴진다면, 당신의 목소리가 크기 때문에 하나님께서 들으시는 것이 아님을 기억해야 합니다!

그밖에 더 고려할 것이 있습니다. 예수께서 기도에 대해 가르치셨을 때, 그분은 실제로 이렇게 말씀하셨습니다. "너희는 외식하는 자와 같이 큰 소리로 사람들 앞에서 들으라고 기도하지 말라. 기도할 때는 골방에 들어가 은밀히 아버지께 기도하라."(마 6:5-6) 그러나 예수께서 항상 골방에서 기도해야 한다고 말씀하시는 것은 아닙니다. 그분은 **사람이 듣게 하려고** 기도하지 말아야 한다고 말씀하신 것입니다. 이 원칙은 분명히 방언 기도에도 적용됩니다. 우리는 교회나 다른 공적인 상황에서는 우리 자신과 하나님께 말해야만 합니다.

## 과잉 3 : 육신적으로 '진통하는 기도'

몇 년 전, 소위 "신음하는 집회"라고 불리는 곳에 참석하는 것이 대단한 유행이었습니다. 사람들이 함께 모여 육신적으로 신음소리를 내는 것 외에는 아무것도 없었습니다. 거기에는 어떤 기름부음도 없습니다.

하나님께서 사람들의 기도를 통해 성령으로 역사하신다면, 그들도 알게 될 것입니다. 그들이 방언으로 기도할 때 성령께서 그들과 함께 버티실 것이며, 그들은 신음하는 기도로 들어갈 수도 있습니다. 그러나 사람들이 이렇게 광고하는 것은 말도 안 되는 일입니다. "오늘 밤 하나님의 새로운 성령 운동을 일으키기 위해, 모두 신음하기 시작합니다!"

성령님께서 믿는 자들이 말할 수 없는 탄식으로 기도하도록 도와주시는 것은 사실입니다. 그러나 그것이 아무 때나 그들이 원할 때 "우리는 오늘 신음하는 집회를 가질 것입니다. 이제 동시에 모두 신음하세요!"라고 공표할 수 있다는 뜻은 **아닙니다**. 그렇습니다, 신음하는 기도가 이렇게 역사하지 않습니다. **믿는 자들이 영으로 기도할 때 성령께서 그들과 함께 하셔야만 합니다.** 다시 말해, 그들의 신음은 육적인 과시일 뿐입니다.

이사야 선지자가 이 진통의 주제에 대해 말한 것을 살펴봅시다.

이러한 일을 들은 자가 누구이며 이러한 일을 본 자가 누구이냐 나라가 어찌 하루에 생기겠으며 민족이 어찌 한 순간에 태어나겠느냐 **그러나 시온은 진통하는**travail **즉시 그 아들을 순산하였도다**     사 66:8

당신은 구약의 예언들이 때로 다의적으로 적용되는 것을 발견할 것입니다. 첫째, 자연적인 적용이 있습니다. 둘째, 영적인 적용이 있습니다. 여기에서, 8절은 "한 순간에 태어난" 민족인 이스라엘에 대해 이야기합니다, 말하자면, 이 마지막 때에 나는 이것이 1948년에 이스라엘이 주권국이 되었을 때 일어난 일이라고 믿습니다.

그러나 성경에서 시온에 대해 말할 때, 항상 반드시 이스라엘에 대해서 말하는 것은 아닙니다. 예를 들어, 아래 단락에서 하나님께서 "시온 산"이라고 말씀하실 때는, 무엇을 뜻하는 것일까요?

> 그러나 너희가 이른 곳은 **시온 산**과 살아 계신 하나님의 도성인 하늘의 예루살렘과 천만 천사와 하늘에 기록된 **장자들의 모임과 교회**와 만민의 심판자이신 하나님과 및 온전하게 된 의인의 영들과
>
> 히 12:22-23

"장자들의 모임과 교회"라는 표현에 주목하십시오. 이는 **우리**, 즉 교회를 가리킵니다! 신약에서는 **우리**가 바로 시온입니다!

이는 "시온은 진통하는 즉시 그 아들을 순산하였도다"라는 이사야 66:8에 대해 완전히 새로운 관점을 부여합니다. 교회가 진통할 때, 그는 자신의 영적 자녀를 낳는 것입니다!

신약에서 진통에 대해 뭐라고 더 말하고 있을까요? 바울은 성령 안에서의 진통에 대해서, 보다 명확히 해주는 말을 했습니다.

> 나의 자녀들아 너희 속에 그리스도의 형상을 이루기까지 다시 너희를 위하여 **해산하는 수고**travail를 하노니                  갈 4:19

여기에서 다시 "해산한다travail"라는 단어가 나옵니다. 바울은 자신이 이 신자들을 처음 주께 인도할 때 그들을 위해 해산의 기도를 했지만, 그들은 그리스도 안에서 마땅히 되어야 할 바대로 성장하지 못했다고 말하고 있습니다. 그래서, 바울은 그들이 영적인 삶에서 충만한 분량까지 발전하도록 그들을 위해 해산의 기도를 계속 했다고 말합니다.

바울이 여기에서 말하고 있는 진통(해산의 수고)은 아이를 낳는 여자의 진통과 같은 것입니다. 자연적인 영역에서, 아이를 낳는 일은 엄마에게 최소한 어떤 불편을 수반합니다. 영 가운데에서도, 성령님이 그 사람과 함께 하시면서, 그에게 잃어버린 영혼을 위해 진통하고 중보하라는 기름부음을 주실 때에 비슷한 일이 일어납니다.

중보자는 다른 사람을 대신하는 사람입니다. 그러므로 믿는 자가 갈라진 틈에 서서 잃은 자를 위해 진통의 기도를 시작할 때, 때때로 그들은 자신이 잃은 바 된 듯한 기분을 느낄 수 있습니다.

나에게도 이런 일이 몇 번 일어났지만, 이와 관련하여 가장 두드러진 경험을 나누겠습니다. 1939년 1월, 나는 텍사스 북중앙 블랙랜드의 순복음 교회에서 부흥회를 열고 있었습니다. 저녁 집회만 있었지만, 그 교회 목사님 부부와 우리 부부는 매일 아침 10시 쯤 사택 거실에서 저녁에 있을 예배에 대해 함께 기도했습니다. 그 특별한 아침에, 소파 옆에 무릎을 꿇고 기도하는 데 갑자기 중보에 대한 강한 부담이 내게 임했습니다. 당시는 내가 성령 침례 받은 지 겨우 18개월 되었을 때였고, 그런 영적인 일들은 내게 새로운 것이었습니다. 이 부담이 무엇인지도 모르고, 나는 단지 신음하며 방언으로 기도하라는 성령의 직접적인 기름부음에 양보했습니다. 내면의 속사람 가운데, 내가 잃어버린 영혼이자 죄인이 된 느낌이 들었습니다. 나는 그로부터 불과 몇 년 전에 잃은 바 된 상태였기에, 그런 느낌을 알았습니다!

나는 내가 이렇게 울부짖는 것을 발견했습니다. "놓쳤어요! 놓쳤어요! 놓쳤어요! 나는 잃은 바 되었어요! 버림 받았어요!" 물론, 나는 내가 잃은 바 되지 않았음을 알았습니다. 나는 다만 그들이 느끼는 것을 느낀 것으로, 나는 그들을 위해 해산하는 기도를 했습니다. "나는 잃은 바 되었어요! 놓쳤어요!" 나는 계속 방언으로 기도하면서 울부짖었습니다. 성령에 사로잡혀 있었기 때문에 내가 얼마나 기도했는지는 모르겠지만, 기도의 영역에서 시간은 의미가 없습니다. 다만 그 기도가 한동안 계속 되었다는 것만 압니다.

그런 후에 저녁 예배에서 15분 정도 말씀을 전하자, 설교 중에 하나님의 능력이 임했습니다. 그 예배당의 모든 죄인들이 구원받았고, 모든 실족한 자들이 그날 밤 자신의 삶을 다시 헌신했습니다. 그들 중 단 한 사람도 빠지지 않고 말입니다!

그것이 바로 내가 그 날 오전에 기도한 것이었습니다. 나는 그 구원 받지 못한 사람들을 위해서 중보했던 것입니다.

우리가 이해해야만 하는 것이 있습니다. 교회들은 잃어버린 영혼을 구하기 위해 모든 종류의 프로그램을 만들지만, 많은 경우 사람들은 거듭나지 않습니다. 왜냐하면 그전에 어떤 해산의 수고도 없었기 때문입니다. 물론 사람들은 오직 복음을 듣고 믿음으로 거듭날 수 있습니다. 그러나 너무나 많은 경우, 사람들은 "예, 저는 예수님이 하나님의 아들인 것을 믿습니다. 예, 저는 예수를 받아들입니다."라고 말하면서 지적인 "회심"을 경험합니다. 그러나 그들은 단지 지적으로 그렇게 말하는 것이며, 그들의 영 안에서는 그리스도에 대한 진정한 헌신이 일어나지 않습니다.

나는 수년 동안, "시온은 진통하는 즉시 그 아들을 순산하였도다"라는 이사야 66:8에서 언급된 보다 높은 수준의 중보에 의해 이러한 "지적인 회심"의 문제가 엄청나게 감소하는 것을 발견했습니다. 성령께서 잃어버린 영혼을 위해 성령 안에서 중보하도록 당신과 함께 하실 때, 당신이 하나님의 왕국에까지 지속되는 열매를 낳게 하는 강력한 능력이 만들어집니다.

기억하십시오. 우리의 기도 생활이 하나님의 말씀에 더 가까워질수록, 삶의 모든 영역에서 더 큰 결과를 기대할 수 있습니다!

어떠한 진통도 없이 태어나는 아기는 없습니다. 마찬가지로, 하나님의 가족에서도 어떠한 영적인 진통도 없이 태어나는 아기는 없습니다. 그러나 임신하지 않고 아이를 낳을 수 없는 것처럼, **당신은 성령의 도움 없이 진통을 일으킬 수는 없습니다!** 두 경우 모두, 당신이 하고 싶을 때 신음하고 진통할 수는 있겠지만, 절대 아무것도 태어나지 않을 것입니다.

### 기름부음 아래서의 성경적인 기도

물론, 당신은 언제든지 원할 때 방언으로 기도하고 찬양하며, 하나님께 신성한 비밀을 소통하고 그분과 교제할 수 있습니다(고전 14:2). 그러나 당신은 방언으로 기도하면서, 자기 자신을 세우기 위한 것과 성령께서 당신의 기도 가운데 함께 하심으로 성령 안에서 다른 사람을 위해 중보하는 것 사이의 차이를 구별할 수 있는 수준으로 가야만 합니다.

사도 요한이 당신 안에 사시는 성령님에 대해 말한 것을 보십시오.

> 너희는 거룩하신 자에게서 **기름 부음**unction을 받고 모든 것을 아느니라 … 너희는 주께 받은 바 **기름 부음**anointing이 너희 안에 거하나니 …
> 요일 2:20, 27

여기에서 요한은 당신이 성령님으로부터 기름부음unction, anointing을 받았다고 말합니다. 그는 당신 **안에** 기름부음이 있다고 말합니다.

당신이 성령 침례를 받고 성령으로 충만해질 때, 당신은 당신의 영으로부터 방언을 말하기 시작합니다. 그리고 자연적인 영역에서 아기가 드디어 모국어 말하는 법을 배우듯이, 방언을 더 많이 말할수록 당신은 당신의 초자연적인 언어에 대해 더 유창하게 됩니다.

나는 단지 내가 하고 싶어서, 밤에 일어나 하나님을 찬양하고 방언을 말하는 적이 많습니다. 이런 때는 꼭 기름부음을 받아야 하는 것은 아닙니다. 나는 단지 내 영으로 하나님께 말하고 있는 것뿐입니다.

그러나 성령의 직접적인 기름부음과 인도 아래 방언으로 말하는 경우가 있습니다. 그러한 기도의 영역으로 들어갈 때, 방언이 내 안에서 흘러나오긴 하지만 그것은 나와 아무 상관이 없습니다. 그것들은 다만 내 안에 계신 성령님의 기름부음에 의해 내 영으로부터 끓어 넘치는 것이며, 내가 할 수 있는 일은 단지 소리 내어 그 말들을 하는 것뿐입니다.

성령의 기름부음에 의해 탄식하며 말하는 것은 많은 성령충만한 신자들의 기도 생활에서 부족한 경험입니다. 너무나 많은 신자들이 성령충만 받고 방언을 말하지만, 성령의 초자연적인 영역에서 결코 더 깊이 발전하지 않습니다. 그렇다면 어떻게 믿는 자들이 하나님 안에서 더 높은 곳으로 올라갈 수 있을까요? 그들은 방언으로 충분히 오래 기도하며, 성령의 기름부음이 흘러나오기 시작하는 기도의 영역으로 들어가야만 합니다!

중보에 전념하는 기름부음 아래서 방언으로 기도하는 법에 대해 이야기해 봅시다. 당신은 누군가 기도가 필요한 사람을 위해 방언으로 기도하기로 결단함으로 시작할 수 있습니다. 물론, 당신은 그의 상황에 대한 자세한 내용을 다 모르기 때문에, 여전히 당신이 마땅히 기도해야 할 바를 알지 못합니다.

많은 경우 나는 단지 내 안에 사시는 성령님께 이렇게 말합니다. "성령님, 저는 이 상황에서 마땅히 기도해야 할 바를 알지 못합니다. 저는 방언으로 기도할 것이고, 당신께서 나에게 이 문제를 위해 중보하는 말을 주심을 믿습니다." 당신은 **성령님께** 기도하는 것이 아닙니다. 당신은 그분께 애원하거나 탄원하지 않습니다. 당신은 **예수 이름으로, 아버지께** 기도합니다. 그러나 성령님은 신성한 인격divine Personality 이시고 당신 안에 살고 계시므로, 당신은 그분께 말할 수 있습니다. 그런 후에 나는 방언으로 기도하기 시작하는데, 이 기도는 거의 노동이라고 할 수 있습니다. 어떤 면에서 나는, 누군가에게 모국어로 말하기 위해서도 신중한 노력을 다하듯이, 그 말들을 "밀어내야만" 합니다.

그러나 잠시 후에 나는, 소위 "불을 붙이고" 기름부음 가운데 기도하기 시작합니다. 이때가 애쓰지 않아도 방언이 내 안에서 흘러나오는 때입니다. 또한 승리가 오고 있는 때이기도 하지요!

또한 때때로 기도의 영이 당신에게 임하면, 누군가 또는 무엇인가를 위해 성령 안에서 기도해야 한다는 강한 부담감을 느끼게 될 것입니다. 그런 경우, 너무나 강한 기름부음이 임하여 당신은 기도하지 않을 수 없는 느낌을 갖게 됩니다! 물론, 영적인 일들을 이해하지 못하는 사람들 사이에 있다면, 당신은 양해를 구하고 그 부담에 대해 혼자 기도할 수 있는 장소를 찾아야만 합니다. 이에 대해서는 뒤에 이야기 하겠습니다.

나는 지난 수년 간, 강한 기도의 부담을 느낀 적이 몇 번 있었습니다. 무릎을 꿇는 순간 나는 영 가운데 있었습니다. 마치 하얀 구름 속에 무릎을 꿇고, 그 구름이 즉시 나를 감싸는 듯 했습니다. 눈을 크게 떴지만 주위에는 아무것도 볼 수 없었습니다. **강력한** 성령의 기름부음 가운데 기도하자 방언이 흘러 나왔습니다. 그러한 기도 시간들에서, 내가 할 수 있는 일은 아무 것도 없는 것 같았습니다. 그러나 나는 방언을 하기 시작했습니다. 성령께서 나를 확 사로잡으신 것이 아닙니다. 이는 성령께서 더 강한 기름부음과 함께 그분의 완전하신 뜻대로 기도하시도록 내가 양보하는 것의 문제였습니다.

성령님은 당신의 허락 없이 당신에게 임하여 당신을 통해 흘러가시지 않습니다. 그러나 당신이 그분께 양보할 때, 당신은 그분이 기도의 더 강한 기름부음을 주시도록 **허락하는** 것입니다. 그 때가 방언이 능력과 함께 당신 안에서 뻗어 나오기 시작하는 더 깊은 기도의 영역으로 들어가는 때입니다.

더 강한 기름부음이 임하자, 나는 할 수 있는 한 강하고 빠르게 방언으로 기도했습니다. 부담이 사라지고 승리의 느낌이 느껴질 때까지 계속 그렇게 기도했습니다. 그렇게 기도하도록 성령께 양보한 결과, 수년 동안 나는 많은 사람들이 거듭나고 초자연적으로 치유되는 것을 보았으며, 셀 수 없이 많은 필요들이 기적적으로 충족되는 것을 목격했습니다.

실제로 당신이 이러한 성령의 영역으로 들어가면, 당신의 영이 어딘가에서 누군가에게 사역하는 것처럼 느끼거나, 하나님께서 당신이 보기 원하시는 특정한 상황을 보게 됩니다. 비록 성령의 능력으로 인하여 몸이 어떤 장소로 이동하는 것이 성경적인 경험이기는 하지만, 당신의 몸을 물리적으로 다른 장소로 옮기는 것은 하나님의 일이 아닙니다. 물론, 성령께서 빌립을 이끌어 가시어 그는 육체적으로 다른 장소에서 발견되었습니다(행 8:39-40). 그러나 그것은 내가 여기에서 말하고 있는 바가 아닙니다.

이 자연적인 영역에는 시간과 공간이 있습니다. 그러나 당신이 방언으로 기도하고 성령의 영역으로 들어가면, 거기에는 시간이나 공간 같은 것은 없습니다. 하나님께서 당신을 통해 기도 가운데 하실 수 있는 일의 가능성은 무한하다는 뜻입니다!

## 과잉 4 : 영적으로 '알지 못하는 자'에게 덕이 되지 않는 일을 하는 것

앞에서 고린도전서 14:16-17을 간단히 보았지만, 이 구절을 다시 보고 싶습니다. 주변 사람들에게 영적인 손실을 주는, 일반 신자들이 흔히 저지르는 실수에 관해 나눠봅시다.

> 그렇지 아니하면 네가 영으로 축복할 때에 알지 못하는 처지에 있는 자가 네가 무슨 말을 하는지 알지 못하고 네 감사에 어찌 아멘 하리요 너는 감사를 잘하였으나 그러나 다른 사람은 덕 세움을 받지 못하리라
>
> 고전 14:16-17

전에 논한 바와 같이, 바울이 "알지 못하는 처지에 있는 자"에 대해 말하면 그는 영적인 것에 대해 알지 못하는 사람들을 가리키는 것입니다. 아쉽게도, 이 표현은 그리스도의 몸에 있는 많은 신자들에게 적용됩니다. 어떤 경우, 사람들이 영적으로 훈련되지 않은 사람들 앞에서 과도하게 또는 잘못되게 방언으로 기도하기 때문에, 그리스도의 일에

많은 피해가 일어납니다. 다시 말해 어떤 신자들은 그들이 방언으로 기도할 때, 알지 못하는 자와 함께 있다는 사실을 고려하지 않습니다. 특히 알지 못하는 자들 앞에서 주의를 산만하게 만드는 방식으로 방언을 할 때는 상황이 더 악화됩니다.

고린도전서 14:15는 우리가 영으로도 기도하고 마음 또는 이성으로도 기도해야 한다고 말합니다. 우리는 두 가지 방법으로 모두 기도해야 하지만, 한편으로 언제 방언으로 기도하고 이성으로 기도하는지 알아야 합니다. 16-17절은 우리가 반드시 고려해야 할 핵심적인 요소를 제시합니다. 다른 사람과 함께 있을 때, **우리는 그들의 덕을 세워야** 합니다!

나는 언제나 하나님의 지시에 순종하려고 노력합니다. 한 예로, 몇 년 전 오클라호마에서 8주간의 부흥회를 여는 중에 한 치과의사의 집에 식사 초대를 받았던 일이 기억납니다. 그 날 저녁 식사 자리에 있던 사람들은 모두 성령충만을 받은 사람들이었습니다. 다시 말해, 나는 영적인 것에 대해 알지 못하는 사람들과 함께 한 것이 아니었습니다. 그들이 기도 요청을 하여 나는 영어로 기도했습니다. 그런데 미처 깨닫기도 전에 나는 방언으로 기도하고 있었고, 다른 모든 사람들도 함께 했습니다!

우리는 그 날 밤 함께 기도하면서 영적으로 굉장한 시간을 가졌습니다. 그러나 만약 그 자리에 영적인 것을 알지 못하는 사람이 있었다면, 나는 그렇게 하지 않았을 것입니다. 나는 오직 영어로만 말했을 것입니다.

성경에서 말하는 바와 같이, "모든 것을 덕을 세우기 위하여" 하십시오(고전 14:26). 우리는 성령의 영감에 의해 방언을 말하는 것이지만, 기도하든지 하지 않든지 선택할 수 있습니다. 그런데 만약 누군가 세워질 수 없는 사람이 그 자리에 있다면, 당신이 말하는 방언이 혼란을 야기하게 되므로, 그것은 이기적인 일입니다.

다른 예로, 애리조나에서 부흥회를 열었을 때, 나는 노부부인 피셔 씨 댁에 머물렀습니다. 어느 날 밤, 저녁 예배 후에 그 부부의 세 딸과 사위들이 우리와 식사를 하러 왔습니다. 여자들은 음식을 준비하고 남자들은 거실에서 대화를 하는데, 내게 갑자기 기도를 해야 한다는 특별히 강한 부담이 임했습니다.

그 자리에 있던 모두가 오순절파 사람들이었으므로 그들은 내가 하는 말을 이해했습니다. "피셔 형제님, 저 기도해야겠습니다. 지금 기도를 해야만 합니다!" 피셔 형제님은 여자들을 거실로 불러서 말했습니다. "해긴 형제님께서 지금 당장 기도하셔야만 한답니다." 그리하여 우리 모두는 무릎을 꿇고 방언으로 기도하기 시작했습니다.

자, 이 점을 이해하십시오. 만약 영적인 것을 알지 못하는 사람과 함께 있다면, 당신은 그들 앞에서 위와 같이 기도해서는 안 됩니다. 나는 나의 영적인 부담을 해결하기 위해 기도할 개인적인 공간을 찾았을 것입니다. 우리는 다른 사람들에게 걸림돌이 되지 않기 위해, 이러한 것들을 이해해야만 합니다.

무릎을 꿇자마자, 나는 영 가운데 들어가 방언으로 폭포수처럼 기도했습니다. 나는 약 한 시간 동안 할 수 있는 한 가장 강하고 빠르게 방언으로 기도했습니다. 그 기도에서 내가 할 일은 아무 것도 없는 것 같았습니다. 그러니까 내 말은, 내 안에서 방언이 강물처럼 그냥 막 흘러나왔다는 뜻입니다. 나는 그것이 누군가 잃어버린 자를 위해 영으로 진통한 것임을 알았습니다.

기도 끝에, 부담이 사라지고 홀가분한 기분을 경험했습니다. 나는 소리 내어 웃으며 방언으로 찬양하기 시작했습니다. 그러고 나서 환상을 보았습니다. 그 날은 금요일 밤이었는데, 나는 환상 속에서 다가오는 일요일 저녁 예배를 보았습니다. 나는 내가 강단에서 설교하는 것을 보았고, 그 설교 내용을 들었습니다. 나는 설교를 마치고, 영접 초청을 했습니다. 그리고 나는 둘째 줄의 한 노인을 가리켰습니다.

환상 중에, 나는 그에게 말했습니다. "주님께서 내게 당신이 70세인 것과, 지옥을 믿지 않는 부모님 밑에서 자랐다는 것을 보여주셨습니다. 그러나 주님께서는 당신의 한 발은 지옥에 있고, 나머지 한 발도 지금 미끄러져 내려가고 있다는 것을 말하라고 하셨습니다." 그리고 나는 그가 앞으로 나와 강단에 무릎을 꿇는 것을 보았습니다.

일요일 밤에 교회에 들어선 순간, 주위를 둘러보았습니다. 내가 환상에서 보았던 그 노인이 여지없이 둘째 줄에 앉아 있었습니다.

그리하여 나는 설교를 했습니다. (환상에서 듣기 전에는 생각해 본 적도 없는 새로운 메시지였습니다!) 그 후에, 나는 내가 환상 속에서 그 남자에게 했던 말들을 했습니다. 그는 강단으로 나왔고, 다른 사람들도 나왔습니다. 예배 후에, 그 노인이 목사님께 이야기를 하고 있는데 내가 지나갔습니다. 그는 나를 멈춰 세우고 나와 악수를 했습니다. 그러고 나서 목사님께 말했습니다. "이 목사님께서 내가 지옥이 없다고 믿도록 자랐다고 하셨지요. 내 부모님은 만인구제론자5)셨고, 지옥은 없다고 가르치셨지요. 교회 예배당에 온 것은 제 평생 처음입니다."

그 남자는 이어서 자신이 모텔 사장이라고 설명했습니다. 이 부흥회를 위해 그 모텔에 머문 손님들이 마침내 그를 설득하여, 집회 마지막 날 밤에 함께 온 것이었습니다. 그 남자는 이렇게 생각했습니다. '이 사람들을 떼어내려면, 이번 한 번은 같이 가야겠어.'

그 날 밤 회중 가운데 누구도 그 남자를 위해 기도할 것을 알지 못했습니다. 심지어 아무도 그가 구원받지 못한 사람인 것을 몰랐습니다. 나도 그를 위해 기도할 것을 전혀 몰랐습니다. 그러나 성령님은 아셨습니다!

그런 후에 그 남자가 목사님께 말했습니다. "이분께서 내 한 발은 지옥에 있고 반대쪽은 미끄러져 들어간다고 하셨는데요. 저는 그게 무슨 말인지 정확히 압니다. 나는 심한 심장 질환이 있어, 의사 말로는 언제든 죽을 수 있답니다." 그리고 기쁨의 눈물이 그의 뺨에 흘러내렸습니다. "오, 오늘밤 오기를 너무 잘했어요. 너무 잘했어요."

이 이야기에서 주목해야 할 두 가지가 있습니다. 첫째, 성령님은 우리가 기도해야만 할 것을 알고 계십니다. 이 경우에, 주님께서는 이 남자를 회개의 자리에 데리고 나와 구원받게 하기 위해서 진통의 기도가 필요함을 아셨습니다.

---

5) 만인구제론자universalist : 보편구제론자라고도 함. 예수 그리스도를 믿든 믿지 않든, 결국은 모두 하나님께서 구원해 주실 것이라고 주장.(역자 주)

둘째, **만약 그 자리에 영적인 것을 알지 못하는 사람들이 있었다면, 나는 그런 식으로 방언으로 기도하지 않았을 것입니다.** 우선, 그것은 혼란을 야기하여 해를 끼쳤을 것입니다. 어쩌면 이는 그들로 하여금 그들이 신앙생활에서 영적으로 성장하는 데 꼭 필요한 '성령충만'을 구하지 않도록 만들었을 수도 있습니다.

"네가 영으로 축복할 때에 알지 못하는 처지에 있는 자가 네가 무슨 말을 하는지 알지 못하고 네 감사에 어찌 아멘 하리요"(고전 14:16)라는, 영적인 것을 알지 못하는 자에 대한 성경 구절에 주의하지 않은 한 여자의 예를 들어 보겠습니다. 결론적으로, 그 여자는 과잉에 빠져 그 상황을 이해하지 못하는 사람들에게 해를 끼쳤습니다.

한 성령충만한 사역자와 그의 아내가 다른 성령충만한 사역자로부터 그의 친지 결혼식에 참석해 달라는 초청을 받았습니다. 그 세 사람은 모두 결혼식에서 역할이 있었습니다. 참석한 대부분의 사람들은 전통 교단 소속이었습니다.

먼저, 초대된 사역자에 이어 신랑의 친척인 사역자가 자기가 맡은 부분을 낭독했습니다. 그리고 초대된 사역자의 아내도 자신의 부분을 낭독하려고 했습니다. 그런데, 그 여자가 갑자기 결혼식 중간에 모든 신자와 불신자들 앞에서, 바닥에 쓰러져 아이를 낳듯이 탄식하고 끙끙댔습니다. 그녀는 아마도 누군가를 위한 진통의 기도를 했을 것입니다.

알다시피, 나도 피셔 씨의 집에서 그 노인을 위해 성령 안에서 진통했습니다. 그러나 두 사건 사이에는 엄청난 차이가 있습니다. 나의 경우에는, 가정집에서 진통의 기도에 대해 정확히 아는 성령충만한 사람들과 함께 있었습니다. 그리고 나는 성령 안에서 행했습니다. 그러나 이 여자는 공적인 상황에서, 심지어 누군가의 결혼식이 한창 진행 중인데 탄식하며 진통했습니다! 그녀는 영적인 것을 "알지 못하는" 약 200명의 사람들 앞에서 그렇게 했습니다. 그리고 그녀는 육신적으로 행했습니다!

이 부부를 초대한 사역자는 나중에 나에게 이렇게 말했습니다. "저는 너무 당황했습니다. 어찌할 바를 몰라서, 그냥 거기 서 있었습니다."

사실, 저는 어떻게 해야 할지를 정확히 알고 있습니다. 나는 그 여자의 주의를 끌고 이렇게 요청했을 것입니다. "일어나시고, 성숙하게 행동해 주세요. 지금 하시는 행동이 얼마나 비성경적입니까! 어리석은 짓입니다! 이건 하나님께서 하신 일이 아닙니다. 당신은 육신으로 행하고 있습니다!"

많은 사람들이 일어나서 결혼식장을 뜨기 시작했습니다. 그 이유를 아실 것입니다. 그들은 영적인 것을 "알지 못하는 자"이기 때문에 겁을 먹은 것입니다. 예식장을 떠나면서 사람들은 말했습니다. "방언하는 저런 무식한 사람들은 미친 사람들이라니까!"

그 여자처럼 어리석게 행동하는 사람들 때문에 그리스도의 몸이 엄청난 해를 입었습니다. 너무나 많은 사람들이 하나님께서 그들이 갖기 원하시는 축복을 도둑맞았습니다!

이 여자처럼 어떤 사람이 영적인 것을 배우지 못한 사람들 앞에서 어리석게 행동하면, 영적 지도력이 있는 누군가가 조치를 하고 무엇이 옳은지를 말하는 것이 좋습니다. 이 여자의 행동은 회중의 덕을 세우지 못했으므로, 옳지 않았습니다. 다시 말하지만, 성경은 분명히 말했습니다. "모든 것을 덕을 세우기 위하여 하라"(고전 14:26) 이는 방언하는 사람만 세우라는 것이 아니라, 그 자리에 있는 모든 사람을 세우라는 뜻입니다! 게다가, 성경은 이렇게도 말합니다. "모든 것을 품위 있게 하고 질서 있게 하라"(고전 14:40)

영적인 것을 이해하지 못하는 사람과 함께 있는데 방언 기도의 부담이 왔다면, 양해를 구하고 일어나십시오! 다른 사람을 방해하지 않을 장소를 찾아 혼자 기도하십시오. 성령께서 기도할 말과 자극을 주셨다 하더라도, 그것이 품위와 질서가 있게 다른 사람을 세우라는 성경적인 책임을 면제하는 것은 아닙니다(고전 14:23).

모두가 성령 안에서 큰 소리로 기도하는 기도 모임에서는 다른 사람들과 함께 방언으로 기도해도 괜찮습니다. 그러나 공적인 상황에서는, 결코 다른 사람을 방해해서는 안 됩니다. 어떤 방식이든 다른 사람의 주의를 끄는 방법으로 기도하지 마십시오.

한번은 이 원칙을 심각하게 위반한 한 여성의 이야기를 들었습니다. 동료 사역자가 한 집회에서 한창 설교하고 있는데, 어떤 여자가 일어나서 예언을 하기 시작했습니다. 그녀는 이렇게 선포했습니다. "주께서 내게 당신을 위해 기도하라고 말씀하십니다." 그녀는 그 사역자에게 손을 얹고 방언으로 기도하기 시작했습니다. 그리고 나서 그를 주저앉힌 후 머리에 손을 얹고 계속 방언으로 기도했습니다!

내가 장담하건데, 이것은 품위 있고 질서 있는 행동이 **아닙니다!** 사람들은 일어나서 우르르 나가버렸습니다. 당연히 그들은 화가 났습니다! 영적인 것을 알지 못하는 사람들은 무슨 일이 일어나는지도 이해하지 못했습니다. 심지어 순복음 교단 사람들조차 이해하지 못했습니다. 그리고 그 다음 날, 참가자는 확연히 줄어들었습니다.

만약 이 여자가 가진 부담이 정말 주님에게서 온 것이라면, 그녀는 어떻게 행동했어야 할까요? 설교 중에 끼어드는 것은 "품위 있고 질서 있는" 행동이 아닙니다. 그녀가 강단에 서서 그런 식으로 사역자를 위해 기도했을 때, 그녀는 확실히 주의를 자기에게 집중시켰습니다. 그녀는 공중 모임에서 나와서 부담이 사라질 때까지 혼자 기도할 공간을 찾아야만 했습니다.

그러나 그녀는 보여 주고 싶었던 것입니다! 그녀는 육신적으로 행했고, 참석한 모든 이들과 그리스도의 일에 해를 끼쳤습니다.

오용된 방언은 정말로 덕스럽지 못합니다. 그러나 사람들이 항상 사랑 안에서 행하려고 노력한다면, 문제는 해결될 것입니다! 사랑은 언제나 다른 무엇보다 우선됩니다(고전 13:4-8).

그러므로 이와 같은 방언 분야의 한 쪽 도랑에 나오기 위해서, 모든 상황마다 자신에게 이렇게 질문 하십시오. **"나는 나 자신을 세울 것인가, 아니면 내가 하려고 하는 행동이 내 주위 사람들을 세우는 일인가?"**

우리는 믿는 자들이 방언에 관해 빠질 수 있는 일반적인 "도랑"의 일부만 다루었습니다. 나는 각각의 과잉에 대해 성경적인 관점을 보여

주려고 노력했습니다. 이들 예화 속의 신자들은 방언의 성경적인 범위를 벗어났으므로, 오류에 빠진 것입니다.

    이제 방언의 **성경적인** 범위에 대해 이야기해 봅시다. 대개의 경우, 오순절 신자들은 이러한 기도의 영역에서 자신이 경험할 수 있는 것들의 표면만 겨우 긁고 있습니다. 그러나 하나님은 **더 높은 곳으로 올라오라고** 그의 사람들을 부르고 계십니다! 지금은 마지막 때이며, 그분의 완전하신 뜻대로 기도해야 할 것이 너무나 많이 있습니다!

# 16

# 방언 기도의 성경적인 범위
(THE SCRIPTURAL SCOPE OF
PRAYING IN TONGUES)

많은 그리스도인들이 영적인 일에 더 성장하지 못하는 한 이유는 그들이 오류와 과잉에 빠지기를 걱정하여 영적 은사에 대해 발전하기를 두려한다는 것입니다. 그 결과, 그들은 성경에서 영적 은사들에 대해 가르치는 것을 성취하지 못합니다. 성경은 "영적인 은사들을 열망하라" (고전 14:1, 한글킹제임스)라고 말합니다. 믿는 자들은 성경에서 정말 말하는 바가 아니라, 자기가 교회에서 경험한 수준에서 성경을 해석하기 때문에, 대단한 축복을 놓칠 수 있습니다.

영적으로 성장하는 데 자신의 역할을 하지 않으면, 그리스도인들도 자신의 영적 성장을 제한할 수 있습니다. 예를 들어, 성령께서 그들에게 방언으로 기도하는 시간을 가지라고 자극하실 때, 그들은 자주 그 지시를 무시하고 일상생활을 계속 합니다. 그리하여 그들은 결코 하나님께서 예정하신대로, 방언의 성경적인 범위 가운데 성장하는 법을 배우지 못합니다.

영적으로 발전하고 성장하는 데 있어 당신의 역할은 **무엇일까요?** 사실, 성경은 당신의 신앙생활에 절대적으로 영향을 미칠 몇 가지 일을 하라고 당신에게 분명히 말합니다. 만약 당신이 단순히 하나님께 순종하고 당신의 역할을 한다면, 당신은 방언 기도가 주는 초자연적인 능력의 깊이와 너비와 높이와 범위를 발견할 것입니다! 하나님과의 신성한 교제는 당신을 그분의 영 안에서 크게 세워줍니다!

### 시와 신령한 노래로 서로 화답함

우리는 고린도전서 14:15를 충분히 살펴보았습니다. 바울은 여기에서 우리가 방언으로도 이성으로도 기도할 수 있다고 말합니다.

> 그러면 어떻게 할까 내가 영으로 기도하고 또 마음으로 기도하며 내가 영으로 찬송하고 또 마음으로 찬송하리라    고전 14:15

또한 바울은 이 구절에서 하나님과 교제하는 또 다른 성경적인 방법을 언급합니다. 그는 영으로 **찬양**(찬송)하는 것의 중요성에 대해 이야기합니다.

당신은 이렇게 말할지 모릅니다. "글쎄요, 저는 제가 방언으로 찬양할 수 있는 경지에 가본 적이 없는데요." 그러나 바울은 당신의 영과 마음, 두 가지 방법 모두 찬송하라고 말합니다.

골로새서 3:16은 우리에게 방언 찬양의 가치에 대해 다른 차원을 제시합니다.

> 그리스도의 말씀이 너희 속에 풍성히 거하여 모든 지혜로 피차 가르치며 권면하고 시와 찬송과 신령한 노래를 부르며 감사하는 마음으로 **하나님**을 찬양하고    골 3:16

누구에게 찬양합니까? 하나님입니다. 많은 교회들이 가진 문제는 사람들이 대부분의 시간을 주께 찬양하지 않고, 회중 속의 서로를 향해 찬양한다는 것입니다.

아래 성경 구절은 우리가 주께 찬양해야 하는 이유를 말해줍니다.

> 술 취하지 말라 이는 방탕한 것이니 오직 **성령으로 충만함을 받으라** 시와 찬송과 신령한 노래들로 서로 **화답하며**speaking 너희의 마음heart으로 **주께** 노래하며 **찬송하며**singing    엡 5:18-19

"성령으로 충만함을 받으라"라는 말 뒤에 두 개의 핵심어, '**화답하며**(말하며)'와 '**찬송하며**'가 바로 이어서 나옵니다. 우리는 우리 서로와 하나님께 말하고 찬양함으로써 넘치도록 성령충만해집니다. 우리가 한 번 성령충만을 받고나면, 그 후에는 지속적으로 우리 영으로부터 주께 말하고 찬송함으로써 충만한 상태를 **유지합니다!**

우리의 심령heart으로 주께 노래하고 찬송하는 것은 신성한 소통의 한 요소입니다. 우리는 사도행전 16장에서 이러한 행동의 영적인 가치를 볼 수 있습니다.

> 한밤중에 바울과 실라가 **기도하고** 하나님을 **찬송하매** 죄수들이 들더라
> 행 16:25

바울과 실라는 감옥에 있었습니다. 그들의 등에서는 피가 흘렀습니다. 그들의 발은 착고에 묶였습니다. 그런데 보이는 것은 어둠뿐인 그 한밤중에 그들이 무엇을 했는지 보십시오. 그들이 죄수들을 향해 기도하고 찬송했습니까? 아닙니다, 그들은 기도하고 하나님을 찬송하여 강력한 성령의 능력을 그 현장에 가져왔습니다!

> 이에 갑자기 큰 지진이 나서 옥터가 움직이고 문이 곧 다 열리며 모든 사람의 매인 것이 다 벗어진지라
> 행 16:26

우리가 교회에서 부르는 찬양의 대부분은 사실 골로새서 3:16과 에베소서 5:19를 따르지 않습니다. 사실 우리는 서로 시와 찬송과 신령한 노래들로 말하는 것에 대해 너무나 조금 알고 있습니다. 그러나 방언의 성경적인 범위에는 성령의 영감에 의해 주께 노래하고 찬송하는 것이 반드시 포함됩니다. 이것이 신약의 참된 경배이며, 매일 우리의 삶과 교회에서 일반적으로 매일 일어나는 일이 되어야 합니다.

어떤 신자들은 성령의 영감에 의한 시를, 노래하기보다는 말하기를

더 많이 합니다. 그러나 결국 결과는 같습니다.

　개인 신앙생활에서, 나는 꽤 자주 시를 말합니다. 나는 운전할 때 시를 말합니다. 밤에 침대에 누워서도 시를 말합니다. 때때로 성령께서는 예배 중에 나를 감동하셔서 시를 말하게 하십니다. 성령에 의해 공중 모임에서 시를 말하거나 노래하는 것은 "시와 찬송과 신령한 노래로 **피차** 가르치며 권면"(골 3:16)하는 것을 실행하는 것입니다.

　수년 동안, 나는 또한 내 삶에서 다른 영적인 패턴을 발견했습니다. – 원수가 공격하여 내가 엄청난 압박을 받을 때 – 언제든지 "뜨거움heat"이 생기면, 나는 성령이 감동하시는 시를 더 **많이** 말하곤 합니다. 어떤 밤에는 시를 말하면서 잠이 들고, 시를 말하면서 일어납니다. 어떤 밤에는 매우 적게 잠을 자기도 합니다. 밤새 연이어서 시를 말했기 때문입니다!

　성령의 영감에 의해 시를 말하거나 노래하는 것은 그 어떤 다른 행동보다 당신의 영을 세워줍니다. 이렇게 하는 것은 당신을 자연적인 환경의 구름 위로 들어 올려서, 성령 안에서의 초자연적인 평안과 기쁨의 더 높은 영역으로 들어가게 합니다!

　당신은 당신 자신과 하나님께 시와 찬송과 신령한 노래들을 말하고 찬양하는 이러한 행동을 삶의 방식으로 지속해야만 합니다. 당신의 영과 당신의 이성 모두로 하나님께 찬양하고 찬송하십시오.

　당신은 이렇게 말할지 모릅니다. "하지만 한 번도 해본 적이 없어요." 그렇다면, 이 놀라운 영적 세움의 도구에 대해 당신 자신을 발전시키기로 결단하십시오. 성령 안으로 들어갈 때까지 계속 방언으로 기도하십시오. 그리고 나서 방언으로, 또 성령의 감동에 따라 시로 찬양하기 시작하십시오!

오순절파에서는 이런 짧은 합창곡을 부르곤 합니다. "끓어오릅니다. 끓어오릅니다. 내 영혼 안에 끓어오릅니다." 이것이 바로 영감을 받은 말utterance들이 하는 일입니다. 만약 당신이 방언으로 계속 기도한다면, 감동된 말이 계속 끓어올라 시와 찬송과 신령한 노래들이 당신의 영으로부터 자유롭게 흘러나오게 할 것입니다!

그러므로 성령에 감동된 말이 나올 때까지 기도하십시오. 당신 안의 성령님께 순종하는 법을 배우십시오. 당신의 영을 풀어내십시오! 당신의 내면에 있는 것들을 노래하고 말해 내십시오!

당신은 언제든지 원할 때 방언으로 말하고 찬양하기로 마음먹을 수 있습니다. 그러나 당신이 방언을 하며 하나님께로 깊이 들어갈 때, 성령님으로부터 영감이 올 것입니다. 그분이 당신을 사로잡아 주시면, 감동된 말이 당신의 안에서부터 흘러나오기 시작할 것입니다. 당신은 '내 영 안에 이런 게 있는지 몰랐어! 그냥 흘러나오네, 내가 깨닫기도 전에 내가 말하고 있어!' 라고 생각할 것입니다.

당신의 개인 경건 생활에서 초자연적인 말로 하는 시와 찬양과 신령한 노래가 반드시 매일 나타나야만 합니다. 특정한 상황에서는 공적으로 시와 영적인 찬양을 말하고 노래하는 것도 성경적입니다. 그러므로 만약 당신이 아직 초자연적 말의 분야에서 개발되지 못했다면, 방언으로 계속 많이 기도하십시오. 기도 가운데 당신은 곧, 성령에 감동된 말에 의해 지속적으로 세워지는 초자연적인 자리에 가게 될 것입니다!

### 지속적으로 영을 새롭게 함

우리가 영적으로 발전하기 위한 또 다른 핵심이 고린도후서 4:16에 있습니다.

> 그러므로 우리가 낙심하지 아니하노니 우리의 겉사람은 낡아지나 우리의 **속사람은 날로 새로워지도다**     고후 4:16

당신이 영적으로 연약하다면, 즉 영이 피곤하고 소진되었다면, 당신은 당신의 속사람을 새롭게 하지 않은 것입니다!

당신이 거듭났던 그 순간 받은 모든 것들은 하나님의 영에게서 온 것입니다. 물론, 회심한 그 순간에 당신이 완전히 개발되어진 것은 아닙니다. 그러나 새로운 탄생 가운데 역사하신 그 성령님께서 당신이 영적으로 발전하고 성장하도록 도와주십니다. 어떻게 그런 영적인 발전이 일어날 수 있을까요? 당신이 당신의 속사람을 매일 새롭게 할 때 일어납니다!

우리는 우리 거듭난 영이 지속적으로 새로워지는 것을 하나님께 구해야 합니다. 다음 구절에서 우리는 그 방법을 볼 수 있습니다.

> 너는 알지 못하였느냐 듣지 못하였느냐 영원하신 하나님 여호와, 땅 끝까지 창조하신 이는 피곤하지 않으시며 곤비하지 않으시며 명철이 한이 없으시며 **피곤한 자에게는 능력을 주시며 무능한 자에게는 힘을**

**더하시나니** 소년이라도 피곤하며 곤비하며 장정이라도 넘어지며 쓰러지되 **오직 여호와를 앙망하는**wait upon **자는 새 힘을 얻으리니** 독수리가 날개치며 올라감 같을 것이요 달음박질하여도 곤비하지 아니하겠고 걸어가도 피곤하지 아니하리로다 　　사 40:28-31

당신이 하나님 앞에서 시간을 보낼 때, 당신의 영이 지속적으로 새로워집니다. 당신이 성령 안에서 기도하며 하나님 앞에서 기다릴 때, 당신의 속사람이 상쾌해지고 새로워질 뿐 아니라, 그 영적인 새로워짐이 당신의 혼과 육에도 영향을 미칠 것입니다.

그러나 이러한 새로워짐은 하나님 **앞에서 기다릴** 때 온다는 것에 주의하십시오. 실제로, "기다리다wait"라는 단어는 주님과 **얽히다** intertwine라는 개념을 가집니다.

나는 그것이 한 사람의 개인 경건 생활에서 하나님을 기다리는 것이든, 아니면 전체 몸으로서 집단적으로 하나님을 기다리는 것이든, '기다리는 집회'의 가치를 믿습니다. 그러나 이런 종류의 모임들은 오늘날 교회에서, 심지어 오순절파와 은사주의 교회에서도 희귀해지고 있습니다.

"믿음의 말씀 진영faith camp"에 속한 우리들은 하나님의 말씀에 근거한 믿음을 강조하며, 그것은 정말 중요합니다. 그러나 많은 사람이 잘못된 결론을 내립니다. "내가 믿음으로 행하고 바른 고백을 계속하면, 할 일은 다 한 거야."

하나님의 말씀을 먹고 그 말씀을 계속 고백하는 것은 옳은 일입니다.

그러나 그들은 그것만큼이나 중요한, 하나님 앞에서 기다리는 일을 하지 않습니다. 우리는 이 모든 것을 다 해야 합니다. 성경은 **주를 앙망하는 자**who wait upon Lord; 기다리는 자가 새 힘을 얻을 것이라고 했습니다!

옛날 오순절파의 '머무는' 또는 '기다리는' 집회에는 엄청난 축복과 진리가 있었습니다. 그러나 그들은 한 가지 중요한 부분에서 놓쳤습니다. 그들은 잘못된 것을 기다렸습니다! 그들은 예수께서 제자들에게 "너희는 위로부터 능력으로 입혀질 때까지 이 성에 머물라"(눅 24:49)라고 명령하신 것을 따라, 성령충만을 받기 위해서는 기다려야 한다고 생각했습니다. 그러나 우리가 본 바와 같이, 오순절날 최초의 성령 강림 이후, 신자들은 성령 침례를 기다려야 할 필요가 없습니다. 그들은 믿음으로 받을 수 있습니다!

많은 옛날 오순절파 사람들의 문제는 일단 기다려서 성령을 받고 나면, 더 이상 기다리기를 하지 않는 것입니다! 그러나 사실, 신자들은 먼저 위로부터 능력으로 입혀질 것을 기다려야만 하고, 그런 후에는 하나님과의 초자연적인 소통 수단을 훈련하면서 기도 가운데 하나님 앞에 머물고 기다려야 합니다!

이러한 머무는 집회에서 많은 축복이 나타났습니다. 그리고 솔직히 말해서, 우리는 이러한 기다리는 집회를 회복해야 합니다. 우리는 주님 앞에서 기다리며 시간을 보내야 합니다. 그러면 성령 침례를 받을 수 있을 뿐 아니라, 성령충만 받은 후에도 우리의 속사람 안에서 새 힘을 얻을 수 있습니다!(사 40:31)

에베소 교회를 위한 바울의 기도에서도 이와 같이 영적으로 계속 새로워지는 것의 개념이 나옵니다.

그의 영광의 풍성함을 따라 그의 성령으로 말미암아 **너희 속사람을 능력으로 강건하게 하시오며**   엡 3:16

방언으로 기도하며 주님을 기다리는 시간을 통해, 우리의 속사람이 성령의 능력으로 새로워지고 강건해집니다. 오, 그렇습니다. 우리는 이 시대에 '기다리는 집회'가 필요합니다!

## 새롭게 되는 날들

기도하며 하나님을 기다리는 것은 당신에게 새 힘을 줄 뿐 아니라, 당신의 영에 큰 상쾌함을 줄 것입니다. 사실, "새롭게 하다"와 "상쾌하게 하다"는 의미면에서 유사합니다. 베드로는 주의 임재 가운데 일어나는 일을 묘사하기 위해 "새롭게 됨"이라는 단어를 사용했습니다.

그러므로 너희가 회개하고 돌이켜 너희 죄 없이 함을 받으라 이같이 하면 **새롭게 되는 날(들)**times of refreshing**이 주 앞으로부터 이를 것이요**   행 3:19

"새롭게 되는 날들"이라는 표현에 주목하십시오. 우리 신앙생활에서 새롭게 되는 날이 **딱 하루** 있는 것이 아닙니다. 성령 안에서 기도하고 하나님을 경배하면서 그분의 임재 가운데 보내는 시간을 구별할 때, 우리는 새롭게 되는 **날들**을 계속 경험할 수 있습니다. 우리는 이와 같이 새로워지고 상쾌하게 되는 시간을 반드시 구별해야 하며, 그렇지 않으면 하나님께서는 우리에게 그것들을 주실 수 없습니다!

몇 년 전, 레마 성경 훈련소의 월요일 밤 기도 모임 중에 나는 강당 연단에서 방언으로 기도하고 있었습니다. 그 당시, 학생과 직원들은 바로 주님의 임재에서 비롯되는 '새롭게 되는 시간'을 경험하기 위한 목적으로, 일주일에 두 번씩 저녁 기도 모임에 참석했습니다.

의자 옆에 무릎을 꿇고 방언으로 기도하는데, 주께서 나의 영에 말씀하기 시작하셨습니다. (사람들이 연합하여 함께 기도할 때, 성령께서 말씀하시기에 좋은 분위기가 만들어집니다.) 성령님은 이렇게 말씀하셨습니다. "나는 네가 레마 상담 센터를 닫기 원한다. 나는 너에게 상담 사역을 하라고 말한 적이 없다. 너는 상담 사역에 약간 '빠져 있다.' 나는 너에게 기도 학교와 치유 학교를 세우라고만 말했다."

이어서 주께서 말씀하셨습니다. "어쨌든 대부분의 그리스도인들은 더 이상 상담이 필요치 않다. 그들이 해야 할 일은 응답받을 때까지 기도하는 것이다."

나는 한 오순절파 목사님이 언젠가 내게 한 말을 기억합니다. 이 사람은 교단에서 가장 큰 교회 중 한 교회의 목사였고, 오순절파 운동을 평생 겪어 오신 분이었습니다. 그분이 말했습니다. "매주 월요일에 우리 교회는 사람들을 돕기 위한 상담 모임이 있습니다. 우리는 그 모임이 예전에 했던 '강단 주변에 모여 특별히 주님께 기도하고 기다리는 예배altar service'를 대신하기 바랐지만, 그렇게 되지 않았습니다. 그 사람들이 제단에 나가 주님을 기다리기만 해도, 더 이상 상담이 필요 없을 겁니다!"

그 목사님은 옳았습니다. 하나님의 말씀은 성령님이 우리의 상담자이시며, 그분이 우리 안에 거하고 계신다고 말합니다! 우리에게는 단지 우리 영과 이성으로 기도하고 하나님을 경배하며, 그분 앞에서 기다리는 시간이 필요합니다. 그렇게 하면, 그분께서는 우리의 심령의 울부짖음에 응답하시며, 우리 영과 혼과 육의 지속적인 새로움을 보장하실 것입니다!

너무나 많은 그리스도인들이 자신을 상담해주고 해야 할 바를 알려줄 사람을 찾아 헤매고 있습니다. 그러나 이들 대부분이 진정으로 해야 할 일은 오직 무릎을 꿇고 응답받을 때까지 기도하는 것입니다! 그들이 하나님 앞에서 기다리는 시간을 가진다면, 그들에게 필요한 높은 곳으로부터의 지혜를 받게 될 것입니다.

나는 종종, 만약 내가 교회에서 목회를 했다면 "기다리는" 기도 모임을 규칙적으로 가졌을 것이라고 생각합니다. 그러면 상담을 원하는 모든 사람들에게 이렇게 말했을 것입니다. "여러분 모두 목요일 밤에 오십시오, 그럼 저녁 8시부터 자정까지 기도하며 하나님 앞에서 기다릴 것입니다!" 물론, 그들 중 적은 수가 올 것입니다. 왜냐하면 대부분의 사람들은 쉬운 방법을 찾고 있기 때문입니다!

불행히도, 일부 상담 요청자들은 실은 자신의 죄를 묵과하고 자기가 잘못한 것을 괜찮다고 말해줄 사람을 찾고 있습니다. 한 예로, 세 아이의 아버지이자 구원받고 성령 침례 받은 어떤 지체가 우리 상담 센터에 왔습니다. 그는 주님이 자기에게 아내를 떠나서 다른 젊은 여자와 살라고 하셨다고 주장했습니다! 그는 성령께서 자기가 그렇게 하도록 하셨지만, 이 상황에 대해 상담할 사람을 만나고 싶다고 말했습니다.

그 남자는 상담이 아니라 하나님 앞에서 바르게 교정하는 것이 필요했습니다! 그는 베드로가 사도행전 3:19에서 한 말을 지켜 **회개해야** 했습니다!

또한 주님은 성령 안에서 기도하며 주를 기다리는 시간 동안 내게 이렇게 말씀하셨습니다. "만약 사람들에게 상담이 필요하면, 그들은 자기가 속한 양 우리에 가서 자기의 목사에게 도움을 청해야 한다. 너는 너의 양 우리에만 집중해라."(나의 경우에는, 우리 훈련소의 학생들을 돌보라는 의미였습니다.)

상담해줄 사람을 찾는 그 나머지 사람들은 우리가 어떻게 도울 수 있었을까요? 하나님의 임재 가운데 하나님을 기다리며 기도하는 것을 가르치는 것입니다! 우리는 그 짧은 상담 모임에서는 그것을 가르칠 수 없었습니다. 만약 우리 상담자들이 그들에게 "무릎 꿇고 성령 안에서 한 시간 동안 기도합시다!"라고 말했다면, 대부분이 이렇게 대답했을 것입니다. "오, 싫어요! 나는 **당신이** 대답해주길 원해요!" 문제는, 많은 신자들이 스스로 듣기 위해 기도하는 시간을 갖는 대신, 자기를 위해 하나님의 음성을 들어줄 상담자를 원한다는 것입니다.

그러나 많은 부분에서, 상담은 신자들이 필요한 응답을 받는데 있어 하나님께서 원하시는 방법이 아닙니다. 결국, 상담해줄 사람을 찾는 그 시간 내내, 그들은 자기 안에 참된 상담자를 모시고 있었습니다! 성령님은 괜히 그들의 영 안에 계신 것이 아닙니다. 그분은 그들의 신성한 교사이자 안내자입니다! 만약 그들이 무릎을 꿇고 방언으로 끝까지 기도했다면, 그들 안에 계신 상담자로부터 문제를 해결할 지혜를 받았을 것입니다. 독선적으로 이야기하는 것은 아니지만, 나는 평생 누구에게도 상담 받으러 가본 적이 없습니다. 나는 언제나 무릎을 꿇고 나의 하늘 아버지께 방언으로 기도했습니다. 그리고 내 안에 계신 상담자를 바라보면, 그분은 항상 나에게 지시를 주셨습니다.

**한 마디로, 기도하며 하나님을 기다리는 것에는 어떠한 지름길도 없습니다.**

많은 신자들이 하나님께서 기도 응답을 "1,000원 찬스"로 팔기를 기다리는 것 같습니다. 이런 사람들은 응답을 바라지만, 그것을 싸고 빠르게 얻기 바랍니다.

그렇지 않습니다, 응답을 얻기 위해서는 하나님 앞에서 밤새도록 기다려야 할 수도 있습니다. 몇 끼 굶어야 할 수도 있습니다. 심지어 잠시 동안 거실의 "외눈박이 괴물"(TV)을 꺼야할 수도 있습니다.

하나님과 단 둘이 앉아서, 당신 개인의 세움을 위해 성령 안에서 기도하십시오. 당신 안의 어떤 것들은 바로 잡으십시오. 당신이 가장 먼저 해야 할 일과, 하나님께서 당신이 하기 원하시는 일이 무엇인지 찾아내십시오.

성령님의 도움으로 인해 하나님께 감사드립니다! 그분은 우리가 필요할 때에 우리의 조력자요 중보자가 되십니다!

### 내 안에 계신 안내자의 음성을 알아듣기

주를 기다리는 것의 또 다른 유익은 당신이 성령님의 음성을 점점 더 잘 구별하게 된다는 것입니다. 당신이 방언으로 기도하며 하나님의 임재 가운데 기다리면, 그분은 모든 분야에서 하나님의 완전하신 뜻 가운데 거하는 방법을 당신의 영에 말씀하시고 알려 주실 것입니다.

진리의 영이신 성령님은 안내자이시며, 당신 안에 살고 계십니다. 당신의 하늘의 안내자께서는 당신이 따를 수 있도록 분명한 말씀을 주실 것입니다.

> 너희가 오른쪽으로 치우치든지 왼쪽으로 치우치든지 네 뒤에서 **말소리가 네 귀에 들려** 이르기를 이것이 바른 길이니 너희는 이리로 가라 할 것이며
> 사 30:21

사람들은 종종 이렇게 말합니다. "제가 어떻게 성령님의 음성을 알 수 있는지 말해 주세요."

나의 대답은 이렇습니다. "저는 알려드릴 수 없습니다. 성령님의 음성을 스스로 배우셔야만 하고, 또 당신은 그렇게 하실 수 있습니다.

그분께서는 당신 안에 살고 계시니까요. 하지만 당신이 주님의 임재 가운데 그분의 음성 듣는 법을 배우는 시간을 갖지 않으신다면, 저나 다른 그 누구든 당신에게 가르쳐준다 해도 다 소용없을 겁니다."

"하지만 정말 성령님께서 제게 말씀하시는 게 맞는지 어떻게 구별할 수 있죠?"

이 사람이 내게 이런 질문을 한다는 사실은, 그가 자기 안에 사시는 분을 잘 알지 못한다는 것을 말해 줍니다. 그는 그분의 음성을 알지 못했습니다. 이 사람은 우선 하나님을 기다리며 시간을 보내야 합니다. 그가 하나님의 임재 가운데 충분히 오래 머무른다면, 성령님의 음성을 구별하는 방법을 알려달라고 물을 필요가 없을 것입니다!

그러나 매일 규칙적으로 하나님의 임재 가운데 시간을 보내기를 거부한다면, 그에게 내가 아는 모든 방법을 말해준다 하더라도 전혀 소용이 없을 것입니다. 그는 성령님께서 말씀하시려는 것들을 여전히 놓치며 살 것입니다.

## 당신의 삶을 향한 하나님의 계획을 기도하기

하지만 나는, 내 안에 안내자를 모시고 있으며, 그분께서 내게 말씀하시고자 하는 것을 놓치지 않을 것입니다. 왜냐하면 나는 그분께 귀를 기울이고 있기 때문입니다. 그분은 내 앞의 일들을 아시며, 장래 일을 신실하게 보여 주십니다(요 16:13).

우리 직원들은 때때로 그들이 맞추어야 할 마감시한이 있을 때, 나의 부담을 가중시키면서 내 앞에서 답을 구하며 기다립니다. 그러나 나는 내 영 가운데 하나님으로부터 답을 얻기 전까지는 움직이지 않습니다. 나는 시편 127:1을 따라 삽니다. "여호와께서 집을 세우지 아니하시면 세우는 자의 수고가 헛되며…" 우리는 집을 지을 수 있지만, 주께서 세우신 것이 아니면 모두 헛된 일입니다. 그것이 내가 영 가운데 명확한 성령의 지시를 받기 전에는 움직이지 않는 이유입니다.

당신은 많은 좋은 일들을 할 수 있습니다. 심지어 **옳은** 일들도 있습니다. 그러나 하나님께서 당신에게 하기 원하신 일이 아니라면, 결국 문제로 들어가게 될 것입니다. 심지어 **당신이** 한 일이 선하고 사람들에게 도움이 되었다 하더라도, 그것은 하나님께서 당신이 하기 원하신 일이 아닐 수 있습니다. 당신은 **당신을 향한** 하나님의 계획이 무엇인지 찾아야만 합니다. 그리고 그분이 당신에게 하라고 하신 일을 따라야만 합니다!

당신은 이렇게 물을 수도 있습니다. "그렇지만 저를 향한 하나님의 계획을 **어떻게** 발견할 수 있나요?" 당신이 방언으로 기도하며 하나님 앞에서 기다릴 때, 성령님께서 당신을 인도하실 것입니다. 예수께서는 이렇게 약속하셨습니다. "…그가 장래 일을 너희에게 알리시리라" (요 16:13) 게다가, 하나님은 이렇게 약속하셨습니다. "…하나님의 영으로 인도함을 받는 사람은 곧 하나님의 아들이라"(롬 8:14) 이는 **당신이** 인도를 받을 수 있다는 뜻입니다!

나는 언제나 매우 학구적이긴 하지만, 내가 하나님과 그분의 말씀에 대해 아는 거의 모든 것은 책을 공부해서 얻은 것이 아닙니다. 내 말을 오해하지는 마십시오. 비록 내가 성경 학교는 다니지 않았지만, 나는 여러 다양한 성경 학교에서 사용하는 책들을 구입해서 부지런히 연구했습니다. 솔직히 나는 그 교과서들을 밤새워 읽은 적이 매우 많습니다.

그러나 내가 성경을 배운 가장 주요한 방법이 무엇인지 아십니까? **무릎을 꿇고 방언 기도하는 것을 통해서 입니다.** 그것이 내가 성경의 계시를 받은 방법입니다. 때로는 내가 방언으로 기도할 때, 하나님의 영이 성경의 여러 장들 사이로 나를 데리고 가서, 점차로 나를 변화시키고 내 사역을 변화시키셨습니다! 내 안에 계신 상담자께서 나에게 계시를 주셔서 나로 하여금 새로운 방향으로 가게 하셨습니다.

게다가, 지난 몇 년간 나의 사역에서 통과해 온 라디오 사역, 출판 사역, 레마 성경 훈련소와 같은 모든 새로운 방향들은, 방언으로 기도하는 동안 그런 특별한 방향에 대한 하나님의 인도를 받은 것이었습니다.

이것이 많은 사람들이 자신의 삶을 향한 하나님의 계획을 계시 받지 못하는 이유입니다. 한마디로 그들은 방언으로 기도하면서 충분히 시간을 보내지 않습니다. 그들은 결코 하나님이 주시는 응답을 얻도록 성령 안으로 들어가지 않습니다. 그 결과, 그들의 모든 이성과 계획은 지적인 영역에 머무르며, 그러한 '사람이 만든' 계획들은 종국에는 실패합니다.

이것이 당신이 지속적으로 주의 임재 가운데 새롭게 되는 시간을 필요로 하는 이유입니다. 당신의 역할은 그분 앞에서 기다리는 시간을 구별하는 것입니다. 하나님의 임재 안으로 들어가서 성령 안에서 기도하면, 당신은 필요한 모든 응답을 받게 될 것입니다. 그리고 당신이 주를 기다리며 섬길 때, 당신은 새롭게 되는 날들과 하나님의 인도를 모두 얻게 될 것이며, 이 둘은 모두 올바른 영적 성장을 위해 절대적으로 필요한 것들입니다.

그러므로 하나님의 말씀을 먹으며 당신의 영적 생활을 경작하십시오. 방언으로 많이 기도하면서, 아버지와 교제하는 시간을 보내십시오. 당신의 영이 말하는 것에 따르는 법을 배우십시오. 성령님은 당신에게 하나님의 뜻을 일깨우기 위해 매일 당신의 영을 사용하실 것입니다. 기억하십시오, 하나님은 당신의 영spirit을 통하여 당신을 지도하십니다. 성경은 말합니다. "사람의 영혼spirit은 여호와의 등불이라…"(잠 20:27)

이 새로운 성령의 능력의 영역에서 행하는 법을 배우십시오. 당신이 매일 주를 기다리기로 결단하고, 그분이 당신을 인도하시고 가르치시고 지속적으로 당신의 영적 능력을 새롭게 하시도록 허락하는 것에서, 모든 것이 시작됩니다.

# 17

# 알지 못하는 일을 기도하도록 도와줌
(HELP TO PRAY OUT THE UNKNOWN)

믿는 자들이 왜 방언으로 기도해야만 할까요? 그것이 그들로 하여금 그들의 자연적인 생각이 알 수 없는 일들에 대하여 기도할 수 있게 하기 때문입니다.

우리는 이미 12장에서 방언의 이러한 유익에 대하여 언급했습니다. 그러나 나는 알지 못하는 일을 기도하는 것에 대해 더 깊이 들어가고 싶습니다. 이것이 방언 기도의 전체 영역을 다루는데 있어 매우 중요하기 때문입니다.

방언 기도는 당신이 알지 못하는 일, 당신 스스로는 기도해야겠다고 절대 생각하지 않을 일들에 대해 기도하는 방법이 됩니다. 이것이 방언 기도가 당신의 가장 중요한 기도 방법 중 하나인 이유입니다. 당신은 당신이 마땅히 기도해야 할 바를 알지 못합니다(롬 8:26). 그러므로 당신에게는 하나님의 온전하신 뜻에 따라 당신의 자연적인 생각은 알지 못하는 사람 및 환경에 대해 기도하도록 도우시는 성령님이 필요합니다.

### 방언통역을 받으면, 알지 못하는 일을 알게 됩니다

잠시 고린도전서 14:15를 다시 보겠습니다.

> 그러면 어떻게 할까 내가 영으로 기도하고 또 마음understanding으로 기도하며 내가 영으로 찬송하고 또 마음으로 찬송하리라
> 
> 고전 14:15

개인적으로, 나는 이 구절을 두 가지로 적용할 수 있다고 생각합니다. 우선, 이는 말 그대로 이런 의미입니다. "나는 두 가지 방법으로 기도한다. 마음으로도 기도하고 영으로도 기도한다." 그러나 나는 이 구절이 또한 더 깊은 적용이 있다고 믿습니다. 물론, 당신이 방언으로 기도하거나 찬양할 때 그 모든 내용을 알 필요는 없습니다. 그러나 필요하다면, 성령님께서는 당신이 방언으로 말한 것에 대한 통역을 주실 것입니다. 그러면 당신은 영과 마음 **모두로** 성령의 영감에 의해 기도할 수 있을 것입니다!

과거에 내가 방언으로 기도할 때, 때때로 통역을 받은 적이 있지만, 이것이 항상 일어나는 일은 아닙니다. 다른 많은 경우에는 내가 기도하는 것이 무엇인지 하나도 모르면서 방언으로 충분히 기도합니다. 이는 이사야 28:11-12에서 말하는 안식rest과 상쾌함refreshing의 일부입니다. 때로는 내가 알지 못하고 하나님께 그 일들을 맡기는 것이 상쾌함과 안식이 됩니다.

그러나 때로 내가 성령 안에서 기도할 때, 성령께서는 내가 기도하는 것을 알 수 있도록 통역을 주십니다. 한 예가 특별히 마음에 떠오릅니다. 1956년, 나의 아내와 나는 캘리포니아에서 집회를 열었습니다. 우리는 우리의 십대 아들딸인 켄과 팻과 함께 커다란 트레일러를 끌고 서부로 갔습니다.

어느 날 밤 우리가 조용히 자고 있는데, 나는 갑자기 깨어나 침대에 꼿꼿이 앉았습니다. 누군가 내 옆구리를 슬쩍 찌른 것 같았습니다. 나는 내가 문 두드리는 소리를 들었다고 생각했습니다. 그러자 누군가 트레일러 안으로 들어온 것 같은 소리가 났습니다. 나는 일어나서 걸었습니다. 문을 확인했지만, 다 닫혀서 잠겨있었습니다. 아무도 들어온 사람이 없었습니다. 나는 침실 문 쪽에 귀를 기울였습니다. 팻은 쌔근쌔근 조용히 자고 있었습니다. 켄도 거실의 소파에서 잘 자고 있었습니다. 나는 아내를 깨우고 싶지 않아서, 다시 침대에 돌아가 누워 기도했습니다. "주님, 왜 저를 깨우셨습니까?"

나는 나의 영적인 안테나를 세우기 시작했습니다. (내가 무슨 말을 하는지 아시겠습니까? 한 마디로, 내가 영 가운데 하나님 앞으로 나아가기 시작했다는 뜻입니다.) 그러면서 나는 주님께 계속 물었습니다. "무슨 일입니까? 무슨 일인가요?" 내 안에 큰 부담이 느껴지고, 계시가 오기 시작했습니다. 나는 물었습니다. "무엇에 대한 부담인가요, 주님?" 성령의 영역으로 조금 더 들어가자, 나는 그것이 내 친척 중 한 명에 대한 일임을 알았습니다.

나는 말했습니다. "내 친척 중 한 명에 대한 일이네요. 그의 생명이 위험해요. 그가 지금 죽기 직전에 있군요. 주님, 누군가요?"

나는 알 수 없었고, 그래서 이렇게 말했습니다. "성령님, 저는 누구의 생명이 위험한지 모르지만, 당신은 아십니다. 저의 이성으로 친척들 한 사람 한 사람을 위해서 기도할 수도 있지만, 저는 당신께서 나에게 말을 주셔서 내가 기도하는 것을 도와주시도록 당신을 바라봅니다."

그리하여 나는 언젠가 말했던 스미스 위글스워스의 방식대로 방언으로 기도했습니다. 그는 이렇게 말했습니다. "나는 육으로 시작하여, 영으로 마친다." 다시 말해, 나는 침대에 누워서 어떤 감동이나 기름 부음도 없이 방언으로 기도하기 시작하였지만, 방언이 내 안에서 흘러나오기까지는 그리 오래 걸리지 않았습니다. 이 모든 과정 중에, 나는 바로 옆에서 자고 있는 아내를 전혀 방해하지 않았습니다.

나는 한 시간 반 정도 방언으로 기도해야만 했습니다. 나는 끝이 날 때까지 계속 기도했습니다.

특정한 문제에 대해 당신이 '끝까지' 기도했다는 것을 어떻게 알 수 있을까요? 부담감이 사라지고, 당신의 영에는 승리의 느낌이 있습니다. 당신은 영으로 웃거나 노래하게 될 것입니다. (만약 영 가운데 승리의 느낌에까지 도달해 본 적이 전혀 없는 것 같다면, 당신은 방언으로 충분히 오래 기도한 것이 없는 것입니다!)

나는 매우 조용히 성령 안에서 노래하고 웃기 시작했습니다. 나는 생각했습니다. '됐어, 무슨 일이든 그게 누구든, 나는 응답을 받았다! 그 사람은 괜찮아.' 그리고 나는 잠이 들었습니다.

그 다음에 일어난 일은 내게 자주 있는 일이 아닙니다만, 그날 밤에 일어났습니다. 잠이 들자 나는 영적인 꿈을 꾸었습니다.

때때로 하나님께서는 당신에게 꿈을 통해 말씀하실 것입니다. 그러나 이에 대해 도움을 드리겠습니다. 내가 꿈에서 깬 순간, 나는 그것이 의미하는 바를 정확히 알았습니다. 만약 당신이 영적인 꿈을 꾸었다고 생각하는데, 그 의미를 잘 모르겠다면, 꿈에 대해서 잊어버리십시오. 하나님께서는 그 꿈을 통해 말씀하신 것이 아닙니다. 당신 머리에서 어떤 의미들을 만들어내려고 하지 마십시오. 그것이 수많은 사람들이 저지르는 실수이며, 그 결과 그들은 신앙생활에서 잘못된 길로 빠집니다.

꿈에서 나는 루이지애나 슈리브포트에 있었습니다. 길을 걷고 있는데, 건너편에 호텔 표지판을 볼 수 있었습니다. 하나님을 알았지만 실족한 막내 남동생 팻이 그 호텔에 머물고 있다는 것과 밤새 아팠다는 것을 알았습니다.

그리고 나는 방에서 동생을 보았습니다. 나는 그가 전화를 들고 호텔 교환원에게 연결하려 하는 것을 보았는데, 그는 죽었습니다. 꿈에서 나는 그 곳에 서서, 앰뷸런스의 빨간불이 깜빡이는 것과 구급대가 내 동생을 병원에 데리고 가는 것을 보았습니다. 그리고 나서 나는 벽에 등을 기대고 복도 건너편의 닫힌 문을 보면서 병원 복도에 서있었습니다. 나는 팻이 저 문 안에 있다는 것을 알았습니다.

내가 거기 서 있는데 의사가 다가왔습니다. 그는 닫힌 문을 밀치고 나와서 나에게 다가왔습니다. 그는 고개를 숙이고 나를 보지도 않고 말했습니다. "돌아가셨습니다."

내가 말했습니다. "아닙니다, 선생님, 그는 죽지 않았어요."

그러자 의사가 나를 쳐다보며 말했습니다. "제 말을 이해 못하십니까? 죽었다고요."

내가 말했습니다. "아닙니다, 죽지 않았습니다."

"어떻게 그렇게 말씀하십니까?" 의사가 물었습니다.

"예수님께서 그가 죽지 않았다고 말씀하셨어요."

"오," 그가 말했습니다. "당신도 그런 부류로군요."

"그렇습니다." 내가 꿈에서 대답했습니다.

의사는 되돌아가서 문을 열더니 말했습니다. "이리 오십시오. 보여 드리겠습니다!"

그래서 우리는 방으로 함께 들어갔습니다. 침대에 한 사람이 누워 있고, 그 위에 시트가 머리까지 덮여 있었습니다. 의자는 시트를 확 잡아당기면서 말했습니다. "보세요!"

팻을 내려다보자, 그가 눈을 뜨고 깜빡 거렸습니다. 의사가 나를 한 번 보고, 내 동생을 보더니 말했습니다. "당신은 내가 모르는 뭔가를 알고 있는 게 분명하군요."

내가 말했습니다. "그렇다고 말하지 않았습니까."

그런 후에 나는 잠에서 깼고, 내가 나의 막내 남동생을 위해 기도했다는 것을 알았습니다. 그것이 5월이었습니다. 8월에 우리는 텍사스 갈랜드에 있는 집으로 돌아갔습니다.

켄과 나는 우리 트레일러를 뒷마당에 세우려고 했습니다. 우리가 15분 정도 그러고 있는데, 팻이 우리 집에 차를 세우고 들어왔습니다.

잠시 대화를 나눈 후, 팻이 말했습니다. "형네 가족이 떠난 사이에 난 거의 죽을 뻔했어."

내가 대답했습니다. "그래, 알고 있어. 너는 슈리브포트에 있었어. 그런데 밤에 병이 났지. 구급대가 너를 급하게 병원으로 데리고 갔어. 의사는 나중에 너한테 네가 살아날 거라 생각 못했다고 말했지."

"맞아!" 그가 외쳤습니다. "누가 말했어? 엄마?"

"아니." 내가 대답했습니다. "우리는 아직 엄마를 만나지도 않았어. 우리는 여기 돌아온 지 15분밖에 안됐어." 그리고 나는 그에게 내가 5월에 겪은 일을 말해 주었습니다.

팻이 말했습니다. "그래, 정확히 그런 일이 있었어." 성령님으로 인해 하나님께 감사드립니다!

나는 이런 경험을 더 말할 수 있습니다. 수년에 걸쳐 우리의 대가족의 구성원들이 더 젊었을 때, 나는 여러 번 거의 모든 가족에 대해 한 두 번씩은 그들의 죽음을 기도로 피할 수 있도록 했습니다. (물론, 얼마 후에 하나님께서는 그들이 자신의 믿음을 사용하기 원하셨기 때문에, 나는 더 이상 그런 식으로 기도함으로써 그들을 대신할 수 없었습니다.) 또한, 성령께서 나에게 미리 기도하도록 경고하지 않고, 우리 가족 일원에게 위험이 일어난 적은 한 번도 없습니다. 내가 기도하라는 부담에 양보하면, 그분은 방언으로 기도하는 내용이 무엇인지 알게 하셔서, 내 이성으로도 기도할 수 있게 하셨습니다.

### 성령 안에서 기도함으로써 모든 성도를 위하여 간구하기

　대부분의 그리스도인들이 알지 못하고 나머지도 겨우 맛만 본, 성령 안에서의 삶과 성령 안에서의 기도의 영역, 즉 모든 성도를 위한 권세와 간구의 영역이 있습니다. 우리는 이 성령의 영역에서만 하나님의 명령을 완수할 수 있습니다. "모든 기도와 간구를 하되 항상 성령 안에서 기도하고 이를 위하여 깨어 구하기를 항상 힘쓰며 여러all 성도를 위하여 구하라"(엡 6:18) 우리는 모든all 성도를 알지 못하므로, 성령 안에서 또는 방언으로 기도하지 않는 한 우리가 모든 성도를 위해 기도할 수 있는 방법은 없습니다.

　이 기도의 영역에서 일어난 많은 특별한 예들이 마음에 떠오르지만, 내가 직접 경험한 몇 가지만 이야기하겠습니다. 한 사건은 몇 년 전 우리가 레마 훈련소에서 기도와 치유 학교를 시작했을 때 일어났습니다. 어느 날 내가 말씀 사역을 하고 있는데, 갑자기 기도해야겠다는 긴박한 부담감이 있었습니다. 그러나 나는 무엇에 대해 기도해야 할지 몰랐습니다. 나는 물었습니다. "주님, 무슨 일입니까? 무슨 일인가요?"

　그러자 나는 누군가의 생명이 위험하다는 것을 알았습니다. 누군가가 죽음 가까이에 있었는데, 질병이나 질환이 아닌 어떤 사고 때문이었습니다.

　그리하여 나는 일어나서 청중에게 말했습니다. "여러분, 저는 기도해야 합니다. 지금 기도해야 합니다. 저는 여러분께 제 기도를 도와달라고 요청합니다. 누군지는 모르지만, 지금 누군가의 생명이 위험합니다." 나는 무릎을 꿇고 기도하기 시작했습니다. 나는 강하고 빠르게, 기도 내용을 모른 채 방언으로 약 45분간 기도했습니다. 그러자 승리의 느낌이 내가 끝까지 기도했음을 알려 왔습니다. 내가 성령 안에서 노래하고 웃자, 기도에 대한 무거운 부담이 떠나갔습니다.

내가 말했습니다. "지금 누구를 위해 기도한 것인지는 모릅니다. 때로 성령께서는 제게 제가 기도해야 할 사람들을 보여 주십니다. 그러나 이번에는 아니었습니다. 그러나 그게 누구든, 저는 응답을 받았습니다, 하나님께 영광 돌립니다!"

그 날 저녁 내 아내와 나는 몇 가지 일을 함께 기도하기 위해, 우리 사역의 찬양단인 '아버지의 창조물' 팀을 집으로 초대했습니다. 우리가 기도하는 중에, 전화가 와서 아내가 받았습니다. 오랄 로버츠 대학의 학생인 젊은 여자였습니다. 그녀와 그녀의 가족은 우리의 친구였습니다.

그 젊은 여자가 말했습니다. "엄마가 텍사스의 집에서 전화를 하셨어요. 엄마가 당신에게 전화해서 기도 요청을 하라고 했어요! 오늘 오후 텍사스 포트 아서에 있는 텍사코 정제소에서 폭발이 있었어요!"

그것은 그녀의 양아버지가 일하는 곳이었습니다. 맹렬한 화염 때문에 아무도 그 정제소에 들어가지 못한 채로 꽤 많은 시간이 흘렀습니다. (우리는 나중에, 내가 성령 안에서 누군가 위험에 빠진 사람을 위해 기도 부담을 가졌을 때가 오후에 폭발이 일어난 그때 즈음이었다는 것을 알았습니다.) 17명이 정제소에 갇혀 있었지만, 구조대원들은 사상자가 얼마인지도 알지 못했습니다.

오레사가 우리들에게 이 이야기를 전하자, 내가 말했습니다. "그녀에게 우리가 이미 응답을 받았다고 말해요. 그녀의 양아버지는 무사해요. 하나님의 영이 오늘 오후에 우리로 하여금 기도하도록 일깨우셨어요. 그녀에게 우리가 이미 그 문제에 대해 끝까지 기도했고, 그는 안전하다고 말해요."

당신은 이렇게 물을지 모릅니다. "당신이 방언으로 기도한 사람이 그 남자와 그의 동료들인 것을 어떻게 알지요?" 무슨 일이 일어났는지 듣자마자 성령께서 내적직감으로 그냥 알게 하십니다.

그래서 나의 아내와 나와 '아버지의 창조물' 단원들은 다른 일들에 대해서 계속 기도했습니다. 오레사와 내가 침대에 누웠을 때는 자정이 넘었습니다. 1시 30분 쯤 전화가 울렸습니다. 아까 그 젊은 여자가 또 전화한 것이었습니다. 그녀가 말했습니다. "엄마에게 전화가 왔어요. 마침내 진화되었고, 구급대가 정제소 안에 들어가 보니 아무도 다치지 않았대요! 구급대 사람들도 믿을 수 없어 했대요! 모든 사람들의 생명이 무사했어요! 아빠도 괜찮아요!"

하나님께 감사드립니다, 성령님은 우리가 기도해야 할 바를 아시며, 그분은 우리가 알지 못하는 일을 기도하도록 도와주십니다!

나중에, 이 젊은 여자와 그의 부모는 모두 레마를 졸업하고 지금은 사역을 하고 있습니다. 텍사스에 사는 이 사람들은 수 년 동안 우리의 친구이자 사역의 후원자였으며, 그들에게 긴급한 필요가 있을 때마다 성령께서는 수마일 떨어진 털사Tulsa에 있는 나에게 기도하게 하셨습니다. 성령 안에서는 거리가 상관없습니다. 성령님은 당신으로 하여금 어디에 있는 누구에 대해서든지 기도하도록 도우실 수 있습니다!

### 하나님은 기도로 쓸 수 있는 그릇을 찾고 계십니다

여기 또 이해해야 할 것이 있습니다. 성령님께서 나로 하여금 텍사스 정제소에 있는 이 남자와 16명의 동료들에 대해 기도하게 하신 것처럼, 그분은 당신으로 하여금 때로 특정한 필요나 상황에 대해 방언으로 기도하게 하십니다. 그러나 당신이 일단 자신을 그분께 내어드리고 성령의 영역으로 들어가고 나면, 그분은 당신에게 기도해야 할 다른 것들도 주실 것입니다.

그 날 오후 기도학교에서 누군가 위험에 빠진 사람을 위해 기도할 때, 내게 그런 일이 일어났습니다. 45분 정도 기도하자 승리의 느낌이 있었습니다. 그리고 나서 계속 기도하는데, 1,200마일 떨어진 곳에 사는 어떤 목사님의 얼굴이 떠올랐습니다. 나는 당시 내가 그 목사님을 위해 기도했다고 생각했습니다.

방언으로 한창 기도하는 중에, 나는 내가 영어로 몇 마디를 반복해서 말하는 것을 들었습니다. "아직 떠나지 말라. 아직 떠나지 말라. 조금만 더 머물러 있으라." 그리고 나서 나는 바로 방언 기도로 돌아갔습니다. 나는 생각했습니다. '그래, 이 목사님이 교회를 떠나려고 하는가 보다.' 그러나 나는 자연적인 영역에서의 상황에 대해서는 아무것도 몰랐습니다.

며칠이 지난 후, 나는 직원의 사무실에 들렀다가 그가 전화로 그 목사님과 통화하는 것을 들었습니다. 내가 말했습니다. "끊기 전에 좀 바꿔 주세요."

전화를 바꾸어서, 나는 그 목사님께 말했습니다. "이게 목사님에 대한 것이 맞는지 아닌지 모르겠습니다. 아니라면, 그냥 잊어버리십시오."

당신은 단지 누가 말했다고 해서 소위 "주님으로부터 온 말씀"을 받아들여서는 안 됩니다. 왜냐하면 사람들은 틀릴 수 있기 때문입니다. 성령님은 완벽하시지만, 그분은 완벽하지 않은 통로를 통해 나타나십니다.

나는 계속했습니다. "며칠 전에 제가 성령 안에서 기도하는데, 당신의 얼굴이 떠올랐습니다. 그런 후에 제 입에서 몇 마디 영어가 나왔습니다. 저는 '아직 떠나지 말라. 아직 떠나지 말라. 조금만 더 머물러 있으라.'라고 말했습니다."

그 목사님이 말했습니다. "오, 그래요, 해긴 형제님, 저는 이미 교회 제직회에 사직서를 제출했어요. 저는 지금이 떠나야 할 때라고 믿습니다."

내가 대답했습니다. "하지만 하나님께서 당신에게 '조금 더 머물라'라고 말씀하시는 것 같습니다."

"글쎄요," 그 목사님이 말했습니다. "기도해 보겠습니다, 해긴 형제님."

나는 후에 그 목사님이 그 교회에 석 달 더 머물렀다는 것을 알게 되었습니다. 제직 회원들은 그의 사임을 미루는 데 동의했습니다.

나중에 그 목사님이 내가 하는 한 전도 집회에 찾아와서 말했습니다. "성령님께 감사드립니다!"

그 목사님은 계속 말했습니다. "사임하고 교회를 떠나겠다고 장로회에 말했을 때, 저는 2주 후에 떠나기로 되어있었습니다. 그런데, 저는 돈이 없었습니다. 아내에게 이렇게 말했지요. '앞으로 어디로 갈지는 모르겠어. 우리는 사택을 떠나야 하는데, 이 가구들을 어찌해야 할지 모르겠어. 이걸 보관할 돈도 충분하지 않고.'"

그 목사님이 말했습니다. "하지만 석 달을 더 기다리게 되어서, 교회를 떠날 때까지 3,750달러를 모을 수 있었어요. 제가 좀 더 머물지 않았더라면, 3,750달러가 부족했을 거에요!"

내가 대답했습니다. "그래요, 알게 되어 기쁘네요! 저는 '아직 떠나지 말라'는 말에 어떤 의미가 있는 건지 아닌지 몰랐어요." 그러나 성령께서는 아셨고, 나로 하여금 그 목사님을 위한 내가 모르는 어떤 유익을 위해 기도하도록 충동하셨습니다.

당신은 무엇을 어떻게 기도해야 하는지 머리로 이해하려고 할지 모릅니다. 그러나 당신은 결코 그렇게 할 수 없을 것입니다! 하나님께 감사드립니다, 성령님은 모든 상황에 대한 하나님의 온전하신 뜻을 알고 계시며, 당신이 그분께 양보하고 방언으로 기도할 때, 그분은 당신을 사용하여 특정한 상황과 사람들의 삶 가운데 하나님의 뜻을 가져오게 하실 것입니다.


## 선교지에서의 초자연적인 회생

나는 성령께서 내가 알지 못하는 상황을 위해 방언으로 기도하게 하셔서 일어났던 기적에 대해 계속해서 예를 들며 하루 종일 이야기할 수 있습니다. 그러나 내가 아는 다른 사람들의 삶에서도 놀라운 간증이 있습니다. 그들 중 대부분은 고향에서 수천마일 떨어진 외국에 있는 선교사들입니다.

한 예로, 몇 년 전에 나의 한 선교사 친구가 그러한 간증을 나누었습니다. 그와 그의 아내 블랜치는 1차 세계 대전 당시까지 수년 간 아프리카에 있었습니다. 그때에는 오늘날 우리가 사용하는 빠른 교통·통신수단은 없었으며, 그들은 보트로 아프리카를 여행했습니다. 미국의 부모님이 그들의 편지를 받는 데는 한 달이 걸렸습니다.

블랜치의 아버지와 어머니는 옛날 오순절파 교인으로 평생 목장일을 해 왔으며, 당시 80대 노인이었습니다. 심지어 더 이상 목장을 운영하지 않을 때에도, 블랜치의 아버지는 여전히 소 세 마리를 키우며 매일 우유를 짜서 크림을 팔았습니다.

어느 날 아침, 언제나 그렇듯이 블랜치의 아버지는 새벽에 일어나서 우유를 짜러 헛간으로 향했습니다. 그런데 반 정도 왔을 때, 그는 영 가운데 무언가 **잘못되었다는** 강한 내적 직감에 사로잡혔습니다. 그는 그것이 딸 블랜치에 대한 것임을 알았고, 우유통을 내려놓고 집으로 돌아갔습니다.

블랜치의 어머니는 낡은 아궁이에서 아침을 만들려고 하던 참이었습니다. 남편이 집으로 들어오자, 그녀는 소리쳤습니다. "당신 얼굴이 귀신이라도 본 것 같네요! 무슨 일이에요?"

"모르겠소," 그가 대답했습니다. "하지만 블랜치가 뭔가 잘못됐어.

그 애에게 문제가 생겨서, 거의 죽어 가. 그 애의 목숨이 위험해. 우리는 기도해야만 하오!"

"어떻게 그걸 알아요?" 그의 아내가 물었습니다.

"어떻게 아는지는 모르겠소. 그냥 내 안에서 알겠어." 그가 알지 못하는 어떤 것에 대해 하나님의 영이 알게 하신 것이었습니다!

그리하여 그 늙은 농부와 아내는 부엌 바닥에 바로 무릎을 꿇었고, 그 남자는 성령님께 이렇게 말했습니다. "저는 뭐가 잘못되었는지 모르지만, 블랜치가 **뭔가** 잘못되었습니다. 그리고 우리는 마땅히 기도해야 할 바를 알지 못하지만, 성령님, **당신은** 아십니다. 그러니까 우리가 우리 딸을 위해 중보할 수 있도록 도와주세요." 그리고 그들은 방언으로 기도하기 시작했습니다.

그 때가 아침 5:30경이었습니다. 시간이 지났습니다. 정오가 되었습니다. 아직 젖을 짜지 않은 소들이 울었습니다. 먹이를 먹지 못한 돼지들이 꽥꽥거리고, 닭들도 꼬꼬거렸습니다. 그러나 농부와 아내는 딸을 위해 방언으로 계속 기도했습니다.

이윽고 오후 2시가 되자, 노인은 방언으로 웃으며 찬양하기 시작했습니다. 그가 아내에게 말했습니다. "블랜치가 괜찮아졌어!"

자, 한 가지를 더 강조하겠습니다. **당신이 일단 이런 식으로 기도를 시작했다면, 승리의 느낌을 얻을 때까지 계속 기도하십시오.** 무엇을 위해 기도하든, 응답을 얻을 때 당신은 그것이 무엇인지 영 가운데 알게 될 것입니다. 당신은 방언으로 웃고 경배하고 찬양해야겠다는 충동을 받을 것이고, 그 부담에 대해 완전히 기도했음을 알게 될 것입니다.

블랜치의 부모님이 사위로부터 편지를 받은 것은 거의 6주 후의 일이었습니다. 그 선교사는 편지에서 장인 장모께 이렇게 설명했습니다. "몇 주 전에, 블랜치가 여기에 퍼진 치명적인 열병에 감염되었습니다. 사람들은 그녀를 치료할 방법이 없다고 했습니다."

이는 1910년에서 1929년 사이의 일임을 기억하십시오. 아프리카의 이 지역의 의료 시설은 극단적으로 미발달되었습니다. 그 당시 아프리카에서 일단 지독한 열병에 걸리게 되면, 그 사람은 결국 죽었습니다!

사위는 이렇게 썼습니다. "블랜치는 죽음의 문턱까지 갔습니다. 솔직히 우리가 보기에 그녀는 죽었습니다. 우리는 그녀에게서 어떤 호흡도 감지할 수 없었습니다. 그러나 갑자기 블랜치가 건강하게 일어났습니다!"

부모님은 다시 편지를 써서 물었습니다. "블랜치가 건강하게 일어난 날과 시간이 언제인가?" 그들은 딸과 사위에게 왜 묻는지는 말하지 않았습니다. 답장을 받았을 때, 그들은 그것을 자신들이 블랜치를 위해 긴급한 기도를 했던 때의 날짜와 시간과 비교했습니다. 그녀의 부모님은 그녀가 죽음 가까이에 갔던 바로 그 때 자신들이 블랜치를 위해 기도했음을 발견했습니다. 그리고 시차를 계산해보니, 그들은 딸이 아프리카에서 일어난 그 때가 아버지가 성령 안에서 웃고 방언으로 찬양한 바로 그 때, 미국 시간으로 2시였음을 알았습니다!

이들 옛날 오순절파 사람들은 성령 안에서 끝까지 기도하는 것에 대해 알았습니다! 우리는 그들을 통해 배워야 합니다!

나는 수년에 걸쳐 오순절 계통 책을 통해 내가 말한 것과 유사한 간증들을 많이 보았습니다. 외국에 있는 선교사들이 위험에 처했지만, 고향의 누군가가 방언으로 기도하라는 갑작스런 요청에 순종했습니다. 그 결과, 선교사가 살아났습니다. 때로는 심지어 그 선교사를 모르는 사람이 기도하기도 합니다. 그러나 성령님은 아십니다!

한 예로, 나는 암 말기의 영국 출신 아프리카 선교사에 대해 읽었습니다. 이 선교사님은 그 지역에서 오순절파 말씀을 개척한 나이 든 분이었습니다. 그의 동료들은 수술을 위해 그를 남아공의 현대식 병원으로 옮겼습니다. 그러나 의사가 열어 보자, 암이 그의 몸에 너무나 많이 퍼져 있어 다시 봉합하고 수술실에서 내보낼 수밖에 없었습니다. 희망이 없는 경우였습니다. 그 남자는 죽어갔고, 의사가 할 수 있는 일은 아무것도 없었습니다.

그러나 그 즈음에, 수마일 떨어진 오스트레일리아에서, 한 귀한 하나님의 성도가 오순절 계통 인쇄물의 선교사 명단에서 그 남자의 사진을 보았습니다. 갑자기 이 나이 든 여성은 기도해야 한다는 강한 부담을 느꼈고, 그날 밤 대부분의 시간을 방언으로 기도하며 보냈습니다. 그리고 환상 중에, 하나님께서 이 여인에게 무엇을 위해 기도하고 있는지 보여주셨습니다. 그녀는 이 사람이 침대에 누워있는 것을 보았습니다. 그녀는 사진에서 보았으므로 그가 누구인지 알았고, 그가 암에 걸린 것도 알았습니다. 환상 중에, 그녀는 그가 건강하게 일어나는 것을 보았습니다.

시간이 흘러, 이 선교사는 이 여인이 사는 도시에 초청 연사로 오게 되었고, 그녀는 그 집회에 참석하여 예배 후에 그에게 갔습니다. 그 여인은 기도 중에 있었던 본인의 경험을 선교사에게 말했습니다. 날짜를 비교하고 시차를 계산해 본 후, 선교사가 그녀에게 말했습니다. "바로 그 때, 저는 병원 침대에 누워 죽어가고 있었습니다. 나는 이미 너무나 악화된 상태라서 의사는 수술 후에 저에 대해 포기를 했고, 저는 제 자신을 위해 아무것도 할 수가 없었습니다. 그런데 갑자기 제가 건강하게 일어났습니다! 의사는 그가 생각할 수 있는 모든 종류의 검사를 했지만, 암의 모든 흔적이 완전히 사라졌답니다!"

나는 선교지에서의 극적인 회생에 대한 두 개의 간증을 더 나누고 싶습니다. 이는 볼리Boley라는 형제의 경험으로, 누군가 기도에 순종하여 일어난 일입니다. 볼리 형제는 21세기 초 아프리카 오지의 선교사였습니다. 당시 나는 젊은 목사로, 볼리 형제가 이 두 가지 경험을 말한 집회에 참석했었습니다.

한 경우는, 볼리 형제가 복음을 전하여 거의 모든 사람이 구원받은 마을의 여섯 살 난 소녀가, 적대 관계의 부족에 의해 납치된 일이었습니다. 볼리 형제가 말했습니다. "우리는, 해가 지기 전에 그 소녀를 되찾지 못하면 그녀가 다시는 돌아오지 않을 것을 경험을 통해 알고 있었습니다."

이 두 부족은 서로 다른 언어를 사용했기 때문에, 볼리 형제는 상대 부족의 말을 할 줄 아는 한 원주민(회심한 그리스도인)과 함께 상대 부족의 마을로 갔습니다. 볼리는 그 쪽 추장을 만나서 목걸이와 자잘한 장신구들과 그 소녀를 교환하기를 바랐습니다.

두 사람이 그 마을에 도착하기 몇 마일 전, 그들은 부패하고 썩은 고기의 냄새를 맡았습니다. 이 특이한 부족은 서너 명의 여자들을 골라 동물을 준비하고 그녀들이 요리하게 하여서, 그것을 마을 밖의 장대에 걸어 두었습니다. 그 동물은 그곳에 며칠 또는 심지어 몇 주 동안 달려서 햇빛에 썩어가고 있었습니다. 그 마을에 오는 사람들은 누구든 그것을 한 덩이 잘라서 먹어야만 했습니다. 볼리 형제와 그 동행도 마찬가지였습니다.

볼리 형제가 말했습니다. "당신은 당신이 하나님을 믿는다고 생각할지 모릅니다. 그러나 선교지의 그런 극한 지역에 갈 때, 당신은 자신이 정말 그분을 믿는지 발견합니다! 그 때, 우리 둘은 그 썩은 고기를 큼직하게 잘라서 먹어야만 했습니다. 그러나 하나님께 감사드립니다, 그것은 아무런 해도 미치지 않았습니다!"

볼리 형제와 그의 동행은 마침내 추장을 만나, 소녀와 장신구들을 교환했습니다. 그러나, 그 때 밤이 오고 말았습니다. 밤에 그 울창한 정글을 여행하는 것은 불가능하기 때문에, 그것은 큰 문제였습니다. 그들은 마을의 "손님 방", 즉 옛날식 초가지붕 오두막으로 인도되었습니다. 어둠이 내리고, 딱딱한 바닥에 누워 자는 것 외에는 방도가 없었습니다. 몇 시간이 지나고 자정이 가까워오자, 그들은 북을 연달아 치는 소리에 깼습니다. 볼리가 동행에게 물었습니다. "저 북소리는 뭐죠?"

그의 원주민 동행이 대답했습니다. "저건 우리를 죽이겠다는 사형선고에요. 추장이 이미 우리의 장신구들을 가졌으니, 우리를 죽이고 아이도 가질 수 있다는 걸 깨달은 거죠! 북소리는 우리를 죽이려는 저

부족의 계획을 나타내고 있어요. 그들이 한 방에 우리 머리를 날릴 대검을 들고 다가오고 있어요!"

볼리 형제와 원주민 통역자는 적들이 바스락 거리며 그들의 오두막에 다가오고 있는 것을 들을 수 있었습니다. 그리하여 볼리 형제가 동행에게 말했습니다. "무릎을 꿇고 우리를 하나님 손에 맡깁시다. 그런 후에 우리는 저들이 들어와서 우리를 데리고 가도록 기다리지 않을 겁니다. 우선 나갑시다. 내가 인도하겠습니다."

볼리 형제는 그 다음에 일어난 일을 말했습니다. "나는 기도하고 나서, 눈을 감고, 풀을 엮은 입구를 열고 밖으로 나갔습니다. 나는 오두막 앞에 서 있었습니다. 사실 겨우 몇 초였는데도 긴 시간을 서 있었던 것 같았습니다." (물론, 그런 상황에서는 몇 초도 아주 긴 시간처럼 느껴질 수 있습니다!)

볼리 형제가 계속 말했습니다. "순간 나는 아무도 내 머리를 자르지 않았다는 것을 알았습니다! 나는 그 전사들이 뭔가 말하는 것을 들을 수 있었고, 그래서 눈을 뜨고 나를 둘러싼 그 부족 전사들을 둘러보았습니다. 그들은 모두 칼을 옆에 내려놓고 무릎을 꿇고 땅에 고개를 묻고 있었습니다!"

통역자가 오두막에서 나오자, 볼리가 그에게 물었습니다. "이 사람들이 지금 뭐라고 하는 거죠?"

"그들은 당신을 하나님으로 경배하고 있습니다!" 그가 외쳤습니다.

볼리 형제는 통역자에게 무슨 일이 일어난 것인지 알아보게 했습니다. 마을의 전사들은 통역자에게 말했습니다. "이 외국인이 오두막에서 나올 때, 3미터 가까이 되는 두 명의 거인이 빛나는 흰 옷을 입고 큰 칼을 찬 채로 그의 양 옆에서 함께 나왔습니다!"

그리고 전사들은 선교사 앞에 엎드려 계속해서 그를 경배했습니다. 물론, 볼리는 소녀를 되찾아 아이의 부모와 부족에게로 안전하게 돌려보냈습니다.

2주 후에, 볼리 형제는 또 다른 선교 여행을 계획하면서, 선교 본부에 일손이 부족한 것을 발견했습니다. 누군가 그에게 말했습니다. "선교 본부에 젊은 아가씨가 아무런 도움 없이 혼자 있습니다. 나는 2주에 한 번씩 그녀가 하는 일을 확인하는데, 항상 잘 하고 있는 것 같습니다."

그리하여 볼리 형제가 선교 본부를 혼자 힘으로 운영하고 있는 그 젊은 여자를 만나러 갔습니다. 그가 거기에 있는 동안, 여자가 물었습니다. "볼리 형제님, 혹시 월요일 밤 자정 즘에 무슨 일이 있지 않으셨나요? 그 때 생명이 위험하지 않으셨어요?"

"왜 물어 보시죠?"

"음, 저는 여기에서 하루에 10시간에서 12시간 동안 혼자 일해요." 그녀가 말했습니다. "어느 날 밤 저는 너무 피곤해서 거의 눕자마자 잠이 들었어요. 그런데 밤 10시 30분 쯤에, 기도해야 한다는 너무나 큰 부담 때문에 깨어났어요. 그래서 저는 침대에서 나와서, 무릎을 꿇고 방언으로 기도하기 시작했어요."

그 여자는 10시 30분부터 자정까지 계속 기도했습니다. 그녀가 말했습니다. "기도하는 내내, 선교사님 얼굴이 보이는 것 같았어요. 그리고 저는 승리의 느낌을 갖고 방언으로 찬양하고 성령 안에서 웃기 시작했답니다!"

볼리 형제가 말했습니다. "자매님, 자매님이 웃기 시작한 그 때, 나는 적진의 오두막에서 나와서 전사들의 무리와 마주했어요. 그런데 그들이 내 양 옆에서 두 명의 빛나는 거인들을 보고 공격을 멈췄어요!"

여기에 고려해야 할 심각한 질문이 있습니다. **이 젊은 아가씨가 기도하라는 성령님의 인도에 양보하지 않았다면 과연 어떻게 되었을까요?**

볼리 형제는 또 다른 놀라운 간증을 나누었습니다. 나는 당신이 방언 기도의 범위가 참으로 얼마나 넓은지 깨닫도록 그것을 나누고 싶습니다. (물론, 그는 미개한 아프리카 오지를 수년 간 선교사로 섬기면서 초자연적인 회생의 경험을 더 많이 나눌 수 있을 것입니다!)

아프리카 서쪽 해안을 벗어나면 예수가 한 번도 전해지지 않은 섬이 있었습니다. 그리하여 볼리 형제는 원주민 보트와 선원을 빌려서, 성령 충만한 원주민 통역자를 데리고 매주 그 섬에 복음을 전하고 사역하러 갔습니다.

그러던 어느 월요일에, 볼리 형제와 그의 일행들이 주간 심방을 마치고 육지로 돌아가고 있는데, 오후 늦게 갑작스런 폭풍우가 일어났습니다. 보트에는 조명도 내비게이션도 없었기 때문에, 그들은 어두워지기 전에 집으로 돌아가기 위해 애썼습니다. 그러나 선원들이 폭풍 가운데 물에 떠 있기 위해 분투하는 동안, 밤이 찾아왔고 상황은 보다 더 절박해졌습니다.

시간이 흐르고, 밤의 짙은 어둠 가운데 폭풍우는 계속 사납게 몰아쳤습니다. 마침내 자정 즈음에, 선장이 볼리에게 말했습니다. "우리가 들어가야 할 항구에서 얼마나 떨어져 있는지 모르겠습니다. 그 항구에 접근하는 안전한 길은 오직 하나뿐입니다. 나머지는 숨은 암초들 때문에 매우 위험해요. 암초에 부딪치면 우리 배는 산산조각이 날지도 몰라요. 하지만 여기 바다 위에 머물러 있다면, 다 가라앉아 죽게 될 거에요."

볼리 형제가 대답했습니다. "나는 항로에 대해서는 전혀 모릅니다. 선장은 당신입니다. 우리가 어떻게 해야 할까요?"

선장이 대답했습니다. "우리가 할 수 있는 일은 여기를 피해 보는 겁니다."

볼리가 말했습니다. "그렇다면 가기 전에, 우리 기도합시다."

선장과 선원들은 그리스도인이 아니었지만, 죽음에 직면하자 갑자기 모두가 경건해졌습니다! 그리하여 그들은 모두 볼리 형제와 통역자와 함께 무릎을 꿇고 자신의 생명을 하나님의 손에 맡겼습니다. 그리고 볼리가 일어나서 말했습니다. "좋습니다, 갑시다!"

볼리 형제가 간증을 하면서 이렇게 말했습니다. "보트에 있던 모든 사람들은 물론이고, 하나님도 나의 증인이십니다. 선장이 항구 쪽으로 보트를 돌리고 출발하는 순간, 배가 비행기처럼 떠올라서 암초들을 넘어 항해하다가, 물이 잔잔한 항구에 착륙했습니다!"

당연히, 그 보트 안의 사람들은 그들이 기적적으로 빠져 나온 데 대해서 너무나 기뻐했습니다.

며칠 후에, 볼리 형제는 그가 관리하는 선교 본부 중 한 군데에 방문했습니다. 본부에는 한 여성이 혼자 있었습니다. (이 여자는 첫 번째 간증의 여자와는 다른 사람입니다.)

볼리가 머무는 동안, 그 여자가 물었습니다. "볼리 형제님, 지난 월요일 밤에 혹시 뭔가 특별한 일이 있으셨나요?"

"글쎄요, 무슨 말씀이시지요?" 볼리가 물었습니다. (물론 그는 그날 밤에 있었던 일을 정확히 기억하고 있었습니다!)

"그게요," 그녀가 말했습니다. "그날 밤 저는 일찍 잠자리에 들어서 몇 시간을 잤어요. 그런데 10시 쯤 갑자기 깨서 침대에서 벌떡 일어났지요. 저는 이렇게 말했어요. '주님, 무슨 일인가요? 뭔가 이상해요.'"

"저는 침대에 누워서 기도하기 시작했어요. 그런데 일이 너무 고되고 피곤해서 어느새 잠이 들려고 했어요. 그래서 침대에서 나와서 무릎을 꿇었지요. 저는 기도했어요. '주님, 저는 무슨 일인지 모릅니다. 하지만 그게 무슨 일이든, 성령님은 아십니다. 저는 성령께서 저를 도와주실 것을 믿습니다.'"

"그리고 방언으로 기도하기 시작했고, 성령께서 저를 돕기 시작하셨어요. 저는 10시부터 12시까지 2시간 동안 방언으로 기도했어요. 무엇을 위해 누구를 위해 기도하는지는 몰랐지요."

"하지만 기도를 마칠 때 무슨 일인지 알았어요. 그 무거운 부담이 내려가고 홀가분한 기분을 느끼며 승리를 얻었지요. 저는 성령 안에서 노래하고 웃기 시작했어요. 바로 그 때 당신의 얼굴이 나타났어요, 그래서 저는 아마도 당신을 위해 기도했구나 하고 생각했죠. 지난 월요일 밤 자정 즘에 혹시 어떤 일이 있으셨나요?"

"자매님, 월요일 자정은 바로 우리가 기적적으로 죽음에서 살아난 바로 그 시간입니다!" 볼리가 소리쳤습니다.

그 선교사 자매가 성령 안에서 웃으며 하나님을 찬양하는 동안, 보트가 떠올라서 암초 위를 지나 모두가 안전하고 무사하게 항구에 도착했습니다!

그런데 우리에게는 왜 이런 초자연적인 간증이 더 없을까요? 그 이유를 말해 드리겠습니다. **많은 사람들이 방언으로 기도하지 않기 때문입니다.** 그들은 하나님과 기본적인 교제를 유지하기 위해 방언으로 약간 기도할지도 모릅니다. 그러나 그들은 더 오래, 한 시간이나 두 시간, 또는 그 이상 하나님의 임재를 기다리는 시간을 갖지 않습니다. 그것이 성령께서 절대적으로 기도해야 할 필요가 있는 일들에 대해 끝까지 기도하도록, 그들과 함께 버틸 수 있는 때입니다.

성령님께서 기도로 쓰실 수 있는 사람들을 계속 찾고 계신다는 것에는 의심의 여지가 없습니다. 기꺼이 그분께 양보하여 충분히 방언으로 기도할 신자들을 찾으시면, 그분은 그들과 함께하여, 그들이 전혀 알지 못하는 일에 대해서도 하나님의 온전하신 뜻을 기도할 수 있도록 도우십니다.

나는 내가 이야기한 것과 같은 많은 다른 보고를 접했고, 누군가 성령 안에서 기도한 결과 초자연적인 회생이 일어난 비슷한 다른 간증들도 개인적으로 많이 들었습니다. 그렇지만, 나는 성령충만한 그리스도인의 대다수가 아직 이러한 기도의 심오한 효과를 깨닫지 못하고 있다고 믿습니다. 그들이 만약 깨달았다면, 그들은 더 많이 기도했을 것입니다!

성령님은 우리가 마땅히 기도해야 할 바를 아시지만, 우리는 모릅니다. 그러나 우리가 영 가운데 기도해야 한다는 부담이나 내적 직감을 가질 때, 우리는 너무나 많은 경우 기도를 시작하는 대신에 일상생활을 그대로 계속합니다. 만약 우리가 성령님께 좀 더 양보하기만 하고 방언으로 기도할 수 있도록 한다면, 우리가 무엇을 기도하는지 전혀 모르는 때일지라도, 우리는 삶에서 더 많은 승리를 볼 수 있을 것입니다. 또한 우리는 우리가 기도한 많은 사람들의 삶에서 훨씬 더 많은 극적인 회생을 보게 될 것입니다.

이것이 기도 생활에서 성령께서 우리를 도우시는 가장 위대한 분야 중의 하나입니다. 물론 그분은 삶의 모든 분야에서 우리를 도우십니다. 그러나 그분이 우리를 도우시는 가장 생산적이고, 효과적이고, 탁월하며, 기적적인 분야 중의 하나는, 우리의 자연적인 생각은 알지 못하는 일에 대한 하나님의 온전하신 뜻을 방언으로 기도하는 것입니다.

# 18

# 기도의 새로운 깊이로 들어가기
(PRESSING INTO NEW DEPTHS OF PRAYER)

이 마지막 때에 하나님은 우리를 기도의 더 깊은 영역으로 부르십니다. 이는 우리가 자신을 하나님께 내어드리는 것을 배울 수 있도록, 그분의 영에 더 민감하도록 훈련해야 한다는 뜻입니다. 그렇게 할 때, 우리가 환경에 대해서나 관련된 인물에 대해 아는 것이 없을 때에도, 일어나는 모든 상황에서 그분의 온전하신 뜻을 기도할 수 있도록 도우실 것입니다. 우리는 무릎을 꿇고 이렇게 말할 수 있습니다. "성령님, 저는 마땅히 기도해야 할 바를 알지 못하지만, 당신은 아십니다."

우리는 천국에 가기 전까지는, 믿는 자들이 그렇게 기꺼이 자신을 내어드림으로써 얼마나 많은 기적이 일어났고 얼마나 셀 수 없는 생명이 구원받았는지 알 수 없을 것입니다. 기도의 부담을 느낄 때, 그들은 순종했습니다. 그리고 그들이 방언으로 기도할 때, 성령께서는 그들이 하나님의 뜻에 따라 알지 못하는 상황에 대해 기도할 수 있는 기름부음과 감동을 주시면서 그들과 함께 하십니다.

### 누군가 기도에 순종함으로 생명을 구함

나는 2차 세계 대전 당시 굿윈 부부에게 일어났던 그러한 훌륭한 예화를 기억합니다. 그 당시, 그들은 텍사스 동부의 오순절 교회의 목사로 있었습니다. 어느 주일 저녁, 굿윈 형제는 이미 잠이 들었는데 굿윈 자매에게 강한 기도의 부담이 왔습니다. 그녀는 방언으로 기도하고 깊이 탄식하면서도 남편을 깨우지 않으려 했지만, 그녀의 탄식소리가 점점 커져서 결국 남편을 깨우게 되었습니다.

굿윈 형제는 깨어나서 아내의 탄식소리를 듣고, 처음에는 그녀가 아픈 줄 알았습니다. "무슨 일이야?" 그가 물었습니다.

"기도해야겠다는 부담이 있어요." 굿윈 자매가 말했습니다. "우리 교인 중 누군가가 위험해요."

"누가?"

"모르겠어요." 그녀가 말했습니다. "하지만 누군가의 목숨이 위험해요."

굿윈 부부는 누구일지 생각해보려 했는데, 그들이 떠올린 사람들은 휴가 중이어서 밤새워 운전을 해야 하는 네 가정이었습니다. 그래서 그들은 그 모든 가정을 위해 기도하면서 하나님의 보호하심을 주장했습니다. 그런 후에 굿윈 형제는 다시 잠이 들었습니다.

굿윈 자매도 자려고 했는데, 여전히 기도에 대한 부담이 있었습니다. 그녀는 다시 방언과 깊은 탄식으로 기도하기 시작했습니다. 결국, 그녀는 굿윈 형제를 또 깨웠습니다.

굿윈 자매가 남편에게 말했습니다. "그게 아니었어요. 우리 성도 중의 다른 사람이에요." 그녀에게는 다만 교인 중 누군가의 생명이 위험하다는 영적 식견 즉 영적 직감이 있었습니다.

그래서 굿윈 부부는 또 다시 함께 기도했고, 영 가운데 어떤 안도감을 받았습니다. 굿윈 형제는 다시 잠자리로 돌아갔고, 굿윈 자매도 그렇게 하려고 했습니다. 그런데 그녀는 기도해야 한다는 부담을 떨칠 수가 없었습니다. 그녀는 또 방언과 탄식으로 기도하기 시작했고, 얼마 후에 또 다시 남편을 깨웠습니다. 이번에는 그가 말했습니다. "좋아, 침대에서 나가서 기도합시다."

굿윈 부부가 함께 방언으로 기도했지만, 굿윈 자매의 영에서는 중압감이 사라지지 않는 것 같았습니다. 결국, 굿윈 형제가 말했습니다. "그게 누구든 주님께서 그 사람에게 위험을 미리 보여주는 꿈이나 환상을 주실 것을 합심하여 기도합시다."

그리하여 굿윈 부부는 합심하여 성령 안에서 좀 더 기도했습니다. 그들이 마침내 침대로 돌아갔을 때는 새벽 4시였습니다. 그래서 그들은 아침 늦게 전화가 울릴 때까지 자고 있었습니다. 전화를 건 사람은 주일 학교 부장 집사였는데 그는 정말 대단한 이야기거리를 가지고 있었습니다! 이 남자는 유전 굴착부 중의 한 명으로서 유전油田에서 일하고 있었습니다. 그 날 아침 일하러 가자, 현장 주임이 그에게 빌이라는 유전탑 인부가 오지 않았다고 말했습니다. 그래서 그는 그 주일 학교 부장 집사에게 말했습니다. "오늘은 자네가 탑에 올라가게."

그 남자는 사다리를 타고 탑에 올랐습니다. 그런데 14단을 올라가자,

기도의 새로운 깊이로 들어가기

그는 방향을 바꾸어 아래로 내려갔습니다. 그는 땅에 내려와서 현장 주임에게 말했습니다. "저는 올라가지 않겠습니다."

"왜 그러나?" 주임이 물었습니다.

"사실, 그게 말이죠." 그 주일 학교 부장이 말했습니다. "오늘 새벽 4시에 꿈을 꾸었습니다. 꿈 때문에 깨어나서 주방으로 가서 물을 한 잔 마시고 시계를 봤었기 때문에 시간을 정확히 압니다. 꿈에서 빌이 출근하지 않아서 제가 저 탑에 일하러 올라갔지요. 그런데 갑자기 거대한 전선이 끊어져서 제 머리를 잘라 버렸어요! 저는 꿈에서 정말로 제 머리가 땅에 떨어지는 걸 봤어요. 그래서 오늘은 저 곳에 올라가지 않겠습니다!"

그 자리에는 다른 인부가 있었습니다. 그는 그리스도인이었고, 가까운 전통 교단 교회의 교인이었습니다. 이 남자는 소리 내어 웃더니 말했습니다. "나는 미신적인 사람이 아닙니다. 제가 하지요."

현장 주임도 허락하여, 그는 사다리를 타고 유전탑에 올라갔습니다. 그 인부는 커다란 굴삭관 하나를 땅에서 빼내는 작업을 시작했습니다. 그러나 그 남자가 탑에 올라간 지 10분도 되지 않아, 오순절파 남자가 꿈에서 본 것처럼 거대한 전선이 끊어져 그의 머리를 잘라 버렸습니다!

당신은 이렇게 물을지 모릅니다. "하지만 죽은 사람도 그리스도인이었습니다. 주님은 왜 그 사람에게는 경고하지 않으셨지요?"

여러분, 기억하십시오. 방언을 말함으로 기도의 이런 영역에 들어갈 때, 당신은 기도의 다른 깊은 차원에 있게 됩니다. 이 영역에서는 당신이 마땅히 기도해야 할 바를 알지 못하는 일에 대해 기도할 수 있습니다. 성령님께서는 당신이 철저하게 기도할 수 있도록 도와주십니다.

이 남자가 출석했던 전통 교단 교회는 기도를 믿기는 했지만, 그들의 기도 방식은 이러했습니다. "주님, 도움이 필요한 자들을 도와 주시고, 축복이 필요한 자들을 축복하소서. 주님, 주님께서 하실 수 있는 일을 하시옵소서. 아멘."

반면, 방언으로 기도하는 사람들은 하나님께 초자연적으로 말할 수 있으므로 기도해야 할 것들을 기도할 수 있습니다. 성령님은 하나님의 뜻을 아시고 믿는 자들이 그 뜻에 따라 기도할 수 있도록 도와 주셔서, 그분의 계획과 목적이 이 땅에서 이루어질 수 있게 하십니다.

이것이 굿윈 자매가 그 밤, 교인 중 위험에 빠진 누군가를 위하여 기도했을 때 일어난 일입니다. 그녀는 상황이 어떤지 누가 관련되었는지 알지 못했습니다. 그러나 성령님은 아셨고, 그분은 굿윈 자매가 자기 교인을 위해 그 상황에 대해 기도하도록 도와 주셨습니다. 굿윈 자매는 기도에 대한 부담에 자신을 내어드렸고, **그 남자는** 꿈속에서 하나님이 주신 경고에 따라 행동하여, 결국 그는 생명을 구했습니다.

### 하나님은 우리의 기도생활에 제한 받으신다

사람들이 내가 말한 것 같은 이야기를 들으면, 많은 경우 그들은 이렇게 묻습니다. "하지만 왜 꼭 그런 식이어야 하죠? 왜 하나님께서는 누군가의 기도 없이 저 사람을 구하실 수 없었나요? 만약 굿윈 자매가 기도하지 **않았더라면요?**"

만약 누군가 그 상황에 대해 기도하지 않았다면, 그 남자는 아마도 생명을 잃었을 것입니다.

누군가 이렇게 묻습니다. "그 남자를 구하는 게 하나님이 원하시는 바라면, 그가 왜 탑에 올라가서 일했으면 안 되는 거죠? 예수께서 부활하셨을 때, '하늘과 땅의 모든 능력과 권세를 내게 주셨다' 고 하지 않으셨나요? 그건 교회의 머리되신 분이 이 땅에서 원하는 건 다 하실 수 있는 권세를 가졌다는 뜻 아닌가요?"

첫째, 예수께서는 "하늘과 땅의 모든 권세[또는 권능]를 내게 주셨으니"라고 말씀하시자마자, "그러므로 너희는 가서…"라고 하시면서, 즉시 그 권세를 이 땅의 교회에게 위임하셨습니다(마 28:18-19).

신약 성경은 예수님과 교회의 관계를 묘사하기 위해 인간의 몸을 반복해서 비유로 사용합니다. 그분은 머리이시고 우리는 그분의 몸이며, 머리는 몸과 따로 움직이지 않습니다.

예를 들어, 잠시 당신의 몸을 생각해 보십시오. 당신의 머리는 당신의 몸을 통하지 않고서는 어떠한 권세도 행사할 수 없습니다. 내 말을 못 믿겠으면, 당장 당신 머리에게 몸은 남겨두고 일어나서 방 밖으로 나가라고 해보십시오!

때로 사람들은 이런 식으로 겸손하게 말하려고 할 것입니다. "주님은 내가 필요치 않으시지만, 저는 주님이 필요합니다."

이는 이렇게 말하는 것과 같습니다. "내 머리는 내 몸이 필요치 않지만, 내 몸은 내 머리가 필요합니다." 아닙니다, 머리와 몸은 기능하기 위해서 둘 다 서로를 필요로 합니다. 그리스도의 머리와 그리스도의 몸에 대해서도 마찬가지입니다. 예수님은 이 세상에서 그분의 뜻을 이루기 위해 그의 몸을 필요로 하시며, 그리스도의 몸 또한 당연히 예수님을 필요로 합니다!

둘째, 내가 사역 초기에 감리교의 창시자인 존 웨슬리의 글에서 읽었던 것이 생각납니다. 웨슬리는 이런 말을 했습니다. "하나님께서는 우리의 기도 생활에 의해 제한을 받으시는 것 같다. 누군가 그분께 기도하지 않으면 그분은 인간을 위해 아무것도 해주실 수 없다."

내가 이것을 읽었을 때, 나는 이것이 맞는지 틀린지 알지 못했습니다. 성경을 찾아보았지만, 나를 만족시키는 답을 찾을 수 없었습니다. 십년 후에 나는 기도와 믿음에 대한 다른 사람의 글을 읽었는데, 그도 거의 같은 말을 했습니다. 저자는 이렇게 말했습니다. "하나님께서는 우리의 기도 생활에 의해 제한을 받으시는 것 같다. 누군가 구하지 않으면 그분은 인간을 위해 아무것도 하실 수 없다." 그런 후에 저자는 이런 말을 덧붙였습니다. "우리는 그 이유를 알지 못한다."

이 마지막 문장이 나를 괴롭혔습니다. 나는 생각했습니다. '이 저자가 말한 게 사실이라면, 우리는 왜인지 알아야만 해!'

나는 내가 답을 찾을 유일한 단 하나의 길이 있음을 알았습니다. 바로 말씀에서 찾는 것이었습니다. 분명히 거기에 답이 있어야 했습니다. 내가 공부하고 기도하는 중에, 주께서 내 심령에 말씀하셨습니다. "태초의 책으로 돌아가라." 나는 그분이 창세기를 말한다는 것을 알았습니다.

그래서 나는 창세기를 연구했고, 하나님께서 세상과 거기에 충만한 것들을 창조하신 것을 보았습니다. 그리고 그분은 인간 아담을 창조하시고 말씀하셨습니다. "아담아, 내가 네게 내 손으로 만든 모든 것들을 다스릴 통치권을 주노라." 어떤 면에서는 아담이 "이 세상의 신"이 되었다고도 말할 수 있습니다. 다시 말해, 하나님은 아담을 이 자연적인 세상을 다스리고 통치하는 자리에 앉히신 것입니다(창 1:26-28, 시 8편).

그러나 아담은 하나님께 불순종함으로 하나님께 대반역을 저지르고, 권세를 사탄에게 팔아넘겼습니다. 아담은 그렇게 할 도덕적 권리는 없었지만, **법적** 권리가 있었습니다. 성경은 사탄이 이 세상의 신이 되었다고 말합니다. 다시 말해, 사탄이 이 타락한 세상 시스템의 통치자가 된 것입니다(고후 4:4).

그리하여 바울은 에베소서 6:12에서 사탄의 타락한 왕국을 묘사합니다. 또한 바울은 귀신들의 군대 안에 있는 사탄의 계급 구조에 대해서도 열거했습니다.

> 우리의 씨름은 혈과 육을 상대하는 것이 아니요 통치자들과 권세들과 **이 어둠의 세상 주관자들**과 하늘에 있는 악의 영들을 상대함이라
> 엡 6:12

사도 요한도 사탄이 이 세상 시스템의 신임을 확증했습니다. "…온 세상은 악한 자 안에 처한 것이며"(요일 5:19) 마귀는 아담의 임대

계약이 다할 때까지 이곳에 거할 권리를 갖고 있습니다. 그리고 그 때는 점차 가까워지고 있습니다!

사탄에게 통치권을 팔아넘긴 첫째 아담은 사람이었습니다. 그러므로 공의는 사람이 사람의 죄의 값을 치를 것을 요구했습니다. 아담이 사탄에게 이 땅에 대한 법적인 통치권을 넘겨주었다는 것은, 영적 존재인 하나님께서 개입하셔서 사탄과의 계약을 끝내실 수 없음을 뜻합니다. 그것이 사탄이 예수님께 "만일 내게 엎드려 경배하면 이 천하의 만국을 네게 주리라"(마 4:8-9)라고 말할 수 있었던 이유입니다.

그래서 하나님께서는 사탄의 속박으로부터 사람을 다시 속량하기 위해, 예수님을 사람으로 태어나게 하신 것입니다. 그렇습니다, 예수님은 하나님의 신성한 아들이시지만, 인간으로 태어나기 위하여 자신의 강한 능력과 영광을 포기하셨습니다(빌 2:7). 예수께서 사탄을 패배시키고 우리를 적의 손에서 속량하신 모든 일은 인간으로서 하신 것입니다. 예수님은 모든 면에서 우리처럼 유혹 당하셨지만, 죄는 없으셨습니다(히 4:15). 그분은 하나님으로서 죽으신 것이 아니라, 사람으로서 죽으셨습니다. 그분은 죄인은 되지 않으셨지만, 우리의 죄가 그분께 얹혀짐으로 **죄가 되셔서**, 우리로 그분 안에서 하나님의 의가 되게 하셨습니다(고후 5:21).

첫째 아담이 범죄 하였을 때, 사탄은 아담으로부터 이 땅을 법적으로 넘겨받았으므로, 사탄에게는 이곳에 있을 권리가 있습니다. 이는 하나님도 그에게 간섭하실 수 없다는 뜻입니다. 만약 그렇게 하셨다면, 사탄은 하나님의 불공정하심을 고소할 수 있습니다. 그러나 하나님은 천국, 지상, 지옥이라는 세 가지 세상의 모든 피조물 앞에서 공의로운 하나님으로 계셔야만 합니다. 이것이 첫째 아담이 넘겨준 권세를 되사기 위해, 둘째 아담이신 예수 그리스도를 사람으로 이 땅에 보내신 이유입니다!

예수의 죽음과 장사됨과 부활을 통해 속량이 완수되자마자, 예수님은 사탄에게서 되찾아 오신 그 권세를 그분의 몸 된 교회로 위임하셨습니다. 사람이 이 땅에 속한 일들을 믿음으로 하나님께 기도하고 구할 때, 하나님께서는 이 땅에서 그분의 뜻을 이루기 위해 개입하십니다.

예수님께서는 자신이 그러한 위대한 권세를 인간에게 주었다고 선언하셨습니다. "내가 천국 열쇠를 네게 주리니 네가 땅에서 무엇이든지 매면 하늘에서도 매일 것이요 네가 땅에서 무엇이든지 풀면 하늘에서도 풀리리라"(마 16:19) 그것이 "무엇이든지" 하늘에서 이루어지기 전에, 이 땅에서 먼저 이루어진다는 것에 주목하십시오! 현대 영어 번역Today's English version은 이렇게 해석합니다. "내가 천국 열쇠를 네게 주리니, 네가 이 땅에서 금하면 하늘에서도 금지될 것이요, 네가 이 땅에서 허하면 하늘에서도 허락되리라"

예수님은 머리이시고, 우리는 그의 몸입니다. 우리가 이 땅에서 우리의 권세를 취할 때, 그분의 권세가 그분의 교회인 우리를 통해 역사하십니다. 우리 머리가 우리 몸과 따로 떨어져 어떤 경험을 할 수 없는 것처럼, 우리의 머리되신 예수님도 그분의 몸인 교회와 따로 떨어져서는 이 땅에서 그분의 권세를 행사하지 않으십니다.

주 예수 그리스도의 교회인 우리가 우리의 권세의 한도를 결코 완전히 깨달을 수 없다는 것에 나는 만족합니다. 우리는 때로 그것을 슬쩍 보기도 하고, 우리가 그리스도 안에서 누구인지에 대한 더 위대한 계시로 성령에 의해 들어가기도 하지만, 우리 중에 단 한 사람도 이 권세를 완전히 누리며 살아 본 사람은 아직 없습니다. 그러나 이 마지막 때에는, 하나님께서는 정확히 그것을 행할 믿는 자들의 집단을 일으키기를 열망하십니다!

## 아버지께 당신의 주장을 변론하십시오

우리의 권세에 대한 이러한 이해를 가지고, 성령 안에서 기도하는 것에 대한 이 논의에서 중요한 성경 단락을 봅시다. 영으로도 기도하고 이성으로도 기도하는 우리들은, 다음 이사야서의 구절에 근거하여 행하는 것을 반드시 배워야합니다.

> 나 곧 나는 나를 위하여 네 허물을 도말하는 자니 네 죄를 기억하지 아니하리라 **너는 나에게 기억이 나게 하라 우리가 함께 변론하자** 너는 말하여 네가 의로움을 나타내라                    사 43:25-26

"우리가 함께 변론하자"라는 표현에서 하나님이 뜻하신 바는 무엇일까요? 우리는 우리의 죄에 대하여 그분이 말씀하신 것을 그분이 기억나시게 해야만 합니다. 마귀는 우리를 정죄하려 할 것이지만, 우리는 그를 비웃을 수 있습니다. 우리는 하나님께서 우리의 허물을 용서하시고 우리 죄를 기억조차 하지 않으신다는 것을, 하나님과 마귀에게 모두 기억나게 할 수 있습니다. 우리가 우리의 죄를 자백하고 하나님께 용서를 구하면, 그분은 우리가 잘못한 어떤 것도 기억하지 않으십니다. 이러한 확신으로, 우리는 큰 담대함과 자신감을 가지고 하나님의 임재 가운데로 나아갈 수 있습니다.

**무엇이든** 당신이 기도하는 것에 있어서도 같은 원칙이 적용됩니다. 기도하면서 하나님의 말씀에서 당신의 필요에 대해 말하신 것을 하나님께 기억나게 하십시오. 당신을 정당화시키는 근거를 내세워, 당신의 주장을 그분께 변론하십시오.

이 구절에 근거하여 행하지 않고 그냥 흘려보내지 마십시오. 당신의 심령에 이 말씀을 심고 **사용**하십시오. 이 말씀들은 당신의 유익을 위해 있는 것입니다. 하나님께서는 "우리 함께 변론하자."라고 말씀하셨습니다. 우리에게 그렇게 하라고 청하신 분이 하나님이십니다. 당신은 그분께 당신의 주장을 변론하십시오.

물론 당신이 주장을 변론할 때, 언제나 당신이 원하는 응답을 받을 수는 없을 것입니다. 당신이 당신의 입장에서 변론하면, 하나님께서는 그분의 입장에서 변론하실 것입니다. 기억하십시오, 그분은 **"우리 함께** 변론하자."라고 말씀하셨습니다.

나는 삶에서 어려운 상황에 이 구절을 적용했던 한 경우가 특별히 떠오릅니다. 이는 우리의 생각이 이해하는 말씀들을 사용하여 하나님께 변론하는 것과 방언으로 기도하는 것 사이의 연관성을 보여주기 때문에, 이 예화를 나누도록 하겠습니다. (내가 앞에서 나누었던 "두 바퀴 자전거" 비유를 기억하십시오. 가야 할 곳에 도달하기 위해서 우리에게는 "양 바퀴"가 모두 필요합니다!)

아내와 내가 오레곤에서 말씀을 전하고 있을 때, 여동생이 전화를 하여 당시 68세 된 어머니께서 위독하다고 알려 왔습니다. 동생은 어찌해야 할 바를 몰랐습니다. 나는 어머니의 담임 목사인 우드 형제에게 전화를 걸어 이 상황에 대해 말했습니다. 그는 이렇게 말했습니다. "해긴 형제님, 팻의 엄마[내 어머니는 이렇게 불렸습니다]가 당신을 찾으십니다. 내가 당신이라면 집에 왔을 겁니다. 상황이 심각합니다."

나는 내가 집회를 하고 있던 교회의 목사님께 말씀드렸고, 그분은 말했습니다. "집회를 중단하고 고향에 가서 어머님과 함께 하기 원하신다면 그렇게 하셔도 좋습니다."

그리하여 나는 그 날 밤에 집회를 마무리했습니다. 그러나 예배가 여전히 계속되는 동안, 나는 공회당 옆의 청년부실에서 방언 기도를 하며 방을 왔다 갔다 하면서 시간을 좀 보냈습니다. 나는 주님께 내 어머니의 상황을 변론하기 위해 심령을 준비하며, 나의 지극히 거룩한 믿음 위에 나를 세웠습니다.

나는 우드 형제가 한 말을 통해서 엄마의 상태가 위독하며 그녀가 곧 죽을 수 있다고 말한 것을 알았습니다. 그래서 잠시 방언으로 기도한 후에, 이렇게 말했습니다. "주님, 나는 엄마에 관하여 저의 주장을 당신께 변론하고 싶습니다. 주님, 저는 엄마를 그냥 포기할 수 없습니다. 제가 겨우 여섯 살이었을 때 아버지는 우리를 버렸고, 엄마는 우리를 위해 너무 많은 일을 했습니다. 그녀는 신경과 정신과 육체가 완전히 파괴되기까지, 우리 곁에 머물면서 우리 네 남매의 생계를 위해 애썼습니다.

주님, 게다가 저는 어린 시절 병으로 고통 받느라 다른 아이들처럼 뛰어놀 수 없었기 때문에, 다른 자녀들보다 엄마와 가깝습니다. 아버지가 우리를 떠난 후로, 아들로서 저의 모든 사랑을 집중할 대상은 오직 어머니뿐이었습니다.

주님, 엄마는 저와 제 형제들을 위해 많은 일을 해오셨고, 저는 이제 겨우 엄마를 모실 수 있는 상태가 되었습니다. 주님, 제 이기심인 줄은 알지만, 저는 엄마를 포기할 수 없습니다. 엄마는 겨우 68세이고, 당신은 우리에게 최소 70이나 80살을 약속하셨습니다. 저는 엄마를 돌아가시게 할 수 없습니다."

방언으로 계속 기도하는 중에, 나는 성령의 영역에 도달했습니다. 그러자 성령께서 나의 방언 기도 내용을 통역하게 하심으로, 주님께서 그분의 변론을 시작하셨습니다.

기억하십시오. 하나님께서는 **"우리가 함께** 변론하자."라고 말씀하셨습니다.

주님께서 말씀하셨습니다. "바울은 '내게는 죽는 것도 유익함이라' (빌 1:21), '내가 차라리 세상을 떠나서 그리스도와 함께 있는 것이 훨씬 더 좋은 일이라' (빌 1:23)라고 했다. 그리고 고린도후서 5:8에서 바울은 '우리가 담대하여 원하는 바는 차라리 몸을 떠나 주와 함께 있는 그것이라'고 했다."

그리고 주님은 말씀하셨습니다. "그가 본향으로 오도록 하는 것이 너희 어머니에게는 한결 좋을 것이다. 그녀는 네 설교를 들은 적도 없고, 믿음의 말씀에 대해서는 맛도 본 적도 없다. 그녀는 믿는 법도 모르는 영적 아기이므로, 큰 고통을 겪을 것이다. 그녀가 본향으로 오도록 두는 것이 그녀에게 한결 좋을 것이다."

주님은 그분의 입장에서 변론하셨습니다. 이제 내가 나의 입장에서 다시 변론할 차례였습니다. 나는 울면서 말했습니다. "주님, 제가 이기적인 줄 알지만, 어쨌거나 제 입장에서 저는 엄마를 보낼 수 없습니다. 저는 엄마를 너무나 사랑하고, 당신은 최소한 70년이나 80년을 약속하셨습니다. 엄마가 지금 돌아가신다면, 당신께 화가 나지는 않겠지만 좋게 느낄 수도 없을 것입니다. 저는 계속 당신을 섬기고 당신의 뜻을 행할 것입니다. 그러나 제가 사는 동안, 이 일에 대해 생각할 때마다 당신께 엄마를 너무 빨리 가게 허락하셨다고 계속 말할 것입니다. 제가 천국에 가서도, 이 일에 대해 생각할 때마다 계속 그렇게 할 것입니다."

그래서 주님께서 나에게 뭐라고 하셨는지 아십니까? 그분께서 말씀하셨습니다. "좋다. 네가 해달라는 대로 해 주겠다."

제가 말했습니다. "엄마가 최소한 80살까지 살게 해 주십시오."

"좋다, 그녀가 80살까지 살게 하겠다." 주께서 대답하셨습니다.

그리하여 어머니가 80살이 되시자, 그녀는 죽어가기 시작했습니다.

그리고 2주 후에, 그녀는 주님이 계신 본향으로 가셨습니다. 하지만 어머니는 성령충만 받고 방언도 하시면서 충분히 오래 사셨으며, 편히 돌아가셨습니다!

믿는 자의 권세로 인하여 하나님께 감사드립니다! 우리는 이 권세를 사용하는 법을 배우는 데 발전하고 있지만, 이는 그분의 말씀에 따라 성령 안에서 기도하는 법을 배우는 데에서 시작합니다!

오, 우리가 너무 조금밖에 모르는 기도의 깊이가 있습니다! 극소수만이 도달한 기도의 어떤 경지가 있습니다. 그러나 우리가 돕는 자에게 귀를 기울이고 그를 따른다면, 그분은 우리를 기도의 더 위대한 차원 속으로 신실하게 인도하실 것입니다.

나는 이렇게 말할 수 있습니다. 나는 그리스도의 몸인 우리가 현재 머무는 기도의 영역에 만족하지 않습니다. 우리는 우리가 마땅히 있어야 할 곳의 근처에도 가지 못하고 있습니다. 그러나 하나님께 감사드립니다, 나는 많은 사람들이 위대한 걸음을 뗄 것을 믿습니다! 우리는 우리 안에 계신 성령의 도움으로, 기도와 중보의 더 깊은 영역으로 들어가기 시작하고 있습니다.

### '하나님은 절대 나를 쓰지 않으신다'

내가 앞서 말한 바와 같이, 나는 내가 방언으로 기도하도록 이끌린 결과, 하나님께서 초자연적으로 누군가의 삶에서 기적을 이루기 위해 개입하실 수 있었던 수많은 경험들을 당신에게 말해줄 수 있습니다. 그러나 이러한 경험들은 나에게만 일어나는 것이 아닙니다. **모든** 신자들의 삶에서 현실이 되어야만 합니다. 그리고 그리스도인들이 기도하며 주님께 더 많은 시간을 드린다면, 이는 현실이 **될 것입니다.**

당신은 이렇게 말할지 모릅니다. "하나님께서는 결코 나를 쓰지 않으세요." 첫째, 당신이 하나님께 쓰임 받으려면, 당신은 스스로를 그분이 쓰실만하게 만들어야 합니다. 둘째, 당신은 영으로 기도하라는 성령님의 감동을 느낄 때, 반드시 양보해야만 합니다.

또는 이렇게 말할지도 모릅니다. "하나님은 저에게 말씀을 전혀 안 하시는 것 같아요." 성령님께서는 지속적으로 당신의 영과 교통하고 계시지만, 당신은 그분이 말씀하실 때 그 음성을 알아듣지 못할 수도 있습니다. 아마도 당신은 그분이 말하시는 것을 이해할 정도로 충분히 주님과 가까운 교제를 나누고 있지 않을 것입니다. 그러나 그분이 당신에게 주신 초자연적인 소통 수단, 즉 방언 기도를 통하여 그분과 더 잘 알아갈수록, 당신은 그분이 말씀하시는 것을 더 잘 듣게 될 것입니다!

성령님은 당신에게 무언가를 하라고 강요하지 않으십니다. 그분은 기도하라는 **부담**, **자극**, 또는 **내적 충동**을 주실 것입니다. 그러나 당신이 이러한 내적인 자극과 충동을 계속 무시한다면, 언젠가는 그러한 것들을 더 이상 느낄 수 없을 것입니다.

많은 성령충만한 그리스도인들이 가진 문제는 그들이 방언을 아주 조금만 말하고 그걸로 그친다는 것입니다. 그들은 기도 처소를 떠나 일상을 살아갑니다. 그러나 믿는 자들이 기꺼이 방언으로 충분히 오래 기도한다면, 하나님께서는 그들을 쓸 수 있을 것입니다.

그러므로 오직 주님과 교제하는 데, 즉 당신의 영과 이성으로 그분께 영광 돌리고, 그분을 높이고 경배하는 데 시간을 보내십시오. 그렇게 할 때, 당신 자신을 보다 더 하나님께서 쓰시기에 좋은 상태로 만들 것입니다. 그러면 하나님께서 특별한 사람이나 상황을 위해 기도할 누군가를 찾으실 때, 그분은 당신을 선택하실 것입니다!

## 계시는 성령을 통해 옵니다

하나님께서는 우리의 유익과 깨달음을 위해 필요한 지혜를 너무나 많이 준비하셨지만, 우리가 성령 안에서 행하지 않는다면, 우리는 하나님의 지혜를 놓치게 됩니다. 그렇다면 우리는 어떻게 해야 할까요? 성경은 고린도전서 2장에서 말해줍니다.

> 기록된 바 하나님이 자기를 사랑하는 자들을 위하여 예비하신 모든 것은 눈으로 보지 못하고 귀로 듣지 못하고 사람의 마음으로 생각하지도 못하였다 함과 같으니라     고전 2:9

때로 사람들은 이 구절을 문맥에서 따로 떼어서, 부분적으로는 맞지만 그 완전한 의미는 크게 왜곡하고 맙니다. 그들은 말합니다. "봤어? 우리 모두 천국에 가면 너무나 멋질 거야! 하나님께서 자기를 사랑하는 자들을 위해 예비하신 것들은 눈으로 보지 못하고 귀로도 듣지 못하는 것들이야!"

그렇습니다. 우리는 언젠가 하나님께서 우리를 위해 천국에 예비해 놓으신 것들을 누릴 것입니다. 그러나 그것은 이 본문이 말하는 바가 아닙니다. 다른 구절을 보면 알 수 있습니다.

> 오직 하나님이 성령으로 이것을 우리에게 보이셨으니 성령은 모든 것 곧 하나님의 깊은 것까지도 통달하시느니라   고전 2:10

바울은 우리의 자연적인 감각으로는 하나님의 것들을 알 수 없다고 말하고 있습니다. 우리의 자연적인 눈과 귀는 하나님께서 그를 사랑하는 자들을 위하여 예비하신 것들을 보거나 듣지 못합니다.

그러나 우리가 기도를 통한 하나님과의 교제를 개발하면, 성령에 의해 하나님의 깊은 것에 대한 계시를 받게 될 것입니다.

바울에게 위대한 속량 계획에 대한 계시를 주신 분은 성령님이셨습니다. 바울에게 숨겨진 비밀들을 계시하시고 이제 그것이 나타나게 하신 분은 성령님이셨습니다(엡 3:3-6).

당신은 하나님의 말씀을 연구하여 그 의미에 대한 지적인 지식을 얻을 수는 있습니다. 그러나 당신이 단지 말씀을 인용할 수 있다고 해서 그것이 당신의 영에 실재가 되었다는 뜻은 아닙니다. 당신이 진리의 실재 가운데 들어가기 위해서는, 그 말씀을 성령의 계시를 통해 받아야만 합니다.

나는 개인적인 경험을 통해 이것을 알았습니다. 옛날에 나는 신약의 4분의 3을 인용할 수 있었습니다! 전통 교단의 젊은 목사로 처음 설교할 때, 나는 할 수 있는 한 강하고 빠르게 성경 구절들을 뱉어내곤 했습니다. 회중들은 나에게 이렇게 말하곤 했습니다. "천천히 해주세요! 하시는 말씀의 반도 못 알아듣겠어요!"

그런 식으로 4년 동안 설교한 후, 나는 성령충만을 받고 방언을 하게 되었습니다. 그러자 성령님께서 나를 늦추시고 내게 말씀하기 시작하셨습니다. 나는 매일 꾸준히 방언으로 기도하기 시작했습니다.

내가 방언으로 기도하며 아버지와 교제하자, 거의 즉시 성경이 내게 새롭게 다가왔습니다. 모든 쪽과 줄이 달라 보였습니다. 내가 읽는 동안 말씀에서 초자연적인 계시들이 튀어 올랐습니다.

바울은 성령께서 하나님의 깊은 것들을 어떻게 찾으시고 사람에게 진리를 계시하시는지 보여줍니다.

오직 하나님이 성령으로 이것[그분께서 우리를 위해 예비하신 것]을 우리에게 보이셨으니 성령은 모든 것 곧 하나님의 깊은 것까지도 통달하시느니라 사람의 일을 사람의 속에 있는 영 외에 누가 알리요 이와 같이 하나님의 일도 하나님의 영 외에는 아무도 알지 못하느니라 우리가 세상의 영을 받지 아니하고 오직 하나님으로부터 온 영을 받았으니 이는 우리로 하여금 하나님께서 우리에게 은혜로 주신 것들을

> 알게 하려 하심이라 우리가 이것을 말하거니와 사람의 지혜가 가르친 말로 아니하고 오직 성령께서 가르치신 것으로 하니 영적인 일은 영적인 것으로 분별하느니라   고전 2:10-13

이 성경 단락은 내 삶에서 너무나 자주 실현되었습니다. 내가 주를 기다리고 섬기며 방언으로 기도하면, 성령께서는 성경의 두세 장을 통해 한 절 한 절 보여 주십니다. 그 시간 동안 자리에서 일어날 때까지 성령님께서 내게 보이신 모든 계시로 인하여 나는 그 장들을 전혀 다른 관점에서 보곤 했습니다.

다시 말하겠습니다. 내가 성경에서 얻은 주요한 지식은 누군가의 책을 읽어서 얻은 것이 아닙니다. 나는 무릎 꿇고 방언으로 기도하면서 하나님 말씀의 깊은 것들을 배웠습니다. 사실, 나의 신앙생활에서 생긴 가장 위대한 일들은 방언 기도의 결과로 일어났습니다.

한 예로, 내가 전통 교단의 총각 목사이던 시절, 방언으로 기도하는 중에 결혼에 대한 계시를 받았습니다. 나는 또한 동일한 내적 계시를 통하여 두 명의 자녀를 갖게 될 것을 알았으며, 첫째는 아들이고 둘째는 딸이 될 것도 알았습니다.

나중에 오레사를 만나서 결혼한 후에, 나는 그녀에게 하나님께서 우리의 자녀에 대해 말씀하신 것을 말했습니다. 그래서 그녀가 첫 아이를 임신했을 때, 우리는 남자아이의 이름만 골랐습니다. 둘째 아이를 위해서는, 오직 여자아이의 이름만 골랐습니다.

나는 가족들에게 계속 이렇게 말했습니다. "첫째는 아들이에요."

그들은 말했습니다. "오, 아들이 **아니면** 어쩌려고? 그러니까, 그냥 만약에 말야…"

나는 이렇게 대답하곤 했습니다. "나는 '만약'을 살지 않아요."

당신도 "만약"을 살아서는 안 됩니다. 모든 것을 머리로 이해하려 하기를 멈추고, 방언으로 당신의 삶을 향한 하나님의 계획을 기도하는 데 시간을 들이기 시작하십시오!

그리하여 나는 방언으로 기도하는 중에 나의 삶을 향한 하나님의 계획의 일부, 즉 나의 미래 아내와 자녀들에 대한 계시를 받았습니다. 나는 그 전에는 그런 생각을 해 본 적도 없습니다. 나는 그 때까지 내 아내감을 찾지도 않았습니다!

수년 동안 다양한 상황에 대해 그런 일들이 반복해서 일어났습니다. 내가 성령 안에서 기도하고 아버지와 교제하기 위해 시간을 들이면, 성령님은 나의 삶과 사역을 향한 하나님의 계획의 다른 단계를 계시해 주셨습니다.

오랄 로버츠 형제와 나는 서로 커다란 존경심을 갖고 있으며, 우리는 자주 함께 깊은 교제를 누리곤 합니다. 기도하는 방법을 아는 친구에 대해 말한다면, 단연 오랄 로버츠입니다! 이 사람은 하나님의 임재에 들어가는 법을 알고 있습니다! 나는 한 번 이상 그와 그런 경험을 해 보았고, 그러한 경험들을 통해 대단한 축복을 받았습니다.

우리가 교제를 갖는 동안, 로버츠 형제와 나는 많은 다양한 주제들에 대하여 이야기를 나누곤 했습니다. 우리는 둘 다 방언 기도 분야에 관해서 많은 것을 갖고 있음을 발견했습니다. 우리는 노트를 비교해 보면서, 지난 몇 년 간 우리가 맡아 온 사역들이, 성령에 의해 똑같은 방법으로 우리에게 왔음을 깨달았습니다. 우리는 긴 시간 동안 방언으로 기도했고, 기도한 내용을 성령에 의해 통역하기 시작했습니다.

내가 성령 안에서 더 긴 시간 기도할 때 하나님의 말씀의 계시 또한 임했습니다. 나는 어떻게 그 일이 일어났는지 정확하게 나누겠습니다.

12년 동안 목사로 있으면서, 여느 젊은 사역자들이 그러하듯이 나는 내가 존경하는 다른 사역자들을 따르고 연구하면서 사역을 꽤 잘 해가고 있었습니다. 그러나 내가 마지막으로 목회했던 텍사스 동부의 교회에 있을 때, 뭔가 변화가 일어났습니다. 나는 그 교회에서 만족할만한 세상의 모든 이유를 다 가지고 있었습니다. 우리는 우리가 살아본 중 최고의 사택에서 살았습니다. 우리 가족은 그 어느 때보다 너무나 편안했고, 잘 먹고, 잘 입었습니다.

내가 목사로 있는 동안, 그 교회는 그 어느 때보다 재정적으로 좋아졌습니다. 주일 학교 출석자는 역대 가장 많았습니다. 주일 저녁마다 예배당은 거의 꽉 찼습니다. 자연적인 관점에서는 우리를 만족시키는 모든 이유가 다 있었습니다. 문제도 전혀 없었고, 회중도 우리가 계속 목회하면서 머물기를 바랐습니다.

그 당시에는, 매년 목사를 투표하는 것이 교회의 관행이었습니다. 그러나 성도들은 내게 이렇게 말했습니다. "해긴 형제님, 괜찮으시다면, 우리는 무기한으로 당신을 지지하겠습니다. 원하는 만큼 머무세요." 그것은 당시로서는 들어본 적이 없는 일이었습니다!

그러나 나는 내면으로부터 깊은 불만족감을 지울 수 없었습니다.

나는 생각했습니다. '뭐가 잘못된 거지? 나는 너무 잘 지내고 있어. 나는 기뻐해야만 한다고!' 나는 기도했습니다. "주님, 제게 무슨 문제가 있는 거죠? 여기의 모든 것이 너무 좋은데, 저는 내면의 불만족감을 떨칠 수가 없어요!"

결국 나는 본격적으로 이 문제에 대해 하나님을 섬기며 기다리기로 결심했습니다. 나는 아내에게 말했습니다. "교인들이 들르면, 긴급 상황이 아닌 이상 방해받고 싶지 않다고 말해줘요." 당시 켄과 팻은 초등학교 1학년과 2학년이었는데, 그들은 보통 저녁시간이 되면 식사준비가 되었다고 말하러 교회 서재에 오곤 했습니다. 나는 오레사에게 말했습니다. "우리가 저녁 먹는 시간은 알고 있어요. 내가 집에 오지 않으면, 아이들을 보내지 말아요. 내가 밥을 거르겠다는 뜻일 테니까."

나는 당시에 금식을 많이 했습니다. 때로는 하루 종일 금식하기도 했지만, 대개 하루에 한두 끼를 거르고 하나님을 섬기고 기다리며 시간을 보냈습니다.

나는 또한 많은 시간을 성령 안에서 기도하고, 에베소서 1장과 3장에 있는 바울의 기도를 계속 반복하며 보냈습니다(엡 1:5-23, 3:14-21을 보십시오). 나는 항상 제단에 성경을 펴놓았고, 무슨 일로든 교회에 갈 때마다 가장 먼저 무릎을 꿇고 내 이름을 넣어 이 두 가지 기도를 했습니다. 그런 후에 때로는 침묵하며, 때로는 방언으로 기도하며, 내면 깊은 곳의 불만족감을 규명하기 위해 그분의 임재 가운데 기다렸습니다.

때로 영적인 일들을 자연적인 말로 설명하는 것은 어렵습니다만,

노력해 보겠습니다. 교회 제단에서 하나님을 기다리는 동안, 나는 이따금 성령의 영역으로 들어가서 나의 자연적인 환경에 대한 의식을 거의 잃어버리기도 했습니다. 나는 육체적인 감각이 일시적으로 정지되고, 몸을 가지고 있다는 의식조차 하지 못하는 무아지경에 들어가는 것을 말하는 것이 아닙니다. 다만 하나님을 기다리며 성령의 영역으로 들어간 것을 말하는 것으로, 이는 마치 내가 내 속사람의 깊은 곳에 도달하여 거기 있는 것들을 끄집어내어 제단 위에 올려놓은 것 같았습니다.

'나는 왜 만족스럽지 않은가?' 나는 이 질문을 제단 위에 놓고 다시 한 번 나의 영 안으로 들어갔습니다. 그러자 응답이 왔습니다. **내가 만족하지 못하는 이유는 내가 해야 할 다른 일이 있었기 때문이었습니다.** 나는 그 계시를 제단 위에 놓고 다시 영 안으로 들어갔습니다. '내가 해야만 할 다른 일이 무엇인가?' 나는 이 질문을 꺼내어 제단 위에 놓았습니다.

나는 이후 몇 날 몇 주간 기도하며 하나님 앞에서 계속 기다렸는데, 내가 제단 위에 어떤 것을 내려놓기까지는 오래 걸리지 않았습니다!

마침내 내 영의 밑바닥에까지 도달한 것 같았고, 나는 무언가를 끄집어냈습니다. 그것은 낡고 주름진 새카만 신발처럼 보였습니다. 다만 문어처럼 튀어나온 촉수가 있다는 것을 제외하면 말입니다. 나는 그것을 들고 물었습니다. "사랑하는 주님, 이게 대체 뭔가요?"

"오," 주께서 말씀하셨습니다. "그건 네가 가진 옛날 교단의 전통이다."

"세상에, 주님!" 나는 소리쳤습니다. "저는 오래 전에 다 없앤 줄 알았는데요!"

"글쎄," 주님께서 대답하셨습니다. "너는 없애지 않았다."

나는 그것을 제단 위에 올려놓지 않았습니다. 던져 버렸습니다! 어떤 것은 주께 내려놓고 제단 위에 놓아야만 하지만, 다른 어떤 것들은 영원히 없애 버려야만 합니다!

말이 난 김에, 그 기도 기간 동안 내가 던져 버린 것은 그것 하나만이 아닙니다. 나는 나빠 보이지는 않지만, 좋아 보이지도 않는 다른 것들도 내 영에서 끄집어냈습니다. 나는 주님께 물었습니다. "이건 대체 뭔가요?"

"그건," 주님께서 말씀하셨습니다. "오순절파에 속해오면서 네가 네 것으로 삼아온 오순절파의 전통이다." 분명히, 그것은 사라져야만 할 것들이었습니다!

하루는 교회 제단에서 무릎 꿇고 기도하는데 주님께서 말씀하셨습니다. "나는 너를 계시와 환상 가운데로 인도하려고 한다." 나는 나의 서재로 급히 돌아가서 그것을 적어 두었습니다.

그때는 1947년에서 1948년 겨울이었습니다. 여섯 달 동안 하나님의 말씀에 대한 계시가 물결과 같이 내 영에 몰려왔고, 나는 결국 아내에게 이렇게 말했습니다. "지난 몇 년 동안 도대체 내가 뭘 설교한 거지? 난 너무 무지했어요. 장로들이 나한테 나가라고 하지 않은 게 신기할 정도야!"

1948년 말까지, 나는 성경과 하나님의 깊은 것에 대해 지난 14년간의 사역 기간 동안 배운 것을 다 합친 것보다 더 많은 것을 배웠습니다! 그리고 1950년에 환상이 임하기 시작했습니다. 1950년부터 1962년 사이에는 주 예수 그리스도께서 내게 여덟 번 직접 나타나셨습니다. 그 중 두 번은, 내게 한 시간 반 정도 말씀하셨습니다.

그러나 그 모든 일들은, 내가 육신이 원하는 일을 하면서 빈둥빈둥 보낼 때 일어난 것이 아닙니다. 한 시간 또 한 시간, 한 시간 또 한 시간, 한 시간 또 한 시간, 내가 방언으로 기도하며 그분과 교제하면서 하나님 앞에서 기다릴 때 **성령에 의해** 계시와 환상이 왔습니다.

그렇습니다, 말씀을 먹을 때 말씀에 대한 계시를 받게 될 것이며, 말씀이 당신의 심령에 깊이 심기도록 지속적으로 섭취하는 것은 너무나 중요합니다. 그러나 장래 일들에 대한 계시, 당신의 삶을 향한 하나님의 계획과 목적에 대한 계시, 말씀의 더 깊은 것들에 대한 계시는 모두 방언 기도라는 초자연적인 소통을 통한 하나님과의 교제를 통해 오게 됩니다.

### 하나님의 영의 장래 움직임에 대한 계시

사역 초기에 나는 성령님께서 방언 기도를 통해 장래 일들을 위해 나를 준비시키신다는 것을 발견했습니다. 한 예로, 나는 1943년 텍사스 그렉튼에서 혼자 서재에 있을 때, 한 시간 동안 방언으로 기도하기로 결단했던 일을 앞에서 언급한 적이 있습니다. 그런 후에 마귀가 시간

낭비라고 계속 말하는 바람에 나는 두 시간 더 기도하기로 결단했고, 그런 후에 세 시간을 더 했습니다! 그러다 방언으로 다섯 시간 가까이 기도했을 때, 나는 분출구를 터트렸고, 성령님의 **강한** 기름부음 아래서 기도하기 시작했습니다.

많은 사람들은 결코 분출구를 터트릴 정도로 충분히 오래 방언으로 기도하지 않습니다. 그들은 지면 바로 아래만 뚫고는, 가능한 최소의 시간과 노력을 들여 "유전"을 터트리기를 바랍니다!

1943년 2월에 내가 분출구를 터뜨렸을 때, 갑자기 장래 일에 대한 계시가 내 안에서 흘러나오기 시작했습니다. 주님께서 말씀하셨습니다. "2차 세계 대전이 끝날 때, 미국에 신유의 부흥이 올 것이다." 나는 이 말을 적고 날짜도 적었습니다.

일 년 반이 지나 1944년 9월에, 텍사스 동부에서 열린 오순절파 청년 집회에서 설교하고 있었습니다. 설교 중에 나는 성경 안에서 주님이 해주신 말을 적어 둔 종이를 보았습니다. 그리하여 나는 사람들에게 말했습니다. "수개월 전 기도 중에 하나님의 영께서 하신 말씀을 읽어 드리고 싶습니다." 그리고 나는 읽었습니다. "2차 세계 대전이 끝날 때, 미국에 신유의 부흥이 올 것입니다."

하나님께 맹세하건데, 내가 이 말을 읽는 순간 하나님의 능력이 청중에게 임했습니다! 하나님의 영이 바람과 같이 임하여, 방 안의 모든 사역자들이 통로로 뛰어 내려가서 강단에 쓰러졌습니다. 어떤 사람들은 바닥에 쓰러지고, 다른 모든 사람들은 방언으로 기도하기 시작했습니다.

나는 그들에게 그렇게 하라고 말하지 않았습니다. 나는 그저 설교를 하는 중이었습니다! 그러나 주위 사람들이 모두 바닥에 있는 것을 보자, 나는 바로 바닥에 무릎을 꿇고 그들과 기도하기 시작했습니다! 우리는 한참 동안 맹렬하게 기도했습니다. 마침내 기도를 마치자, 나는 그저 제자리로 돌아가 설교를 마쳤습니다!

우리에게는 설교 중에 하나님의 능력이 나타나는 이런 예배가 더 필요합니다. 오늘날 성령충만한 신자들이 하나님의 영이 운행하실 것을 믿기 시작하고, 그 당시 오순절파 신자처럼 성령 안에서 기도한다면, 동일한 강력한 능력이 그 때와 같이 오늘날에도 나타날 것입니다. 그러한 성령님의 능력이 비와 같이 쏟아질 것입니다. 구름과 같이 임할 것입니다. 또는 바람과 같이 불어와 의자에 있는 모든 사람들을 바닥으로 휩쓸어 버릴 것입니다. 마치 1944년 9월, 하나님께서 내게 주신 말씀을 확증하셨던 그 집회에서처럼 말입니다.

### 신유의 '물결을 따라잡기'

1947년에 시작된 신유의 부흥은 하나님의 치유 능력의 기세와 함께 전국을 휩쓸어 1958년까지 지속되었습니다.

이 땅에서 하나님의 운동move은 해안으로 들어오는 바다 물결과 같습니다. 그리고 이러한 물결들이 성령의 바람에 의해 들어오기 시작하면, 누구든지 뛰어들어 파도를 탈 수 있습니다!

한 예로, 어떤 오순절파 사역자가 나에게 말했습니다. "부흥이 시작되기 전에는, 제 아내와 저는 35년간 동역하면서 한 번도 병자를 위해 기도하거나 치유 사역을 한 적이 없었습니다. 우리는 찬양으로 사역했고, 아내는 말씀으로 짧은 메시지를 전하곤 했습니다. 그런 후에 우리는 죄인들에게 구원받고 영접 초청을 받아들이라고 권면했고, 사람들은 구원받았습니다. 그러나 신유의 물결이 임하자, 우리는 바로 그 물결에 들어가 파도를 탔습니다! 우리는 병자를 위해 기도하기 시작했고, 너무나 놀랍게도 사람들이 모두 치유받기 시작했습니다! 어떤 완전히 눈 먼 여인은 우리가 사역하자 즉시 나았습니다. 사람들이 치유를 받는 것은 세상에서 가장 쉬운 일이었습니다!"

다른 사람들도 내게 같은 이야기를 했습니다. 그들은 물결에 들어가 파도를 탔습니다! 그 물결에 동참하는 것은 좋은 일이지만, 그들이 아버지와의 개인적인 교제 시간을 등한시하는 시기에 하나님의 영이 움직이신다면, 파도를 타지 않도록 주의할 필요가 있습니다. 만약 그렇게 한다면, 그들은 그 물결에서 나와서 다른 물결로 옮겨타야할 때 성령님의 신호를 놓치게 될 것입니다. 그리고 그 결과, 그들은 해안에 버려지고 방치되어, 앉아서 얼마나 건조한지 투덜거릴 것입니다!

개인적으로, 나는 결코 그런 실수를 하지 않겠다고 결심했고, 확실히 그렇게 하지 않는 법을 알았습니다.

하나님의 신유의 능력이 강력하게 움직이는 가운데, 치유 전도자들 사이에 "치유의 음성"이라는 단체가 만들어졌고, 나 또한 그 조직에 속한 사역자 중 한 명이었습니다.

하루는 "치유의 음성"의 동료 사역자 한 명이 나에게 물었습니다. "케네스, 자네의 사역은 어떻게 그렇게 갑자기 꽃이 피었나? 그렇게 하려고 무슨 일을 했나?"

어떤 사람들은 자신의 목표에 도달하거나 성공하기 위하여, 항상 뭔가 "자기가" 할 수 있는 일을 찾습니다. 그러나 정답은 사람의 자연적인 능력이나 이성의 힘에 있지 않습니다.

나는 단지 이렇게 대답했습니다. "내가 뭘 했는지 말해 주지. 하나님을 섬기고 기다리며 성령 안에서 기도하면서 시간을 보내면 되네. 그게 내가 내 사역의 모든 걸음과 단계에서 지시를 받은 방법이라네."

### 하나님의 영의 다음 두 물결

1958년에 달라스의 한 교회에서 설교를 하는 중에, 나는 계시에 의해 갑자기 이렇게 말했습니다. "다음 부흥이 교회 안에 있다!"

회중은 내가 오순절파 교회를 말한다고 생각했습니다. 그러나 나는 전혀 그런 뜻이 아니었습니다. 사실, 하나님의 영의 다음 물결은 오순절파 교회를 전체적으로 거의 비껴갔습니다. 내가 했던 말은 다음 부흥이 **전통 교계**에서 일어날 것이라는 의미였습니다.

그 이후, 은사주의Charismatic 부흥이 시작되는 데에는 오래 걸리지 않았습니다. 우리는 꽤 오랫동안 그 놀라운 물결의 흐름을 탔고, 많은 교인들의 삶이 성령충만을 받음으로 극적으로 변화되었습니다.

그리고 성령을 받고 방언을 말하는 사람들이 전통 교계에 분명히 계속 있음에도 불구하고, 그 부흥은 점차 소멸되어 거의 가라앉았습니다.

그리고 우리는 하나님의 말씀을 가르치는 것에 대한 위대한 부흥을 맞았습니다. 어떤 사람들은 이를 "믿음 메시지faith message"라고 부릅니다. 나는 이 용어를 좋아하지 않습니다. 나는 한마디로 "하나님의 말씀에 대한 믿음faith in the Word of God"이라고 부릅니다. 우리는 무언가 비성경적인 것을 믿으려 하는 것이 아닙니다. 우리는 다만 하나님께서 그분의 말씀에 말씀하신 바를 받아들이고 믿는 것입니다.

이러한 가르침의 부흥은 하나님께서 수년 전에 나에게 주신 명령으로부터 시작되었습니다. 그분은 나에게 이렇게 말씀하셨습니다. "나의 백성들에게 믿음을 가르쳐라." 하나님의 사람들 속에 말씀의 씨앗을 뿌린 결과, 커다란 수확을 거둬왔습니다. 나는 수년 간 이 메시지에 충실하려고 노력해 왔는데, 어느 날 주님께서 이렇게 말씀하신 날이 왔습니다. "오늘날 나의 몸에 다른 좋은 교사들이 있다." (오랫동안, 나 혼자 소리를 내고 있는 것 같았습니다!) **"이제 너는 가서 나의 백성들에게 성령에 대해 가르쳐라!"**

주께서 이어서 말씀하셨습니다. "은사주의 신자들은 나를 찬양하는 법은 알고 있다. 그러나 그들이 아주 조금밖에 모르거나 전혀 모르는 성령의 운동이 있다. 만일 네가 그들을 가르치지 않으면 다음 세대는 이것을 모르게 되고 나의 재림은 더욱 늦어지게 될 것이다."

물론, 우리는 하나님의 말씀의 가르침을 떠나서는 안 됩니다. 그러나 하나님께서는 그분의 영의 운동을 지난 수십 년 간 그리스도의 몸에서 세워온 성경 공부의 견고한 토대와 결합하기 원하십니다. 그 결합은 지금껏 가장 큰 성령님의 다음 운동을 일으킬 것입니다!

## 하나님의 영의 다음 물결이 오고 있습니다

당신이 나만큼 오래(거의 70년 동안!) 설교를 하면, 당신은 물결들이 오는 것을 볼 수 있게 될 것입니다. 그리고 나는 나의 영으로 느낄 수 있습니다. 또 다른 물결이 오고 있습니다. 준비하십시오. 그것은 단지 하나님께서 온다고 말씀하셨다고 해서 오는 것이 아닙니다. 우리는 우리가 이야기해 온 기도의 더 깊은 영역으로 들어가서, 하나님께서 원하시는 일이 일어나도록 해야 할 것입니다.

만약 당신이 바다 속으로 들어가서 물결이 들어오는 것을 본 적이 있다면, 물결이 해안에 닿아 부서지기 이전에 바다의 깊은 물에서부터 시작되어 온다는 것을 알 것입니다. 물결의 잠재적 에너지는 그 물결이 해안에 도달하는 최종 결과가 나타나기 훨씬 전부터 시작됩니다.

그것이 방언 기도가 영적인 영역에서 이루는 일입니다. 당신이 방언으로 기도할 때, 이는 하나님의 영의 다음 "물결"을 자연적인 눈으로 보기 이전에 그 영적 물결을 촉진하는 것입니다!

언젠가 다른 사역자들과 말하는 중에, 나는 우리 모두가 영 가운데 동일한 것을 지니고 있음을 깨달았습니다. 우리는 서로 자연적인 영역에서 소통할 필요가 없었습니다. 우리의 영안에서 서로 물결이 오고 있다고 말하는 무언가가 있었습니다!

그러면 우리는 그에 대해 무엇을 하고 있을까요? 우리는 옛 물결에 머무르다가 그것을 타고 해안으로 들어와서 뜨겁고 건조한 모래 위에만 있게 되지는 않겠다고 결심합니다! 오히려, 우리는 되돌아가서 다음 물결, 즉 이 땅에서 일어나는 하나님의 영의 강력한 다음 운동에 동참하기 위해 깊은 바다로 다시 헤엄쳐가기 시작합니다. 그렇다면 깊은 곳으로 어떻게 다시 헤엄쳐갈까요? **시간을 구별하여 아버지와 교제하고 성령 안에서 기도하는 데 헌신함으로 할 수 있습니다!**

그러나 만약 이 마지막 때의 하나님의 영의 강력한 다음 운동 가운데 우리가 안내 역할을 하게 된다면, 심판은 하나님의 집에서 시작되어야만 합니다. 하나님께서 그의 사람들이 하기 원하시는 일들이 너무나 많이 있습니다. 그러나 그리스도인들이 스스로 낮아지고, 자신들의 사소하고 작은 차이들을 잊고, 함께 연합하여 기도하며 성령의 영역으로 들어오기 전에는, 그분은 원하는 바를 **하실 수가 없습니다.**

이 마지막 때에 하나님은 우리를 기도의 부르심으로 부르십니다. 예수님은 곧 오시지만, 그분이 오시기 전에 뭔가 그분이 하기 원하시는 일이 있습니다. 그리고 그분이 이 땅에서 하시는 일은 우리 그리스도의 몸을 통하여 하실 것입니다.

지체의 반은 이 방향으로 가고 나머지 반은 다른 방향으로 간다면 그 몸은 조화되지 않습니다. 그러므로 하나님은 우리를 준비시키고 계십니다. 그분은 방언으로 기도하라는 성령의 감동에 양보하기 위한 공통의 목적을 향해 우리를 부르고 계십니다! 다음 물결은 그 모든 영광을 가지고 우리 앞에 곧 나타날 것이며, 우리 모두는 그것을 놓치지 않기로 결단해야만 합니다!

우리는 치유 부흥이라고 불린 물결을 보았습니다. 우리는 은사주의 운동이라고 불린 물결도 보았습니다. 우리는 하나님의 말씀에 대한 가르침과 믿음이라는 물결도 보았습니다. 그러나 이제 또 다른 물결이 오고 있습니다! 바로 성령의 물결입니다!

오, 그렇습니다. 우리는 제한된 형식으로 성령의 능력을 보아왔지만, 그분의 능력을 지금껏 본 것보다 더 높은 수준과 더 커다란 분량으로 가져올 물결이 다가오고 있습니다. 나는 저 멀리 깊은 물에서부터 그 물결이 오는 것을 볼 수 있습니다. 오고 있습니다! 성령의 능력의 물결이 점점 높아지고 있습니다!

어제의 성령의 운동의 옛날 물결에 머물러 있지 마십시오. 성령 안에서 기도함으로 성령의 영역의 깊은 물로 헤엄쳐 가서, 이 시대를 위한 하나님의 목적의 **다음** 물결에 올라타십시오. 그런 후에 신성한 능력과 영광 안에서 점점 높아지는 그 새로운 물결의 파도에 올라 탈 수 있도록 계속 기도하십시오.

나는 다가오는 물결이 치유 물결이나 은사주의 물결이나 믿음 물결의 두 배는 높을 것이라고 확신합니다. 사실, 그 모든 것을 합친 것의 두 배는 될 것입니다! 나는 그 물결이 우리 모두를 휩쓸어 영광의 세계의 해안으로 데려갈 것이라고 믿습니다.

## 하나님의 기도 부르심에 응답하기

주님께서는 나에게, 우리가 경험한 성령 안에서의 기도와 중보의 깊이들을 어떻게든 현대 세대의 신자들에게 전해 주지 않으면 이 진리들을 잃어버리게 될 것이라고 말씀하셨습니다. 나는 수년 동안 위대한 중보자이자, 성령 안에서 기도하는 이 깊은 영역에 대해 전문가가 된 사람들을 조금 알았습니다. 그러나 하나님께서는 이렇게 기도할 수 있는 사람들을 더 **많이** 원하십니다. 그분에게는 이 깊은 영역에서 기도하는 법을 아는 신자들이 더 많이 **있어야만 합니다**. 왜냐하면 이 마지막 때에 완수해야 할 일이 있기 때문입니다. 만약 그분의 계획과 목적이 이 늦은 때에 이루어지려면, 더 많은 하나님의 사람들이 자신의 육신을 거절하고 하나님께 신성한 비밀을 기도하는 데 시간을 보내야만 합니다.

수십 년 전 러시아인들이 먼저 스푸트니크 위성을 우주에 쏘았을 때, 우리 미국인 모두는 걱정을 했었습니다. 우리는 우주 경쟁에서 그들을 제치기 위해 수십억 달러를 썼고, 첫 우주인을 보냈습니다. 그런데 우리의 첫 우주인이 우주에 갔을 때, 그들은 그렇게 멀리 가지 않았습니다. 그들은 지구의 대기를 겨우 빠져나가서, 겨우 우주의 언저리에 들어갔습니다. 그들은 왜 더 멀리 가지 못했습니까? 그들은 왜 한 번에 달까지 가지 못했습니까? 그들은 전에 한 번도 그 곳에 가본 적이 없었기 때문입니다. **그들은 우주에서 조종하는 법을 알지 못했습니다.**

마찬가지로, 우리 중 몇몇은 기도 가운데 겨우 성령의 영역의 언저리에만 가보았습니다. 우리는 그곳으로 들어가는 법을 알지 못하기 때문에, 한 번에 조금씩 들어가야만 합니다. 그럼에도 불구하고, 우리가 계속 방언으로 기도하면서 자신을 하나님께서 쓰실 수 있게 하면, 그분은 기적이 역사하고 신성한 계시가 주어지는 기도의 더 깊은 영역 안으로 우리를 인도하실 것입니다.

나는 정직하게 이렇게 말하겠습니다. 지금까지 그 곳에 몇 번 가보았을 때, 나는 겁이 났었습니다! 허리케인이나 방울뱀을 무서워하는 것처럼 무서웠다는 뜻이 아닙니다. 나는 거룩한 두려움에 대해 말하는 것입니다. 첫째로, 나는 다시 돌아갈 수 없을까봐 두려웠습니다. 나는 에녹에게 일어났던 일을 믿습니다. 그는 다시 돌아올 수 없는 성령의 영역에까지 나갔습니다!

시공간을 넘어 성령의 영역으로 들어가는 이동이 있습니다. 그것은 나의 묘사 능력을 넘어섭니다. 누군가는 그 기도의 영역으로 단지 발이 젖을 정도만 들어갑니다. 그들은 얕은 물을 건넌 아이들처럼, 자신의 경험에 대해 이렇게 이야기합니다. "너무나 놀라웠어요! 성령 안에서 기도하는 것의 최고점이었어요!" 그러나 실상, 기도 중에 그들이 경험한 것은 겨우 시작일 뿐입니다!

이런 사람들은 성령의 영역을 겨우 **건드렸을** 뿐입니다. 그들은 단지 무릎이나 허리 깊이가 아니라, 바닥에 닿을 수 없을 정도로 **깊은** 성령의 물 가운데로 들어가야 합니다! 그러면 그들은 그곳에서 헤엄치며 기도 가운데 하나님께서 그들을 위해 주시는 것의 충만함을 누릴 수 있습니다(겔 47장).

그러나 이러한 것들이 언제나 쉽게 오는 것은 아님을 이해해야 합니다. 첫째로, 육신이 당신을 붙잡아 두려고 할 수 있는 모든 것을 할 것입니다. 이것이 하나님의 말씀이 우리에게 육신을 십자가에 못 박으라고 가르치는 이유입니다. 생각 또한 우리로 하여금 육체적인 감각과 보이는 영역에 초점을 맞추게 하려고 애쓰면서, 우리를 붙잡아 둘 것입니다. 이것이 하나님께서 우리에게 우리의 생각을 그분의 말씀으로 새롭게 하라고 말하는 이유입니다(롬 12:1-2). 일단 우리의 생각이 새롭게 되면, 우리는 기도를 통해 그분의 성령의 더 깊은 영역으로 이동할 수 있을 것입니다.

우리가 기도하라는 하나님의 부르심에 더 많이 반응할수록, 이 땅에 그분의 능력과 영광이 더 크게 나타나기 시작할 것입니다. 하나님의 영에 의한 나타남과 현상이 매일의 자연적인 일들처럼 일상적이고 실재적이 될 것입니다. 이것이 우리의 심령이 고대하고, 수년 동안 중보자들이 기도해 온 바입니다.

사실 성령의 영역은 성령으로 거듭난 우리에게는 자연적인 영역입니다. 물론 우리의 몸은 자연적인 것이고 자연적인 기능을 가지고 있기 때문에, 우리는 어느 정도 자연적인 영역에서 행해야 합니다. 우리는 자연적인 영역에서 살아야만 합니다. 그러나 한편, 우리는 우리의 영으로 하여금 지속적으로 아버지와 교통하는 특권을 갖게 할 수 있습니다. 우리는 우리의 영으로 하여금 매일 꾸준히 자연적인 영역을 넘어 이동할 수 있게 할 수 있습니다.

그러므로 당신의 모든 시간을 자연적인 일들을 하는 데 써버리지 마십시오. 어떤 일은 적절한 것들이고, 그것들을 하는데 적정 분량의 시간을 쓰는 것은 괜찮습니다. 그러나 반드시 당신의 영에 주의를 기울이도록 하십시오.

당신의 영에게 말씀을 먹이고 하늘 아버지와 교제할 수 있는 기회를 주십시오. 방언으로 기도하는 습관을 통해 당신의 지극히 거룩한 믿음 위에 자신을 세우십시오. 그렇게 하면, 당신의 삶은 변화되고 능력이 향상되며, 당신의 기도 생활은 이 마지막 때에 하나님의 목적을 이루는데 도움이 되는 강력한 힘이 될 것입니다.

하나님께서는 우리가 성령 안으로 더 깊이 들어가서 기도의 더 큰 영역에서 움직이는 법을 배우기 원하십니다. 기도하라는 그분의 부르심에 우리가 신실하게 순종할 때, 우리가 우주의 언저리를 넘어 성령 안으로 더 깊이 들어가서, 하나님의 영광의 충만함에 도달하는 그 날이 오게 될 것입니다!

이만큼만 이야기를 하고 마쳐야겠습니다. 예수께서 오고 계십니다. 우리가 믿든 믿지 않든 그 일은 일어날 것이므로, 진리에 대해 이렇게 저렇게 따지는 것은 소용이 없습니다! 그러므로 우리는 성령 안에서 기도하는 것에 전념하여 이 마지막 때에 영혼의 큰 추수가 일어날 수 있게 해야 합니다. **사람들은 죽어가고, 끝은 오고 있습니다. 모든 것의 종말이 코앞에 와 있고, 우리는 할 일을 속히 해야만 합니다.**

주님께서 우리를 기도로 부르시고, 바로 나는, 그 부르심에 응답하기로 결단했습니다.

나와 함께 하시겠습니까? 그냥 이렇게 선언하십시오, "저도 넣어

주십시오!" 그리고 초자연으로 들어가는 문에 걸어 들어가서, 성령 안에서 완전히 새로운 기도의 영역으로 들어가십시오. 그곳은 그분께서 이 시대에 당신을 부르신 모든 일에서 당신을 돕기 위해 공급되는, 하나님의 계시와 지시와 하나님과의 초자연적인 소통의 영역입니다.

# 교회를 위한 케네스 해긴의 기도

    오, 주님, 우리를 용서하소서. 우리는 넘어져서, 지금까지 당신이 우리가 하기 원하시는 기도 생활에 너무나 도달하지 못했습니다. 성령의 일들은 우리에게 너무나 비현실적이고, 정신적이고 육체적인 일들은 너무나 실제적으로 우리를 지배하기까지, 우리는 당신과 낮은 단계의 교제에 만족하고 머물러 있었습니다.

    성경에서 우리에게 명령하신 것을 그대로 하게 하소서. 성경에서 우리가 드릴 영적 예배로 우리 몸을 하나님이 기뻐하시는 거룩한 산 제물로 드리라고 명령한 것을 하게 하소서. 우리가 입은 옷과 우리가 타는 차가 실제적인 것 같이, 성령의 일들이 더 실제적이 되어서, 오 아버지여, 아버지께서 그렇게 우리에게 실제적이 되어 주소서.

    그러면 우리는 기도하기 위해서 여기서 빠져 나와 성령의 세계로 들어갈 것입니다. 아버지께서는 모든 영, 그 중에서도 특별히 우리 영의 아버지이시며, 우리는 당신으로부터 거듭 났습니다.

    우리는 기도하기 위해 성령의 영역으로 들어갈 것입니다. 바울이

"내가 만일 방언으로 기도하면, 나의 영이 기도하거니와"라고 말한 것 같이, 당신은 우리의 영이 영의 아버지와 직접 접촉할 수 있는 초자연적인 소통 수단을 우리에게 주셨습니다.

그러나 우리는 이 기도 방법을 너무나 조금 사용하여서, 당신은 그동안 우리와 함께, 우리를 위해, 우리 안에서, 우리를 통해 하기 원하신 모든 일들을 하실 수 없었습니다. 우리는 준비되지 않았습니다. 우리는 있어야 할 자리에 있지 않았습니다.

이제 우리가 어느 정도 준비되어, 당신이 우리를 앞으로 전진시키실 수 있게 되었습니다. 그러나 주님, 우리가 여기에서 멈추지 않게 하소서. 우리가 만족하지 않게 하소서. "나는 오직 반복해서 채워져야만 하는 불만족에만 만족한다."라고 말한 스미스 위글스워스처럼 되게 하소서.

우리로 영광에서 영광으로 나아가게 하소서. 이 마지막 때에 관하여 당신께서 하시는 말씀을 이해하게 하소서. 중보와 탄식의 기도를 통하여, 당신이 열망하시는 바로 그 물결과 운동을 우리가 이 땅에 일으키게 하소서. 당신이 우리 영에 말씀하고 계신 것을 이해하게 하소서.

우리는 긴박함을 느낍니다. 우리는 필요를 느낍니다. 우리는 절박함을 느낍니다.

오 하나님, 이 시간 당신의 거룩함이 역사하셔서 우리가 믿음으로 일어나 성령의 능력 안에서 당신이 항상 바라셨던 이 땅의 거인들이 되게 하소서.

우리로 성령에 민감하게 하소서. 성령님께서 우리의 주의를 끄실 때 그 만지심에 민감하게 하소서. 우리로 그분이 원하는 것을 알게 하소서. 우리가 그분의 감동에 반응하여 그분이 우리를 통하여 당신을 나타내시고, 우리 가운데 표적과 기사와 각종 기적과 성령의 나누어 주심을 통해 당신을 드러내시옵소서.

우리가 오늘 이 시간의 위기에 응답하게 하소서. 그리하여 무슨 일이 일어나든지 우리가 준비되어 있게 하소서. 우리는 성령과 함께 흘러갈 것이고, 우리의 가장 깊은 존재로부터 생수의 강이 흘러갈 것입니다.

그리하여 메마른 곳이 아름답게 될 것이며, 목마른 자들이 마실 물을 찾을 것입니다. 영적으로 죽은 자들이 일어나 부활할 것이며, 생명이 모든 곳에 나타날 것입니다. 우리는 기뻐하고 즐거워하며 당신이 이루신 일을 선포할 것입니다. 당신만이 모든 찬양과 존귀와 영광을 받기에 합당하신 분이시므로, 당신께 그 모든 것이 드려질 것입니다.

우리가 의의 일을 하고 하나님의 일을 실행할 때, 우리로 육신과 이기심에 대해서는 죽고, 성령님께 양보되어서, 하나님의 일들이 우리 가운데 나타나게 하소서. 우리는 마지막 때에 살고 있습니다. 우리는 아마겟돈에 군대가 모이는 마지막 때를 맞고 있습니다.

그 날이 오고 있습니다. 그러나 우리가 기도하며, 기도하는 자리를 담대히 지키기 때문에, 동시에 전 세계를 휩쓰는 대추수도 함께 오고 있습니다. 우리는 담대하게 틈 사이에 서서, 성의 무너진 울타리를 쌓으며, 이 땅을 위하여 중보합니다.

그리하여, 하나님의 일이 이루어질 것이며, 주께서 마지막 때에 일어나기 열망하신 것이 이루어질 것입니다. 추수의 열매를 거두어 들이고, 천사들은 기뻐하며, 사람들은 축복을 받고, 주의 영광은 한낮의 태양보다 더 밝게 비추게 될 것입니다. 예수님의 이름으로 기도합니다. 아멘.

## 믿음의말씀사 출판물

구입문의 : 031-8005-5483　http://faithbook.kr

■ 케네스 해긴의 「믿음 도서관」 책들
- 새로운 탄생
- 재정 분야의 순종
- 나는 지옥에 갔다 왔습니다
- 하나님의 처방약
- 더 좋은 언약
- 예수의 보배로운 피
- 하나님을 탓하지 마십시오
- 네 주장을 변론하라
- 셀 모임에서 성령인도 받기
- 안수
- 치유를 유지하는 법
- 사랑은 결코 실패하지 않습니다
- 하나님께서 내게 가르쳐 주신 형통의 계시
- 왜 능력 아래 쓰러지는가?
- 다가오는 회복
- 잊어버리는 법을 배우기
- 위대한 세 단어
- 하나님의 은사와 부르심
- 그 이름은 "놀라우신 분"
- 우리에게 속한 것을 알기
- 성령을 받는 성경적인 방법
- 하나님의 영광
- 은혜 안에서의 성장을 방해하는 다섯 가지
- 사랑 가운데 걷는 법
- 바울의 계시: 화해의 복음
- 당신은 당신이 말하는 것을 가질 수 있습니다
- 그리스도 안에서
- 말
- 방언기도의 능력을 풀어 놓으라
- 옳은 사고방식 틀린 사고방식
- 속량 – 가난, 질병, 영적 죽음에서 값 주고 되사다
- 네 염려를 주께 맡겨라
- 예언을 분별하는 일곱 단계
- 절망적인 상황을 반전시키기
- 당신의 믿음을 풀어 놓는 법
- 진짜 믿음
- 믿음이란 무엇인가
- 그리스도께서 지금 하고 계시는 일
- 충분하고도 넘치는 하나님 엘 샤다이
- 금식에 관한 상식
- 하나님의 말씀 : 모든 것을 고치는 치료제
- 가족을 섬기는 법
- 조에
- 당신이 알아야 하는 신유에 관한 일곱 가지 원리
- 여성에 관한 질문들
- 인간의 세 가지 본성
- 몸의 치유와 속죄
- 크게 성장하는 믿음
- 하나님 가족의 특권
- 기도의 기술
- 나는 환상을 믿습니다
- 병을 고치는 하나님의 말씀
- 영적 성장
- 신선한 기름부음
- 믿음이 흔들리고 패배한 것 같을 때 승리를 얻는 법
- 믿음의 선한 싸움을 싸우는 법
- 하나님의 계획과 목적과 추구
- 예수 열린 문
- 믿음의 계단
- 당신을 향한 하나님의 계획
- 역사하는 기도
- 기름부음의 이해
- 내주하시는 성령 임하시는 성령
- 재정적인 번영에 대한 성경적 열쇠들
- 어떻게 하나님의 영으로 인도받을 수 있는가?
- 마이더스 터치
- 치유의 기름부음
- 그리스도의 선물
- 방언
- 믿는 자의 권세(생애기념판)
- 믿음의 양식
- 승리하는 교회

■ E. W. 케년
- 십자가에서 보좌까지 무슨 일이 일어났는가?
- 두 가지 의
- 놀라우신 그 이름 예수
- 하나님 아버지와 그분의 가족
- 나의 신분증
- 두 가지 생명
- 새로운 종류의 사랑
- 그분의 임재 안에서
- 속량의 관점에서 본 성경
- 두 가지 지식
- 피의 언약
- 숨은 사람
- 두 가지 믿음
- 새로운 피조물의 실재

■ 스미스 위글스워스
- 스미스 위글스워스의 천국
- 스미스 위글스워스의 매일묵상
- 위글스워스는 이렇게 했다
- 스미스 위글스워스의 능력의 비밀

## ■ T. L. 오스본
- 행동하는 신자들
- 기적 – 하나님 사랑의 증거
- 새롭게 시작하는 기적 인생
- 좋은 인생
- 성경적인 치유
- 능력으로 역사하는 메시지
- 100개의 신유 진리
- 24 기도 원리 7 기도 우선순위
- 하나님의 큰 그림
- 긍정적 욕망의 힘
- 당신은 하나님의 최고의 작품입니다

## ■ 잔 오스틴
- 믿음의 말씀 고백기도집
- 하나님의 사랑의 흐름
- 견고한 진 무너뜨리기
- 초자연적인 흐름을 따르는 법
- 당신의 운명을 바꿀 수 있습니다
- 어떻게 하나님의 능력을 풀어놓을 수 있는가?

## ■ 크리스 오야킬로메
- 여기서 머물지 말라
- 이제 당신이 거듭났으니
- 당신의 인생을 재창조하라
- 이 마차에 함께 타라
- 그리스도 안에 있는 당신의 권리
- 성령님과 당신
- 성령님이 당신 안에서 행하실 일곱 가지
- 성령님이 당신을 위해 행하실 일곱 가지
- 기적을 받고 유지하는 법
- 하나님께서 당신을 방문하실 때
- 올바른 방식으로 기도하기
- 당신의 믿음을 역사하게 하는 법
- 끝없이 샘솟는 기쁨
- 기름과 겉옷
- 약속의 땅
- 하나님의 일곱 영
- 예언
- 시온의 문
- 하늘에서 온 치유
- 효과적으로 기도하는 법
- 어떤 질병도 없이
- 주제별 말씀의 실재
- 마음의 능력

## ■ 앤드류 워맥
- 당신은 이미 가졌습니다
- 은혜와 믿음의 균형 안에 사는 삶
- 하나님의 참된 본성
- 하나님은 당신이 건강하기 원하십니다

- 영 · 혼 · 몸
- 전쟁은 끝났습니다
- 믿는 자의 권세
- 새로운 당신과 성령님
- 노력 없이 오는 변화
- 하나님의 충만함 안에 거하는 열쇠
- 더 좋은 기도 방법 한 가지
- 재정의 청지기 직분
- 하나님을 제한하지 마라
- 하나님의 뜻을 발견하고 따라가며 성취하라
- 하나님의 참 본성

## ■ 기타「믿음의 말씀」설교자들
- 성령의 삶 능력의 삶
- 복을 취하는 법
- 주는 자에게 복이 되는 선물
- 믿음으로 사는 삶
- 붉은 줄의 기적
- 당신이 말한 대로 얻게 됩니다
- 예수–치유의 길 건강의 능력
- 성령 안의 내 능력
- 믿음과 고백
- 임재 중심 교회
- 성령충만한 그리스도인의 지침서
- 열정과 끈기
- 제자 만들기
- 어떻게 교회를 배가하는가
- 운명
- 모든 사람을 위한 치유
- 회복된 통치권
- 그렇지 않습니다
- 당신의 자녀를 리더로 훈련하라

## ■ 김진호 · 최순애
- 왕과 제사장
- 새로운 피조물의 실재
- 믿음의 반석
- 새 언약의 기도
- 새로운 피조물 고백기도집(한글판/한영대조판)
- 성령 인도
- 복음의 신조
- 존중하는 삶
- 성경의 세 가지 접근
- 말씀 묵상과 고백
- 그리스도의 교리
- 영혼 구원
- 새로운 피조물
- 믿음의 말씀 운동의 뿌리
- 1인 기업가 마인드